読解 評論文キーワード 改訂版

頻出270語&テーマ理解&読解演習54題

斎藤哲也 編著

JN058674

筑摩書房

ブックデザイン：宇那木 孝俊

はじめに

この本は、入試評論文に頻出するキーワードを学んで、読解に役立てることを目的としています。

近年、評論文の読解力を身につけるためには、論理的な読解力だけでなく、評論文特有のキーワードの習得が重要であることが、高校生や受験生に少しずつ認知されるようになってきました。その背景には、入試に出題される評論文の傾向が変わり、学術的な用語を用いた評論文が増加していることがあります。また、変動の激しい現代社会に対して、それを考察する新たなキーワードが評論の世界で増えていることも挙げられるでしょう。

しかし、言葉というものは、つねに文脈とともに意味が確定されるものですから、ただやみくもにキーワードの意味を覚えても、読解力の向上には結びつきません。そこで本書では、大きく二つの工夫を凝らしています。

一つは、キーワードの意味だけではなく、「キーワードが用いられる文脈やテーマ」にまで踏み込んで解説をしていることです。あるキーワードは、どういう文脈で使われやすいのか。また、ある文脈のなかではどのような意味で用いられやすいのか。このように、入試評論文の「頻出の文脈」「頻出のテーマ」とともにキーワードを学べるのが、本書の大きな特徴の一つです。

第二の工夫は、キーワード解説だけにとどまらず、キーワードが用いられている入試問題や良質の評論文を読解することで、学んだ知識を確認できるようにしていることです。

キーワードの知識を読解に生かすためには、実際にキーワードが用いられた評論文を読み、設問を解いてみるというプロセスを経ることが重要です。本書はこの点にこだわり、五十四本の評論文を収録すると同時に、それらすべてに読解問題を付けました。したがって、読解の演習書としても十分活用できるようになっています。

この改訂版では、入試評論文の新しい傾向に対応した「法・政治・経済」の章を設けるとともに、新しいキーワードや入試問題も数多く追加しました。

本書の解説を読み込み、掲載している評論文を難なく読解できるようになれば、入試に出題されるどんな評論文も怖くありません。本書を活用して、多くの高校生や受験生が評論文を得点源にできることを願っています。

読解 評論文キーワード 改訂版＊目次

第5章 法・政治・経済

学習にあたって

□キーワード学習が重要な理由

この本は、評論文に登場する重要なキーワードを、実際の入試問題を読解しながら身につけることを目的としています。

現代文で出題される評論文は、日本語で書かれています。それなのに、なぜわざわざキーワードの学習が必要なのでしょうか。

その理由は、二つあります。

第一の理由は、評論文には評論文のなかでしか使われないような日本語がたくさん登場するからです。**評論文のキーワードは、言ってみれば、学問の世界の共通語です**。物事を緻密に考察して文章にするには、時に難解な言葉を用いる必要があります。

また、それぞれの学問分野には「知っていて当然」というキーワードがあります。哲学の「物心二元論」、科学の「機械論的自然観」などがその代表です。

このような評論文のキーワードは、日常語とは異なる言語ですから、知っていなければ文章を理解することはできません。英文読解において、文法だけを理解しても文章は読み解けないのと同じように、**学問の言葉で書かれている評論文も論理的な読解だけでは理解できないのです**。というよりも、キーワードの理解が不足している場合は、そもそも文章を論理的に読み解くことさえできないはずです。

評論文に慣れていない学生にとっては、評論文はほとんど異文化の言語です。だからこそ、そこで頻繁に使われるキーワードを学んでおかなければならないのです。

キーワード学習が必要な第二の理由は、**たとえ知っている言葉であっても、評論文特有の使われ方をする語がある**からです。これも英語でたとえれば、カタカナ英語とは意味の異なる単語があるのと同じようなものです。

たとえば「抽象」という言葉は、「君の話は抽象的で、よくわからない」などといった形で、日常でもよく使います。こういう場合の「抽象」は〈具体性がない〉という意味です。

しかし評論文で使われる「抽象」は〈個々の事物から、ある共通する性質を抜き出すこと〉という意味で捉えないと、文意を正確に理解できない場合があります。

このように、評論文のキーワードには日常的な用法とは異なる用法をもつ語が数多くあるため、それを知らずに読解すると、誤読してしまう危険性があるのです。

□テーマ理解が読解スピードをアップする

限られた時間内で文章を読み、設問を解かねばならない受験生にとって、読解のスピードは速いに越したことはありません。読解に時間を費やしすぎて、設問解答に十分に時間をかけられなかったという受験生が毎年大勢います。

読解のスピードを上げるためには、できるだけたくさんの評論文を読むことが重要なのは言うまでもありません。入試対策でも、過去十年分ぐらいの過去問を解けば、読解のスピードは格段に上がります。

「量」をこなすことに加えて、もう一つ読解のスピードを上げる方法があります。それが「テーマ理解」です。

「テーマ理解」とは、ある分野の背景知識を理解することを言います。

たとえば「身体論」（身体を論じた文章）は、評論文の定番のテーマですが、多くの身体論は〈近代では、身体は物体と同じものとして考えられていた〉という身体観を前提に書かれています。このような背景知識をあらかじめ知っていれば、論旨の展開が追跡しやすくなるため、読解のスピードが格段に上がるのです。

□本書の特徴と効果的な利用法

本書は、ここまで説明してきたキーワード理解とテーマ理解のどちらも十分に身につけることができるように、さまざまな工夫を盛り込みました。以下、学習の流れに沿って、本書の特徴を説明していきましょう。

①【ナビゲーション】

理解のポイント

その章で扱う
キーワードは**赤字**

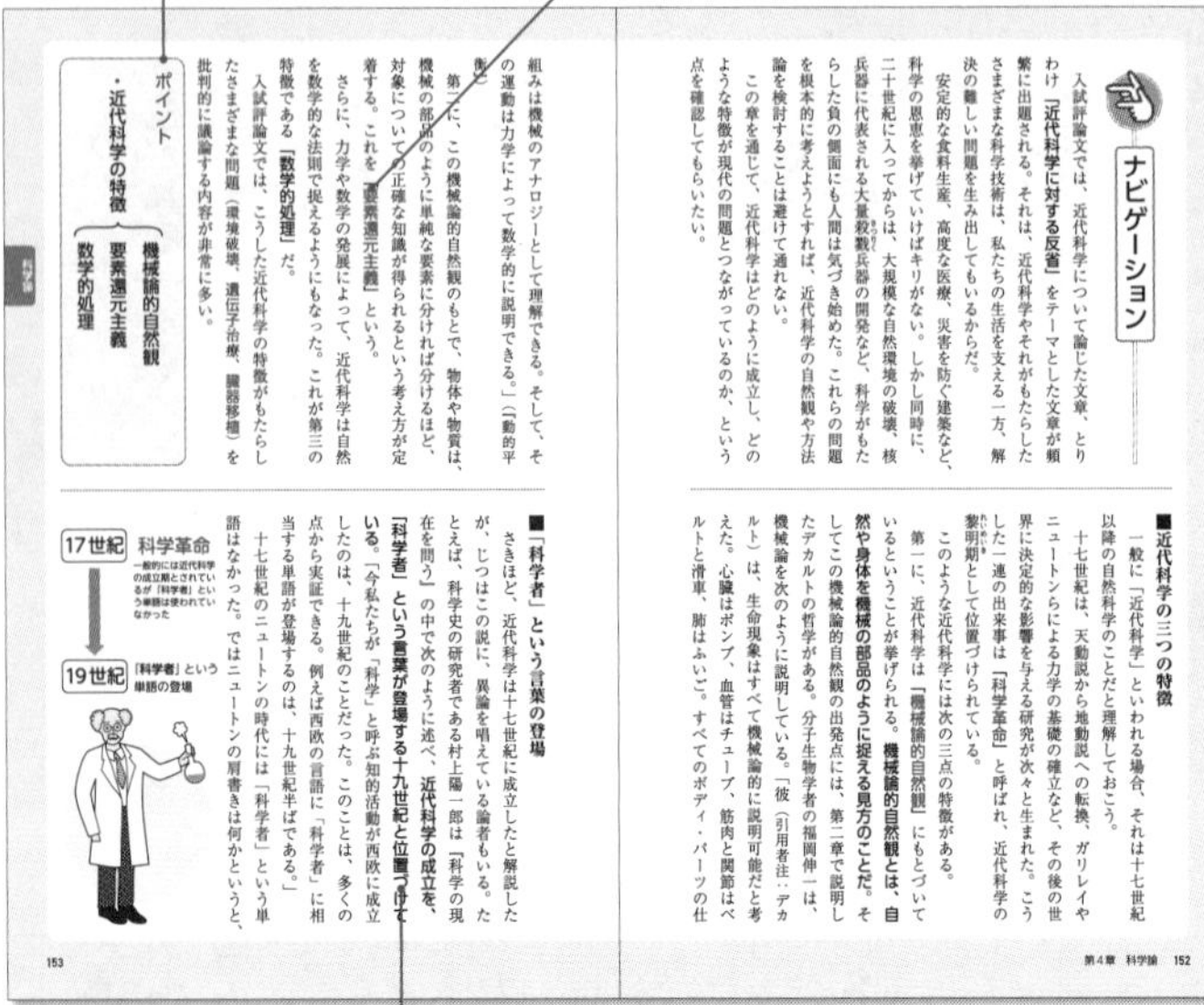

ナビゲーション

入試評論文では、近代科学について論じた文章、とりわけ**「近代科学に対する反省」**をテーマとした文章が頻繁に出題される。それは、近代科学やそれがもたらしたさまざまな科学技術は、私たちの生活を支える一方、解決の難しい問題を生み出してもいるからだ。

安定的な食料生産、高度な医療、災害を防ぐ建築など、科学の恩恵を挙げていけばキリがない。しかし同時に、二十世紀に入ってからは、大規模な自然環境の破壊、核兵器に代表される大量殺戮兵器の開発など、科学がもたらした負の側面にも人間は気づき始めた。これらの問題を根本的に考えようとすれば、近代科学の自然観や方法論を検討することは避けて通れない。

この章を通じて、近代科学はどのように成立し、どのような特徴が現代の問題とつながっているのか、という点を確認してもらいたい。

■**近代科学の三つの特徴**

一般に「近代科学」といわれる場合、それは十七世紀以降の自然科学のことだと理解しておこう。

十七世紀は、天動説から地動説への転換、ガリレイやニュートンらによる力学の基礎の確立など、その後の世界に決定的な影響を与える研究が次々と生まれた。こうした一連の出来事は「科学革命」と呼ばれ、近代科学の黎明《れいめい》期として位置づけられている。

このような近代科学には次の三点の特徴がある。

第一に、近代科学は「機械論的自然観」にもとづいているということが挙げられる。**機械論的自然観とは、自然や身体を機械の部品のように捉える見方のことだ。**そしてこの機械論的自然観の出発点には、第二章で説明したデカルトの哲学がある。分子生物学者の福岡伸一は、「彼（引用者注：デカルト）は、生命現象はすべて機械論的に説明可能だと考えた。心臓はポンプ、血管はチューブ、筋肉と関節はベルトと滑車、肺はふいご。すべてのボディ・パーツの仕

組みは機械のアナロジーとして理解できる。そして、その運動は力学によって数学的に説明できる。」（『動的平衡』）

第二に、この機械論的自然観のもとで、物体や物質は、機械の部品のように単純な要素に分ければ分けるほど、対象についての正確な知識が得られるという考え方が定着する。これを「要素還元主義」という。

さらに、力学や数学の発展によって、近代科学は自然を数学的な法則で捉えるようにもなった。これが第三の特徴である「数学的処理」だ。

入試評論文では、こうした近代科学の特徴がもたらしたさまざまな問題（環境破壊、遺伝子治療、臓器移植）を批判的に議論する内容が非常に多い。

ポイント
・近代科学の特徴
- 機械論的自然観
- 要素還元主義
- 数学的処理

■**「科学者」という言葉の登場**

さきほど、近代科学は十七世紀に成立したと解説したが、じつはこの説に、異論を唱えている論者もいる。たとえば、科学史の研究者である村上陽一郎は『科学の現在を問う』の中で次のように述べ、**近代科学の成立を、「科学者」という言葉が登場する十九世紀と位置づけている。**「今私たちが「科学」と呼ぶ知的活動が西欧に成立したのは、十九世紀のことだった。このことは、多くの点から実証できる。例えば西欧の言語に「科学者」に相当する単語が登場するのは、十九世紀半ばである。」

十七世紀のニュートンの時代には「科学者」という単語はなかった。ではニュートンの肩書きは何かというと、

重要部分は**太字**

① ナビゲーションによるテーマ理解

最初に、各章の冒頭のナビゲーションを丁寧に読んでください。ここでは、その章の中心的なテーマを解説しています。

従来のキーワード集は、「哲学」「科学」などの分野で区分していても、それぞれの分野の全体像が説明されていないため、キーワードと分野の結びつきが曖昧でした。

本書では、それぞれのキーワード解説に入る前に、キーワードが使われやすい文脈や論点をわかりやすく整理する「ナビゲーション」のページを設けました。ここはいわば「予習」ページです。たとえば「哲学」の章であれば、哲学に関する背景知識を学ぶことで、それぞれのキーワ

②【解説】

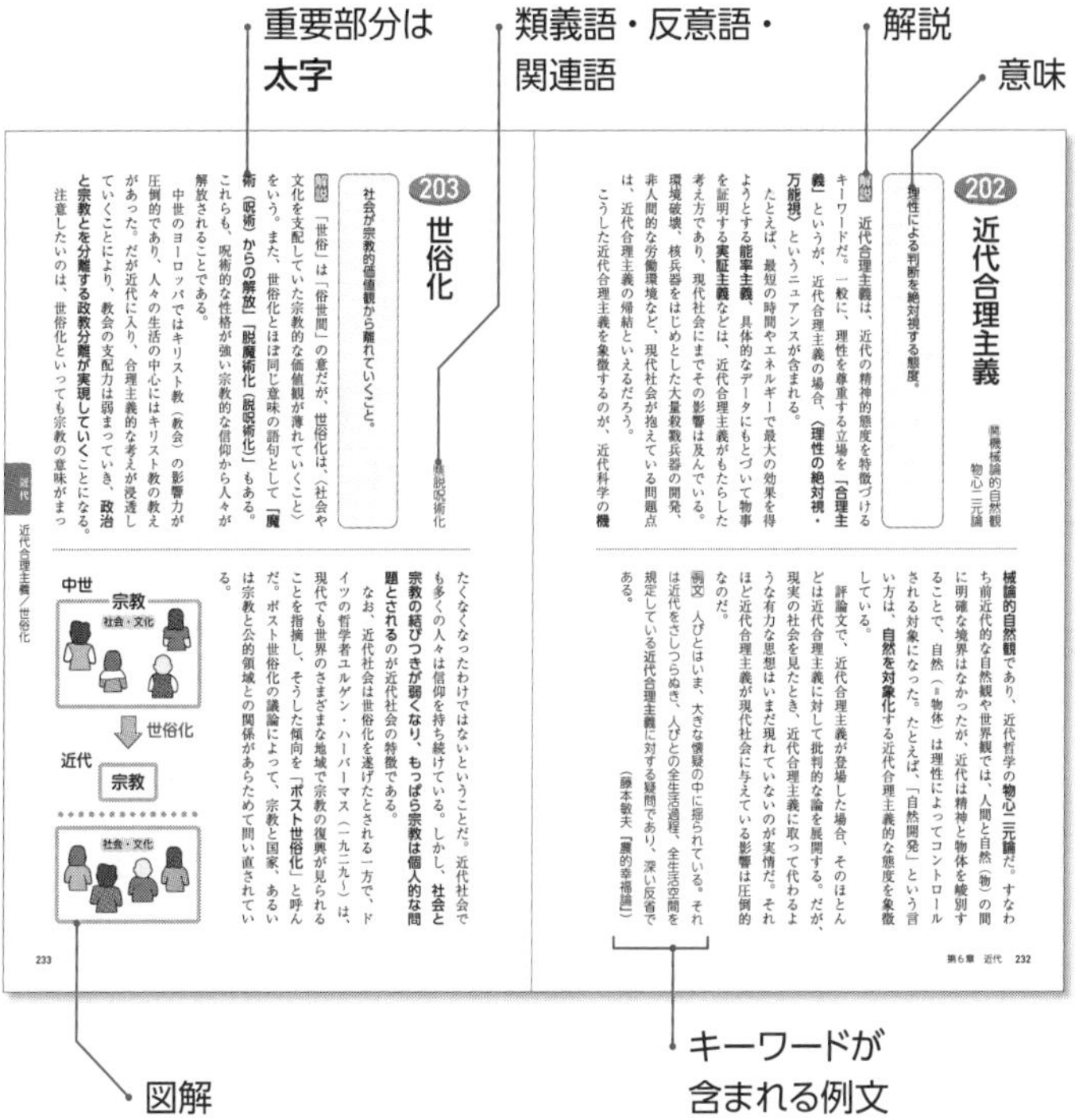

202 近代合理主義

関機械論的自然観
物心二元論

理性による判断を絶対視する態度。

解説 近代合理主義は、近代の精神的態度を特徴づけるキーワードだ。一般に、理性を尊重する立場を「**合理主義**」というが、近代合理主義の場合、〈**理性の絶対視・万能視**〉というニュアンスが含まれる。

たとえば、最短の時間やエネルギーで最大の効果を得ようとする**能率主義**、具体的なデータにもとづいて物事を証明する**実証主義**などは、近代合理主義がもたらした考え方であり、現代社会にまでその影響は及んでいる。環境破壊、核兵器をはじめとした大量殺戮兵器の開発、非人間的な労働環境など、現代社会が抱えている問題点は、近代合理主義の帰結といえるだろう。

こうした近代合理主義を象徴するのが、近代科学の**機械論的自然観**であり、近代哲学の**物心二元論**だ。すなわち前近代的な自然観や世界観では、人間と自然（物）の間に明確な境界はなかったが、近代は精神と物体を峻別することで、自然（＝物体）は理性によってコントロールされる対象になった。たとえば、「自然開発」という言い方は、**自然を対象化**する近代合理主義的な態度を象徴している。

評論文で、近代合理主義が登場した場合、そのほとんどは近代合理主義に対して批判的な論を展開する。だが、現実の社会を見たとき、近代合理主義に取って代わるような有力な思想はいまだ現れていないのが実情だ。それほど近代合理主義が現代社会に与えている影響は圧倒的なのだ。

例文 人びとはいま、大きな懐疑の中に揺られている。それは近代をさしつらぬき、人びとの全生活過程、全生活空間を規定している**近代合理主義**に対する疑問であり、深い反省である。

（藤本敏夫『農的幸福論』）

第6章 近代 232

203 世俗化

類脱呪術化

社会が宗教的価値観から離れていくこと。

解説 「世俗」は「俗世間」の意だが、世俗化は、〈社会や文化を支配していた宗教的な価値観が薄れていくこと〉をいう。また、世俗化とほぼ同じ意味の語句として「**魔術（呪術）からの解放**」「**脱魔術化（脱呪術化）**」もある。これらも、呪術的な性格が強い宗教的な信仰から人々が解放されることである。

中世のヨーロッパではキリスト教（教会）の影響力が圧倒的であり、人々の生活の中心にはキリスト教の教えがあった。だが近代に入り、合理主義的な考えが浸透していくことにより、教会の支配力は弱まっていき、**政治と宗教とを分離する政教分離が実現していく**ことになる。

注意したいのは、世俗化といっても宗教の意味がまったくなくなったわけではないということだ。近代社会でも多くの人々は信仰を持ち続けている。しかし、**社会と宗教の結びつきが弱くなり、もっぱら宗教は個人的な問題とされる**のが近代社会の特徴である。

なお、近代社会は世俗化を遂げたとされる一方で、ドイツの哲学者ユルゲン・ハーバーマス（一九二九〜）は、現代でも世界のさまざまな地域で宗教の復興が見られることを指摘し、そうした傾向を「**ポスト世俗化**」と呼んだ。ポスト世俗化の議論によって、宗教と国家、あるいは宗教と公的領域との関係があらためて問い直されている。

近代
近代合理主義／世俗化

233

ードも理解しやすくなるはずです。

なお、ナビゲーションの文中では、その章で学習するキーワードは**赤字**で記し、各章に収録されているキーワードを概観できるようにしています。

②キーワードの理解と定着

ナビゲーションの次には、いよいよキーワードの学習です。まず「意味」を確認したのち、「解説」を読んでいきましょう。

キーワードのなかには、「自己」「他者」「身体」のように、それ自体で評論文の主題となる語も数多く含まれています。そのようなキーワードは、応用がききやすいように、「どのような文脈で使われるか」「ど

③【入試問題（評論文）】

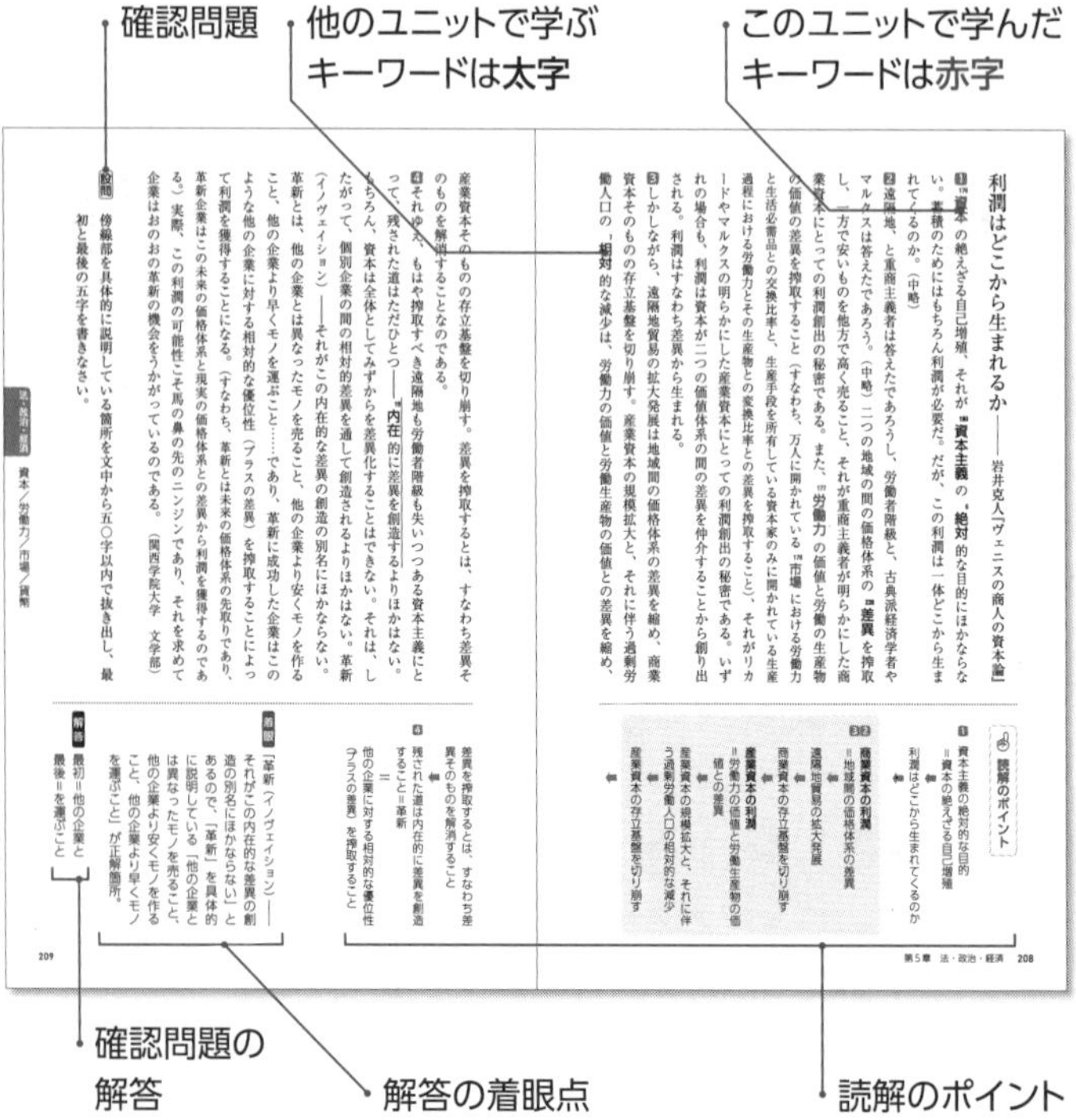

んなパターンの使われ方が多いか」という点を重視して解説しています。

また、理解しづらいキーワードには、できるだけ図解や例文を付けました。知識の定着に役立ててください。

ひと通り、読み終わったところで、類義語（類）、反意語（反）、関連語（関）も確認するようにしましょう。とくに反意語はセットで覚えると、理解が深まります。

キーワードを学習する際は、意味を丸暗記する必要はありません。**本書は、繰り返し通読することで、キーワードが自然に身につくように作られています。**覚えるのではなく、**解説を読んで理解できたかどうか**を目安に学習を進めてください。

③入試問題（評論文）で確認

二章～七章については、キーワード解説の後に、実際に該当キーワードが用いられている入試問題や評論文を掲載しました。②で学んだ内容が実際に身についているかどうかを、この入試問題や評論文で確認してください。

そのユニット（直前の二頁）で学んでいるキーワードは**赤字**、他のユニットに登場するキーワードは**太字**にし、それぞれ該当する番号を振っています。理解が曖昧なキーワードは、その都度、該当ページを参照して読解を進めるようにしましょう。生きた文章とキーワード解説を往復することで、知識の定着度も高まります。

それぞれの文章は、該当するキーワードを理解するうえで、学習効果の高いものを過去十数年の入試から厳選しました。本書には五十四本の文章を収録していますが、**これらをすべて読みこなせる力がついたら、入試に出題されるほとんどの評論文を読解できる力がついています。**なかには、かなり難易度の高い評論文も掲載していますが、繰り返し読むことで必ず読解できるようになります。

また、それぞれの文章には読解図と確認問題をつけています。これらを活用して、正確に読解できたかどうかを自己点検してみましょう。

□キーワードと評論文の選定基準

本書には合計二七〇のキーワードが収録されています。キーワードの選定にあたっては、過去の入試問題を徹底的に分析して頻度の高い用語を抽出するとともに、現在の学問動向や時代性もふまえて、今後出題が予想される用語も多数収録しています。**とくに第七章「現代」では、単に出題可能性が高いだけではなく、大学入学後の基礎教養としても欠かせない用語を選んでいます。**

その意味では、本書はかなり欲張ったキーワード集です。というのも、筆者はつねづね、評論文を「受験」の枠内だけで捉えるのはもったいないことだと考えてきました。もちろん本書も、参考書としての役割を第一に作られています。しかし同時に、学問の世界への入口となりうるような内容も目指しました。それだけに、収録する評論文は熟慮に熟慮を重ねて、良質の文章を集めることを心がけました。

既存のキーワード集にも例文は収録されていますが、それらの多くは「単に使われている」というだけの例文であり、対象とするキーワードの中核的な意味やテーマ性が反映されているような例文はごく少数にとどまります。たとえば、哲学のキーワードなのに、使われている例文は、哲学とはまったく関係ない分野の文章だったりするわけです。

本書は類書と一線を画し、**キーワードと分野やテーマとのズレがない例文や評論文を厳選しています。**収録する評論文をすべて入試問題としなかったのは、その点も考慮してのことです。

本書収録の評論文に面白さを感じ取れるようになったら、しめたもの。現代文が得意科目になるのも、時間の問題です。

改訂版にあたって

このたび、入試現代文の傾向が大きく変わることをふまえて、改訂版を出版することになりました。大きく変更したのは、以下の三点です。

①「法・政治・経済」章を新設

二〇二一年から始まる「大学入学共通テスト」の国語の出題方針を考慮して新設しました。同テストの出題範囲である「実用的な文章」には、契約書や法令文、官公庁が発行する各種白書、新聞記事など、法・政治・経済にかかわるものが多いからです。

②最新キーワードや入試問題を大幅増補

入試の最新の出題傾向をふまえ、四十五キーワードを追加したほか、新規の入試問題も多数収録しています。

③「小説の語句」頻出120選

付録として、入試で問われやすい「小説の語句」を取り上げました。単に意味を丸暗記するのではなく、例文とともに語句に馴染《なじ》むことを心がけてください。

第1章 基本語

ナビゲーション

この章では、どんな分野の評論文を読解する場合にも、必ず理解しておかなければならない「基本語」を解説する。だが、「基本語」だからといって、「理解が簡単な単語」という意味ではなく、多くの評論文に登場する「最重要語」のことだと考えてもらいたい。

評論文の読解が苦手な人は、この章で解説するキーワードを正しく理解していない可能性が高い。たとえば次の質問にすぐ答えられるだろうか。

- **「絶対」**の反意語は？
- **「普遍」**の意味は何？
- **「帰納」「演繹」**を具体例を挙げて説明するとどういうこと？

答えられない問題が一つでもある人は要注意。この章を繰り返し学習して、右の問いにすらすら答えられるようにしよう。それがキーワード読解の出発点だ。

■単語は「具体例」とともに理解する

評論文のキーワードを学習するにあたって、あまりオススメできないのは、意味をまるごと暗記するという方法だ。これは効率も悪いし、実際の読解でもあまり役に立たない。

では、どうすれば確実にキーワードの知識が定着するか。それは本書の解説を読みながら、**自分で「具体例」を作ってみる**のが一番だ。

たとえば、この章に登場する**「絶対」「相対」**という単語であれば、**「絶対的な権力」**や**「相対的な権力」**という具体的な語句にして説明できるようにする。あるいは**「顕在」「潜在」**という単語を、具体的な事物や出来事を挙げながら説明してみる。つまり、誰かにその言葉の意味を尋ねられたとき、「たとえば……」と例を出して説明できるようになれば、そのキーワードは確実に身についたと言っていい。

こうしたトレーニングは、そのまま評論文を読解するトレーニングにもなる。なぜなら評論文でも、筆者はさまざまな具体例を挙げながら、自分の論を展開するからだ。**具体例を挙げながらキーワードを理解するという作業は、評論文を書く側の頭の働かせ方とよく似ている**のである。

■反復して読み直す習慣を身につける

キーワード学習の最終目標は、文中にキーワードが登場しても、ほとんど立ち止まることなく理解できるようになることだ。次の例文を見てもらいたい。

> たとえば論理学や数学や囲碁将棋のように抽象化され純化された論理の世界は、たしかな前提を出発点にして必然的な推論を積み重ねた典型的な演繹《えんえき》論理の世界であり、その研ぎ澄まされた推論が切り開く世界は私たちに論理の深淵を覗《のぞ》き込ませてくれる。
>
> （井崎正敏『〈考える〉とはどういうことか？』）

ここには**「抽象」「推論」「演繹」**という重要なキーワードが入っているが、こうした文章を読んで「この単語の意味はなんだっけ？」と立ち止まらずに読めるようになれば、読解のスピードは飛躍的に向上する。

そのような段階に達するまでは、一度学んだキーワードでも、**文中で意味が理解しづらい場合はすぐに本書の解説部分を読み直す**習慣を身につけてほしい。評論文のキーワードは、実際の評論文と本書の解説とを往復しながら学ぶことが重要なのだ。

ポイント

- **キーワードは具体例を作ることで身につく。**
- **文中で理解が曖昧なキーワードは、すぐに本書の解説を読み直す。**

1 具体

はっきりとした形や内容を持っていること。観念的なものではなく、事実としてあること。

類 特殊
　 個別
反 抽象

2 抽象

個々の事物から、ある共通する性質を抜き出すこと。

類 普遍
　 一般
反 具体

3 捨象

抽象するときに、抜き出す性質以外のものを切り捨てること。

解説　**具体・抽象・捨象**の三語はセットで覚えてしまおう。たとえば、コート、セーター、スカートは、はっきりとした形があるから、それぞれ具体的なモノだ。この具体的なものから、「服」という**共通点を抜き出すこと**を「抽象」という。抽象は同時に、**共通する性質以外の要素を捨てること**を伴い、それを「捨象」という。先の例で言えば、コート、セーター、スカートの色や形、素材などは捨象しているのである。

例文　科学は**具体**的な経験の一面を**抽象**し、抽象化された経験は、他の同類の経験と関係づけられて分類される。
（加藤周一『文学とは何か』）

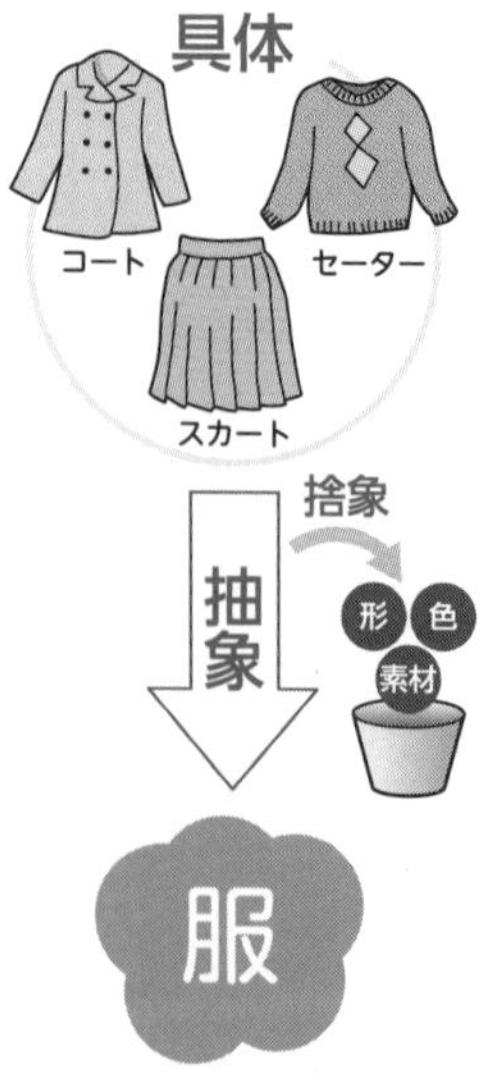

4 普遍

時代や場所にかかわりなく、あてはまること。広く共通していること。

類 一般　抽象
反 特殊

5 特殊

普通のものとは異なっていること。限られたものだけにいえること。

類 具体　個別
反 普遍

解説　数学や科学は普遍的な真理を探求する、とよく言われる。たとえば、三平方の定理や重力の法則は、**時代や場所とは関係なく普遍的に成立する**ものだ。一般に「法則」と呼ばれるものは普遍的と言っていいだろう。

普遍的は、英語の「ユニバーサル」の訳語であることも頭に入れておくとよい。「ユニバーサル・デザイン」とは、年齢や障害の有無などにかかわらず、誰にでも利用しやすいデザインのことをいう。

対して、**特殊**は〈普通とは異なる〉の意のほか、「具体」と近い意で用いられることもある。個々の具体的な人やモノは、何一つとして同じものがない特殊な存在だと考えることもできるからだ。

例文　グローバリゼーションが一様化につながる危険性を感じさせる第一の要因として、近代科学がある。そもそも、現在のようなグローバリゼーションを生ぜしめた根本に、近代科学およびそれと結びついたテクノロジーの発展がある。そして、それは常に「**普遍性**」を旗じるしにしているのである。
(河合隼雄『日本人と日本社会のゆくえ』)

6 絶対

他に比較するものがなく成り立っていること。

反 相対

7 相対

他との比較の上に成り立っていること。

反 絶対

解説 絶対は比較するものがないことだから、**取り替えがきかない唯一の状態**であることをいう。それに対して、相対は、比較の上で成り立つものだから、**〈複数あるもののうちの一つ〉**ということだ。たとえば独裁国家では、独裁者は絶対的な権力をもっているが、それ以外の役人は、他の役職との上下関係による相対的な権力をもつにすぎない。音感には絶対音感と相対音感があることも知られている。絶対音感の持ち主は、ある音を聞いたときに、他の音と比べずにそれがドなのかレなのかを聞き取ることができる。一方、相対音感の場合、他の音を聞かないと、聞いている音の高低はわからない。

また、**絶対化は「他のあり方を認めない」、相対化は「他のあり方を認める」と捉えておこう。**「自己を相対化する」とは、他者の存在や意見を認めながら、自分を位置づけることをいう。**〈他者との共存を進めていくために、自己や自分の属する社会を相対化する視点が必要〉**といった主張は、評論文の典型的な論点である。

人生は金がすべてだ！
お金を絶対的な価値だと考えている

お金も大事だけど、生きがいも大事。
人生
お金を相対的な価値だと考えている

8 合理

論理や計算にかなっていること。

反非合理
関近代合理主義

9 非合理

論理に合わないこと。理性では捉えられないこと。

反合理

解説　経済学という学問は、人間が合理的に行動すること、すなわち自分に損なことはしないことを前提とするが、現実の人間行動には非合理な面も多く見られる。
たとえば、試験前は勉強をすることが合理的なふるまいであるのに、しばしば人は非合理な行動（＝ゲームをする）を取ってしまう。ギャンブルにも同じことが言える。確率的には賭ける側が必ず負けることになっているギャンブルに参加するのは、非合理的なふるまいであるにもかかわらず、多くの人がギャンブルにおぼれてしまう。近年では、こうした非合理な行動のメカニズムを解明する「行動経済学」という学問に注目が集まっている。

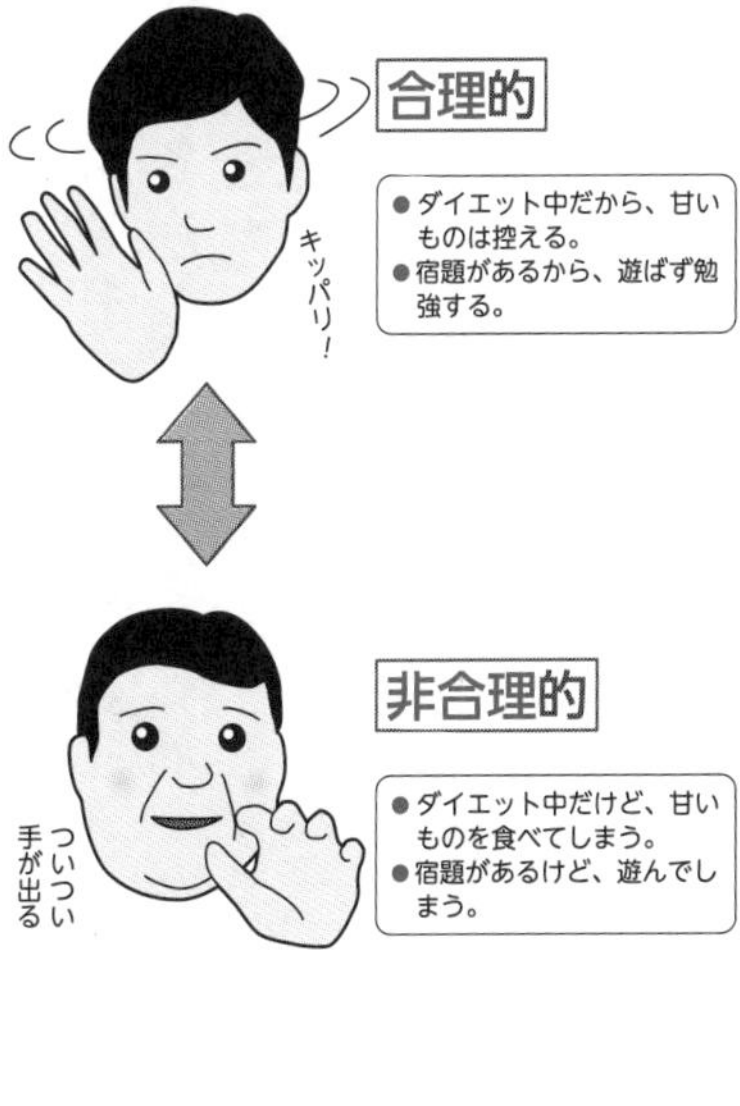
合理的
キッパリ!
● ダイエット中だから、甘いものは控える。
● 宿題があるから、遊ばず勉強する。
非合理的
ついつい手が出る
● ダイエット中だけど、甘いものを食べてしまう。
● 宿題があるけど、遊んでしまう。

10 本質

物事の根本にある性質。

類 形而上

11 現象

目や耳などの感覚で捉えることができるもの。

類 形而下
関 具体

解説 料理を例にとって考えてみよう。人間は、毎日さまざまな料理を作る。カレーライス、ラーメン、ハンバーグ、サラダ……、こうした個々の料理を作ることは、目にも見えるし、匂い（嗅覚）や味（味覚）など感覚でとらえることができるので**現象**にあたる。では、料理の**本質**とは何だろうか。これは、個々の料理（＝現象）からは導くことができない。料理人Aは「美味しさを生み出すこと」と言うかもしれないし、料理人Bは「素材を活かすこと」と言うかもしれない。**物事を成り立たせている一番大切な性質が本質である**以上、何が物事の本質かという議論は、発言者自身の物の見方の根幹とも大きくかかわっている。

12 推論

事実や根拠のある事柄にもとづいて、別の事柄を導き出すこと。

類 推理

13 帰納

個別の事実から一般的な法則を導くこと。

反 演繹
関 具体
現象

14 演《えん》繹《えき》

一般的な法則や原理を個別の事実にあてはめること。

反 帰納
関 抽象
本質

解説 帰納も演繹もどちらも推論の方法の一つだ。たとえば、マグロは卵から生まれる、イワシも卵から生まれる、アジも卵から生まれる……というふうに個別の事実をもとに「よってあらゆる魚は卵から生まれる」と一般的な法則を導く推論を「帰納」という。

逆に、最初に「あらゆる魚は卵から生まれる」という一般的な法則を出発点にして、「マグロは魚である。ゆえにマグロは卵から生まれる」と個別の事実に論を展開していく推論の方法を「演繹」という。

科学は、帰納と演繹を組み合わせて推論していくことで、新しい法則を作り上げていくことを知っておこう。

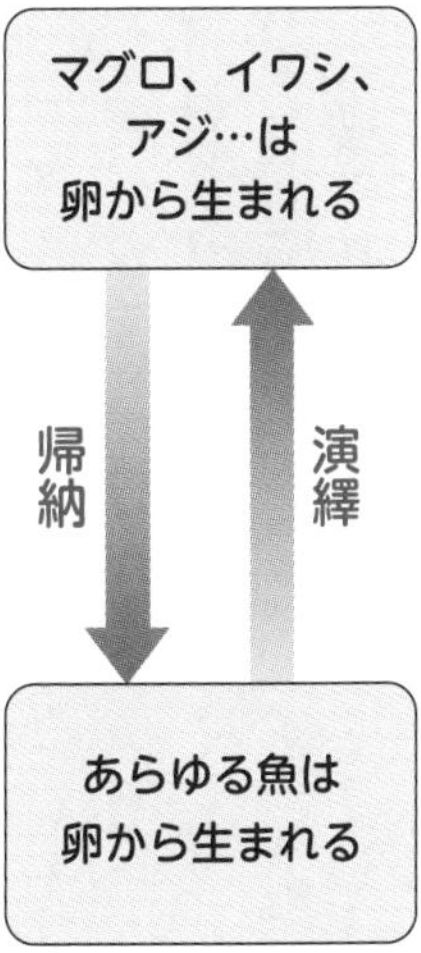
マグロ、イワシ、
アジ…は
卵から生まれる
帰納
演繹
あらゆる魚は
卵から生まれる

15 概念

事物の抽象的な意味内容。

関 抽象

16 観念

物事についての意識や考え。

17 理念

ある物事について、こうあるべきだという考え。

関 イデア

解説 たとえば「花」という概念は、サクラやアサガオ、ヒマワリなど、具体的な個々の花を一括《ひとくく》りにした意味内容のことだ。したがって**「概念化する」とは、抽象化した意味内容を取り出すこと**をいう。対して観念は、**頭の中の意識内容のこと**であり、個々人がでたらめに考えていることも含まれる。よって、個人的な観念というものはあっても、個人的な概念というものは考えづらい。

理念は、**最終的にめざすべき目的や目標**のこと。「理想」に比べて抽象性が強い。「みんなが仲良く暮らすことが理想だ」と「平和という理念」を比較すると、ニュアンスの違いがわかるだろう。

例文 宇宙人が「ポックン」という音を発したとする。それはたんにくしゃみのような意味のない音かもしれない。それが確かに概念を表わしていると分かるのは、私が「ポックン」の意味する概念を理解しえたときである。だから、その概念を習得する前には、未知の概念の存在を私は確かめることができない。

（野矢茂樹『語りえぬものを語る』）

18 超越

関 絶対
反 内在

① 標準をはるかにこえていること。
② 意識や経験をこえていること。

解説 日常的には「彼女の頭のよさは俺たちを超越している」など、「はるかにこえている」という①の意味でよく使うが、入試評論文では②の意味を押さえておくことが重要だ。たとえば「超越的な存在」の例として、神を挙げることができる。神は、人間の意識で捉えることはできないし、神の行いを経験することもできないからだ。

超越は「絶対」と関係が深いことも押さえておこう。神のような超越的な存在は、他と比較できない絶対的な存在であるからだ。

また、超越はしばしば「内在」と対比的に用いられる。超越的な原理といえば、**経験の外部にある根源的な原理を意味する**のに対して、内在的な原理は自己の経験に根ざした原理という意味になる。

例文 神は人間存在を絶対的に**超越**して高みに存在する。だからこそ、人間は神を崇《あが》め畏れてきたのであり、神の怒りを鎮めるために時には生《い》け贄《にえ》を捧げたりもしてきた。自らの罪深さや生の不条理を神に告白したり、世界に神の善意がもたらされることを祈ったりできるのも、神が高みに存在するからである。もし神が人間と同程度の存在なら、神の言葉と政治家の言葉に大した違いはないことになり、神の言葉は地上に堕《お》ちてしまう。高さの次元、すなわち「超越性」が神の存在にとっては不可欠なのだ。（岩内章太郎『新しい哲学の教科書』）

19 内在

事物の性質や意味が、それ自身の内部にあること。

類 内発
反 外在　超越

20 外在

事物の外部にあること。

類 外発
反 内在

解説 評論文で「内在」や「外在」が登場した場合、**「何の内部（外部）か」を意識して読めるかどうか**がポイント。

たとえば、勉強の内在的価値という場合、何かのための手段ではなく、勉強そのものに価値があるということだ。勉強すること自体が楽しくてワクワクするような人は、勉強に内在的価値を見出《い》だしていることになる。

それに対して、勉強の外在的価値とは、テストで高得点を取るため、資格を取得するためといった具合に、勉強以外の目的を実現するための手段的な価値を意味する。

「内在化」や「外在化」という表現にも注意しよう。**内在化とは内部に取り込むこと、外在化は外側に表すこと**をいう。たとえば、子どもは成長するにつれて、社会の道徳を内在化する（自分の内側に取り込む）ことで、道徳的な判断ができるようになる。また、自分の心情や主張を言葉で表現することは、自分の内側にあるものを外在化しているわけだ。

例文 会話分析というのは、会話することそれ自体の中に**内在**している、半ば意識的、半ば無意識のルールを解明することです。私たちは、普段十分に意識することのないそのルールによって、会話を円滑に進め、秩序を形成している。

（大澤真幸『社会学史』）

21 内包

① 内部に含むこと。
② ある概念があてはまる事物が共通してもつ性質。

反 外延

22 外延

ある概念にあてはまる事物のすべて。

反 内包

解説　**内包**の①の意味は、説明不要だろう。「現代社会は多大なリスクを内包している」のように、「内部にもつ」と言い換えて差し支えない。難しいのは、②の意での内包であり、これが**外延**と対をなす。

たとえば、動物について考えてみよう。**「動物」の外延とは、動物という概念にあてはまる事物のすべて**なので、イヌ、ネコ、ウサギ、ヒト……とすべての動物の集合のことである。それに対して、**「動物」の内包とは、〈他の生物を食べて生活する〉〈運動性をもつ〉など、すべての動物が共通してもつ性質のこと**だ。

数学が得意な人は、次のような例で理解してもよい。1、3、5、7、9という集合があるとき、この集合の外延的定義は「｛1、3、5、7、9｝からなる」であるし、内包的定義は「10以下の奇数からなる」である。

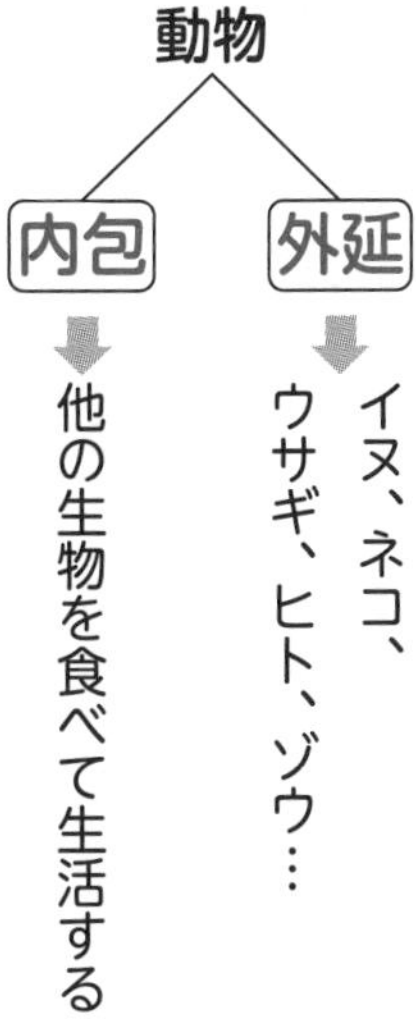

23 顕在

目に見える形ではっきりとあらわれていること。

反 潜在

24 潜在

目に見える形であらわれず、内にひそんでいること。

反 顕在

解説 「**顕《あらわ》れる**」と「**潜《ひそ》む**」という形で訓読みすると、記憶に定着しやすい。たとえば「顕在的なニーズ」といえば、アンケートなどをしてはっきりデータとしてあらわれるようなニーズ（欲求）のことであり、「潜在的なニーズ」とはデータにはあらわれていないが、人々のなかに潜んでいると推測されるようなニーズのことをいう。

企業は、潜在的なニーズを掘り起こすような商品を開発することで、利益の拡大をめざすわけだ。

一般に、**潜在的なものは顕在化しないと、それが存在していたかどうかわからない**。潜在的なニーズも、新商品が売れることで「そういうニーズが眠っていたのだ」とわかるのである。

例文 格差社会論の本質は、実体としての経済格差よりも、むしろ「潜在能力イデオロギー」を投影することから生じているのではないか。つまり、「勝ち組」は自己実現しているからすばらしいが、「負け組」は潜在能力を開花させていないからかわいそう、というわけである。

（橋本努『自由に生きるとはどういうことか』）

25 自律

自分の立てた規律に従って物事を行うこと。

反 他律

26 他律

他人の命令や指示によって物事を行うこと。

反 自律

解説　自律と自立の違いに注意しよう。「自立」は独力で物事を行うことであり「独立」に近い意味だが、**自律のポイントは〈自分で立てた規律に従う〉という意にある**。たとえば、自由気ままに暮らしている人は、自立はしているが、自律的ではないかもしれない。「嘘《うそ》はつかない」「時間厳守」など、自分に課したルールを守って行動するのが自律的な人間である。

他律は**〈他に律せられる〉ことなので、他人の命令や指示で行動することだ**。親に「起きなさい」と言われないと起床できない学生は、他律的である。現代社会では、情報によって行動を左右される人間も多いが、これも他律的と言えるだろう。

とはいえ、現実の人間の行動は、自律と他律にすっぱり分けられるものではない。他人の指示に従う場合でも、自発的に従うなら自律的といえるし、逆に、自分の判断で買い物をしているようでも、ＣＭや他人の評判に影響されていれば、他律的な側面もあるからだ。

例文　人間は外界の情報に強く影響されるにもかかわらず、あたかも自分自身で判断し行為すると錯覚する。この**自律**幻想は近代個人主義イデオロギーと深い関連をもち、アジア人やアフリカ人に比べて西洋人の方が強い。また同一社会内でも一般に社会階層が上層すればするほど、また学歴が高くなればなるほど、この錯覚は強くなる。

（小坂井敏晶『責任という虚構』）

27 逆説（パラドックス）

関 アイロニー

①一見、常識に反するように見えながら、真理を言い当てている表現。
②矛盾を含んだ表現。

解説　②から先に説明しよう。「クレタ人の**パラドックス**」という有名な話がある。あるクレタ人が「クレタ人は嘘つきだ」と言った。もし「クレタ人は嘘つきだ」が正しければ、話し手もクレタ人なので「クレタ人は嘘つきだ」は嘘、すなわちクレタ人は嘘つきでないことになり、矛盾が生じる。

逆に、「クレタ人は嘘つきだ」が嘘の場合、クレタ人は嘘つきでないことになり、話し手自身が嘘つきではないことになるので、こちらも矛盾してしまう。

これが②の「矛盾を含んだ表現」ということだ。**「誰の言うことも信じるな」**も、同様に**逆説**表現であることを確認してほしい。

ただし、評論文の傍線部説明問題で狙われやすいのは①のほうである。慣用句の「急がば回れ」「負けるが勝ち」などがその簡単な例だ。こんな例はどうだろう。**「人は、他者との違いがわずかであるほど、逆説的に嫉妬心を抱くようになる」**。常識的に考えれば、嫉妬は自分よりも明らかに優位な立場に立つ人に対して向けられるものだ。しかし現実には、多くの人はあまりに自分と差がありすぎる人には嫉妬を感じないだろう。高校野球の選手は、まさか大リーガーに嫉妬したりはしない。むしろ、自分よりもちょっとだけ上位にいるような人、同じ野球部内で、わずかな差でレギュラーを奪われたチームメイトに対して嫉妬心を向ける。このように、**常識とは異なる表現によって、「なるほど、それは当たっている」と思わせるような表現**が①の意味での逆説である。

評論文で「逆説」を説明する設問に対しては、**「逆説ではない事態」**（＝常識的な事態）を考えることによって、逆説の内容は理解しやすくなるはずだ。

28 アイロニー（イロニー・皮肉）

関逆説

①相手の欠点や弱点を遠回しの言い方で非難すること。
②意図とは相反する結果が生じること。

解説 アイロニー（皮肉）は、遠回しの表現で相手を非難すること。「重役出勤とはいい身分だね」といった遅刻常習犯へのほめ殺しが典型例だ。しかし評論文で押さえておきたいのは、**〈意図と結果が反する〉**という②の意のほうである。

たとえば「冷戦終結によって逆に地域紛争が激化したのは、歴史の皮肉だ」などと用いられる。この場合、〈冷戦が終結したのだから、紛争は少なくなるはずだ〉という意図に反して、〈地域紛争が激化してしまった〉という結果が生じたことを「皮肉」と言っているわけである。したがって、傍線部説明問題でこの語が問われた場合、**〈意図（予想）されたこと〉**と**〈結果的に起こったこと〉**を整理することで文脈を理解しやすくなるだろう。

また、アイロニーは**「アイロニカルな〜」**と形容詞の用例も見られる。たとえば社会学者の大澤真幸は、「アイロニカルな没入」という言い方をよく使う。これは、映画を観ているときのように、ウソやニセモノ（＝虚構）だとわかっていながら、没入してしまう態度のことをいい、カルト宗教の信者や過激な民族主義者にも同様の傾向が見られるという。

例文 自分の夫や息子を殺した「国家」を信じることで、その夫や息子の死を受け入れる。この強烈な**アイロニー**は、ナショナリズムが、現代世界において、世俗世界の宗教としての役割を果たしていることを示している。教会も国民国家も、無意味な死に意味を与えるために信用され、信徒や国民としての帰属意識も、各自の内面に刻み込まれてゆく。

（藤原帰一『戦争を記憶する』）

29 ジレンマ

類 二律背反

相反する二つの事柄の板挟みになっている状態。

解説 たとえば、ある人が、ゆとりのある生活をするために、一生懸命働いてお金を稼ごうとする。しかし一生懸命働けば働くほど、時間が犠牲となって生活からゆとりが失われる。このように、**両立の難しい二つの事柄の板挟みになる状態がジレンマ**である。その意味では、**自由と平等もジレンマの関係にある**。自由を追求すれば、不平等を容認せざるをえないし、平等を追求すれば、ある程度の自由を束縛せざるをえないからだ。

例文 この、透明人間でいなければならないのに透明になれないという**ジレンマ**は、通訳のジレンマの中でも最も根本的なものでしょう。

（水野真木子『通訳のジレンマ』）

30 ダブルバインド（二重拘束）

関 ジレンマ 矛盾 背理

相反する二つのメッセージを同時に受け、身動きがとれなくなる状態。

解説 **ダブルバインド**は、文化人類学者のグレゴリー・ベイトソン（一九〇四〜八〇）が、統合失調症を説明するために提唱した概念として知られる。たとえば母親が子どもに対して、冷淡な態度で「お前のことが好きだよ」と言った場合、子どもは、「お前が好きだ」と「お前は嫌いだ」という相反するメッセージのどちらを信じてよいか、がわからない状態に陥ってしまう。

ジレンマとほぼ同義で用いられることもあるが、ジレンマがさまざまな状況に用いられるのに対して、ダブルバインドは多くの場合、**コミュニケーション上の板挟み状態を表す**ために用いられる。

31 矛盾

関 ダブルバインド　背理　逆説

① つじつまが合わないこと。
② 相反する判断が同時に成立する言明。

解説 最強の矛と最強の盾を持っている者が「お前の矛でお前の盾を突いたらどうなるか」と問われ、答えに窮してしまったという中国の故事が**矛盾**という熟語の由来。そこから①のように、**つじつまが合わないこと**を意味する言葉となった。読解の際には**〈何と何がどのようにつじつまが合わないのか〉**を意識するようにしよう。

②は、哲学や論理学の用法。**「X」と「非X（Xでない）」が同時には成り立たないこと**を矛盾律という。

例文 人々の宇宙観の歴史は、神の関与を斥《しりぞ》けつつ、神の偉大さに気づかされる、という**矛盾**に満ちたものであった。

（池内了『宇宙論と神』）

32 背理

関 逆説　矛盾

道理や論理に反すること。

解説 矛盾とほぼ同義だが、評論文で用いられる**背理**は、**自己矛盾に陥っていること**を指して使われることが多い。たとえば「私の命令に従うな」というメッセージは背理である。

なお、哲学や数学で使う「背理法」は、ある仮定や仮説にもとづいた議論が矛盾に陥ることを示すことで、最初に置いた仮定や仮説とは反対の主張が正しいことを証明する方法をいう。

例文 「他の論理空間は思考不可能」と主張することは、「他の論理空間」を「思考不可能」なものとして思考するという**背理**に陥っている。

（野矢茂樹『語りえぬものを語る』）

33 一義（的）

反 多義

① 意味が一つであること。
② 根本的であること。

34 多義（的・性）

反 一義

多くの意味を持っていること。さまざまな解釈ができること。

35 両義（的・性）

相反する二つの意味に解釈できること。

解説 **一義**の②は、「親は、子の教育について第一義的な責任をもつ」といった形で用いる。①の意味での一義と**多義**が反意語。たとえば、数学や法律の言葉は一義的（意味が一つ）であることが望ましいと考えられている。それはルールを記述するからだろう。ルールが多義的であっては、議論や推論は成立しない。対して、**日常的な言葉、芸術作品や小説などは、さまざまな解釈を許すので、多義的である。**

両義（的・性）は評論文の傍線部説明問題で狙われやすい言葉だ。たとえば共同体は、人々のつながりを深める一方で、村八分などの形で共同体の構成員を排除することもある点で両義的な存在といえるだろう。文中に「両義」という語を見つけたら、相反する二つの意味内容を確認して読解することが重要である。

36
一元
事物の根本がただ一つであること。
関 絶対

37
二元
物事が二つの異なる要素から成り立つこと。
関 物心二元論

38
多元
物事が複数の要素から成り立つこと。
関 相対

解説 一元は、**一つの原理や評価軸で物事を捉えること**であり、**多元**は**複数の原理や評価軸があること**をいう。たとえば、テストの成績だけで合否を決めるのは一元的な評価だが、面接や学外活動なども考慮する場合は多元的な評価といえる。

二元は、**「二元論」**という形でよく使われる。たとえば、男／女、善／悪、美／醜というふうに、**対になる二つの要素で物事を説明する方法**が二元論だ（一元論、多元論という使い方もある）。

評論文では、一元的な見方や二元論は、個性を無視したり、優劣の思考をもたらしたりする点でマイナスの意味で用いられやすい。一方、「多元」は多様なあり方を認める態度につながるため、プラスの意味で使われやすいことを知っておこう。

例文 日本語は**多元**論的文化の中で発達してきたものであるから**二元**論的一貫性、対立の原理をはっきりさせない。「あれかこれか」ではなく「あれもこれも」主義である。
（外山滋比古『日本語の論理』）

39 アナログ

情報を連続的に変化するもので表すこと。

反デジタル

40 デジタル

情報を数字や文字などの信号によって表すこと。

反アナログ

解説 電子的なものがデジタル、そうでないものがアナログという理解は、正確ではないので注意しよう。両者の違いのポイントは、**情報を連続的な変化で表すかどうかだ**。たとえば、アナログ時計は、時間の推移を針の連続的な変化で表すのに対して、デジタル時計はその瞬間の時間しか示さない。温度計や体温計、スピードメーターにも、アナログとデジタルでは同様の違いがある。

アナログ放送とデジタル放送は、画面に表現されている内容は同一だが、前者は情報を波形で伝送するのに対して、後者は数値情報で伝送する。たとえ電子的な装置であっても、情報を連続的な変化（たとえばグラフや図形）などで表現していれば、それはアナログな表現といえるのだ。

アナログ時計
時間の推移を針の連続的な変化で表す

デジタル時計
瞬間の時間しか示さない

41 命題

類 テーゼ

①真偽を判定できる文。
②課せられた問題。

解説　重要なのは①の意。「三角形の内角の和は180度である」「ネコは動物である」など、**真偽を判定できる文**を**命題**と呼ぶ。真偽が判定できなければ命題ではないので、「早く勉強しなさい！」「合格できればいいなぁ」といった**命令文や願望文は命題ではない**。

命題は論理学の用語であるが、論理学とは推論（ある事実から別の事実を導くこと）の法則を明らかにする学問だ。たとえば「すべての人間は死ぬ」「ソクラテスは人間である」という二つの命題から、「ソクラテスは死ぬ」という命題を導く三段論法の分析は、ギリシア時代に生まれた論理学である。

42 敷《ふ》衍《えん》

関 還元

①おし広げて説明すること。
②①例などをあげて、わかりやすく説明すること。

解説　「敷」は「敷く」、「衍」は「ひろげる」の意がある。簡単にいえば、**ある説明をさまざまな形に広げて展開すること**が**敷衍**である。

たとえば「サッカーのトレーニング法を技術一般の上達論に敷衍する」とは、サッカーのトレーニング法を、あらゆる技術の上達法にまで広げて説明することをいう。この場合は、**一つの分野の知見を、より広い分野に展開している**わけだ。

あるいは、抽象的な説明や主張などをわかりやすい言葉で説明し直す場合にも用いられる。「A教授の議論を私なりに敷衍すると」は**〈A教授の議論を私なりに嚙《か》み砕いて説明すると〉**という意味である。

43 規範

関 倫理

社会や集団のなかで行動する際に従うべき基準。

解説 規範は、広い意味でルールと言い換えると理解しやすいが、法律のように明文化された規則だけでなく、**社会や集団のなかで暗黙に了解されているルールまで含まれる**。たとえば、目上の人に対して敬語を使うことは、日本社会での規範といえるだろう。

規範は本人が自覚のないまま従っていることも多い。そのため、自明とされている規範がどのように成立していったのかを問うような文章が、評論文ではよく登場する。

例文 「悪」とは、その時代、その社会の共同的な、あるいは共有された**規範**によって生みだされた概念である。

（内山節『怯えの時代』）

44 倫理

関 道徳

① 社会や共同体の中で従うべき道理。
② よりよく生きるための内面的な規範。

解説 ①で使われる場合の**倫理**は、「規範」「道徳」「モラル」に近い意味だ。しかし「倫理的に生きる」という場合には、**個人がよりよい生のために、自分で定めた規範に従うという②のニュアンスが強まる**。たとえば、できるだけ電力を使わずに生活することは、道徳とまでは言えないが、倫理的な生き方と言うことはできる。

なお学問としての倫理学は「ある行為が善い（悪い）のはなぜか」というふうに、さまざまな道徳や規範の成立根拠やその本質を研究する学問のことをいう。

例文 孟子《もうし》は、当人にさえも説明のできない不憫《ふびん》な気持ち、すなわち惻隠《そくいん》の情の存在を述べ、**倫理**というものの基礎を論じた。

（末木文美士『他者／死者／私』）

第2章 哲学・思想

ナビゲーション

入試に出題される評論文では、「哲学・思想」が定番のジャンルとなっている。だが、そもそも「哲学」「思想」とはどのような営みを指すのだろうか。

「哲学」は英語の“philosophy”にあたる言葉で、“philosophy”はギリシア語の“Philosophia”を語源とする。これは**「知を愛する」**という意味だ。一方、**「思想」**は英語でいえば“thought”となり、思考の延長上にある言葉である。

哲学と思想を厳密に分けることは難しいが、おおよそ次のように理解しておけばいいだろう。哲学は「**自己**とは何か?」「存在とは何か?」「**時間**とは何か?」など、私たちが当たり前に受け入れている事象を疑い、とことん思索を深めていく営みであるのに対して、思想は、人間や文化、社会、制度などに関する体系的な思考のことをいう。

■哲学の誕生

一般的に、哲学は古代ギリシアで誕生したと言われている。哲学が生まれる以前の古代ギリシアでは、世界の成り立ちや自然現象、人間の感情などは、神々の行為と結び付けられて説明されていた。これを**「神話的世界観」**という。

しかし紀元前七世紀頃、自然の事物や現象を神話ではなく、自らの観察と思索によって説明する「自然哲学者」たちが現れた。たとえば、「最初の哲学者」と言われるタレス（前六二四頃～前五四六頃）は、万物の根源を「水」と説明したことで知られている。

評論文にもよく登場するソクラテス（前四七〇～前三九九）とその弟子プラトン（前四二七～前三四七）は、「善とは何か」「美とは何か」「正義とは何か」など、現代の哲学にまで引き継がれる重要な問題を探究した哲学者だ。

このように、**哲学は事物の本質を探究する営みとして始まった**。そしてその説明においては、神話のような物語ではなく、「言語・論理」などを意味する**「ロゴス」**

を用いた点がとくに重要である。

ポイント
・神話的世界観＝世界を神々の行為で説明
⇧
・哲学＝世界を自らの観察と思索によって説明

■近代哲学の祖デカルト

評論文に登場する哲学者のなかでも、とりわけ頻繁に取り上げられるのが、近代哲学の祖と呼ばれるルネ・デカルト（一五九六～一六五〇）だ。デカルトの哲学は、近代科学に対しても大きな影響を与えているが、その説明は第四章に譲り、ここではデカルト哲学の出発点となった**「方法的懐疑」**というものについて説明することにしよう。

「方法的懐疑」とは、〈疑わしいものはすべて疑い、それでも疑い得ないものを確実な知識と考える〉ことをいう。

デカルトは、目に見える物、聞こえる音などはすべて夢や幻ではないかと考えた。しかし、このように疑っている場合でも、疑っているという自分の意識（精神）の存在だけは否定できないという結論に達した。このことを述べたのが、有名な**「我思う、ゆえに我あり」**という命題だ。そして、この「考える我」を土台にして、デカルトは事物や世界の存在が確実に存在していることを根拠付けようとしたのだ。

ここから二つの重要な思想が導かれる。

一つは、**自我**（考える我）こそが世界を認識する中心である、とする**自我中心主義的な思想**である。**近代の個人主義、現代でよく言われる「自分探し」などの源流には、このデカルト的な自我がある。**

もう一つは、精神と身体とを明確に区別する**「心身二元論」**の思想である。デカルトは、認識する自我と認識される物体とを区別し、**身体**は物体と同じように認識される側のものとした。その結果、**近代哲学はもっぱら精神（意識）が主役となり、身体は精神の入れ物にすぎな**

いという身体軽視の態度を生むことになった。

ポイント
・デカルトの哲学 → 自我中心主義 / 心身二元論

■自己と他者

デカルトの名前が登場しない場合でも、評論文では近代的な自我やアイデンティティを主題に据えた文章がよく登場する。その背景には、価値観や選択肢が多様化した現代社会では、確固とした自我やアイデンティティを確立することが難しくなっているという状況がある。

たとえば、入試評論文や国語教科書の常連である哲学者の鷲田清一は、著書である『じぶん・この不思議な存在』のなかで次のように言っている。

「「じぶんらしさ」などというものを求めてみんなじぶんのなかを探しまくるのだが、実際わたしたちの内部にそんなものあるはずがない。」

自分らしさや自分の固有性というものを自己の内側だけに求めても見つからないというわけだ。ここから「自己と他者」という重要な問題が浮かび上がってくる。自我を重視する近代の哲学や思想は、「他者」という視点を置いてきぼりにしてきた。しかし、そもそも自分という存在は、他者との関係性のなかで形成されるのではないか。このように、**自己を他者との関係から捉え直す評論文は入試問題にもよく登場する。**

■身体の復権

「自己と他者」と同様に、「身体」も評論文の頻出テーマであるが、ここにも、デカルトの「心身二元論」以降、「身体」を物体と同様に位置づけてきたことへの反省がある。

身体に関する評論を読む際は、大きく二つの系統があることを知っておこう。

①身体の自律性
②身体の歴史性

「身体の自律性」とは、身体は精神に支配されている単なる物体ではなく、人間の根幹をなすような独自の性質をもっているということだ。

一方、「身体の歴史性」とは、私たちの身体や身体動作が、歴史や文化に強く規定されていることをいう。たとえば、体育や体操での整列や行進は、個性を打ち消す「均質な身体」を生み出す機能を果たしている。

ポイント
- **身体に関する評論**
  - **身体の自律性**
  - **身体の歴史性**

■現代の哲学・思想の特徴

「他者」や「身体」の重要性を見直す評論文に典型的にあらわれているように、現代の哲学・思想は、自我を中心に哲学や思想を組み立ててきた近代的な考え方には否定的だ。

二十世紀になって登場した新しい哲学・思想は、無意識や言語・身体・構造・関係・ネットワークといったものに注目して、自我中心的な思考を乗り越えようとしてきた。

そこには、自我や精神といったものを優位に置く思考が、ヨーロッパ中心主義や男性中心主義など、何かを排除する思考を産んでしまったことへの反省も大きい。

何かを「中心」に物事を考えると、必ず「中心でないもの」を排除する思考につながってしまう。よって一元的な中心を作らない「脱中心的」で「多元的」な思考が現代思想の大きな潮流になっていると言えるだろう。

ポイント
- **近代の哲学・思想＝自我中心主義**
- **現代の哲学・思想＝脱中心的・多元的**

45 自己

類 自分
反 他者

自分によって把握された自分自身。

解説 日常的には、**自己**は**自分**という言葉とほとんど同義として使われている。しかし、**「自己とは何か？」「自分とは何か？」**と正面から問われると、とまどってしまわないだろうか。ついつい「自分は自分だ」と言い返したくなるが、これでは同語反復（同じ言葉を繰り返すこと）であり、説明したことにはならない。

では、自己はどのように説明できるだろうか。多くの哲学者や思想家は、**〈自己は他者によって形成される〉**と論じてきた。たとえばジャック・ラカン（一九〇一～八一）は、「鏡像段階論」という興味深い理論を唱えている。これは、一歳前後の赤ちゃんは、鏡に映った自分の像を見て、**自分の全体像**を獲得するというものだ。この理論には二つのポイントがある。一つは、そもそも赤ちゃんには自分という感覚がないこと。そして二点目は、赤ちゃんにとっては鏡に映った像は他者であるということだ。したがって、**人間はそもそもの出発点から、他者を媒介にして自分というものを知る**ことになる。

実際、私たちは自分について考えるとき、二つの自分があるように感じられているはずだ。このとき、**自分について考えている自分、自分を見ている自分**というのは、**他者の視点**を自分のなかに取り入れているということができる。

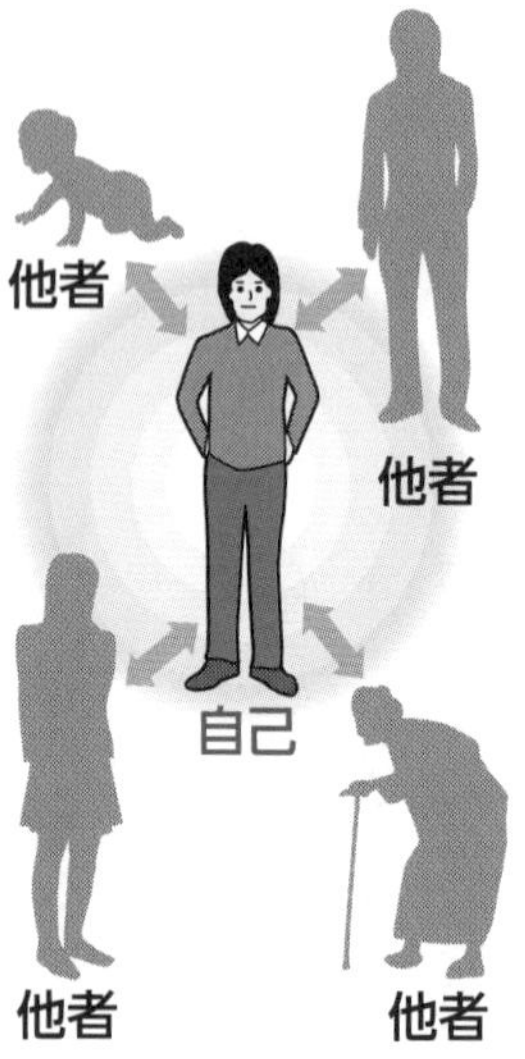

自己は他者によって形成される

46 他者

反 自己

自分とは異なる存在。自分の理解が及ばない存在。

解説 **他者**は、日常的に使われる「他人」とは違い、**〈自分とは異なる存在〉**を指す言葉だ。よって、異文化に暮らす見知らぬ人々は当然として、家族も友人も、自分にとっては他者である。さらに、自然や神のような抽象的な存在も他者ということができるだろう。

現代の哲学では、他者そのものが大きなテーマとなっている。つまり**「他者とは何か」**という問題が哲学的には大問題なのだ。前の項目で説明したように、人間は他者とかかわりあい、他者の視点や言葉を自分のなかに取り込むことで、自己を形作っていく。

でもその一方で、**他者は自分とは絶対的に異なる存在でもある**。どんなに親しい友だちや恋人であっても、彼や彼女をまるごとすべて理解することは不可能だ。そして、**〈自分とは異なるもの〉**を他者と呼ぶのであれば、**自分には理解できないことが他者の他者たるゆえん**ということもできるだろう。私たちはそういった理解の及ばない他者とともにこの世界を生きている。そのとき、理解ができないからといって他者を拒絶する自己中心的な態度は、最終的に暴力や虐殺を生んでしまう。では、**理解の及ばない他者とともに、どのように生きればよいのか**ということが、哲学や思想では問われているのだ。

例文 たとえば悲しむ友人の肩に手を回すとき、私が触れようとするものは**他者**のたんなる身体の一部ではない。私が愛《あい》撫《ぶ》するとき希《のぞ》んでいることは、〈もの〉としての他者の身体に接触することではない。望んでいるのは、他者の存在そのものに触れることである。

私の希望は、充たされることがない。他者の存在そのものと接触しようとする期待の挫折、あるいは他者の存在そのものへとむけられた志向の幻滅においてこそ、他者が否みがたく現れる。

（熊野純彦『差異と隔たり』）

自己は他者によってつくられる——阿部潔『彷徨《さまよ》えるナショナリズム』

1「[45]**自己**」は、どのようにして成立するのだろうか。日常的な[64]**感覚**に照らして考えれば、「自己＝わたし」は常に既に当たり前の存在として「ある」。「わたし」の存在が曖昧《あいまい》になったり、その実感が持たれないような状態は、端的に「病理」と看做《みな》されてしまう。逆にいえば、「わたし」が確固たるものとして存在することは、ごくごく当たり前で正常な事態と受けとめられているのだ。

2だが、これまでに心理学、精神分析理論、コミュニケーション論などが明らかにしてきたように、「自己」は必ずしも[78]**先験的（ア・プリオリ）**に与えられるものではない。私たちは、この世に生を授かった瞬間から「自己」を持っているわけではないのだ。生まれ落ちて以降、すぐさま始められる親をはじめとした周囲の大人とのやり取りを通じて、赤子は「子ども」へと成長していく。その意味で、「社会」との関《かか》わりのなかではじめて、私たちは「自己」を獲得していくといえる。

3こうした「自己」の生成過程において、「[46]**他者**」が重要な位置を占めている。プラグマティズム*1の立場から[211]**自我**や[253]**コミュニケーション**について論じたジョージ・ハーバート・ミード*2が指摘したように、「他者の態度取得（taking the attitude of other）」を通じて、私たちは自我を形成し相手とコミュニケーション

読解のポイント

1 「自己」はどのように成立するか？

⬇

2 「社会」との関わりのなかで、「自己」は獲得される

⬇

3 2においては「他者」が重要

⬇

他者の立場から「わたし」を捉えることができてはじめて、「わたし」は「自己」を感じ取ることができるから

⬇

4 自己と他者が相互に相手の態度を取得しあうことで、社会的な規範を作り上げ、具体的に実践できるようになる

*1 プラグマティズム＝実用主義。人生に対する実用性、現実への功利性などから真理を規定する考え方。

*2 ジョージ・ハーバート・ミード＝アメリカの社会心理学者、哲学者（一八六三～一九三一）

を図ることが可能となる。相手の視座／立場から「わたし」を捉《とら》えることができるようになってはじめて、「わたし」は自分自身＝「自己」を感じ取ることができるのである。ミードは、こうした「態度取得」の高度化／多様化のプロセスとして、子どもの成長過程を捉えた。

4 私たちは成長するにつれ、さまざまに異なる相手の態度を巧みに取得していきながら、相手との相互行為を首尾よく調整していく能力を身に付ける。ミードの言葉を借りれば、社会的に成長していくことで、特定の「重要な他者（significant others）」から不特定の「一般化された他者（generalized others）」へと、態度取得の範囲が広がっていくのである。そのことによって、人々はヨリ高度な「社会性」を獲得する。他者の態度を予《あらかじ》め取得することで、私は相手からの期待を予期し、それに合致した行為を取ることができる。また、相手も私の態度を取得することで、私が相手に何を期待しているかを予期できる。こうして相互に期待／予期の交わし合いができるからこそ、私たちは社会的な[43]**規範**を作り上げ、互いにそれを内面化し、さらに[1]**具体**的な場面で実践していけるのである。

（九州大学）

設問 傍線部のように言えるのはなぜか。五〇字以内で説明しなさい。

着眼 傍線部直後の一文をさらにわかりやすく言い換えている「相手の視座／立場から……できるのである」の箇所をまとめればよい。

解答例 他者の立場から私を捉えることができるようになってはじめて、私は「自己」を感じ取ることができるから。（四九字）

47 主体

行為をおこなうもの。作用・動作を及ぼす側。

類 主観
反 客体

48 主観

①外界に対する主体の意識。
②自分だけの考えや感じ方。

類 主体
反 客観

49 客体

主体の行為の対象となるもの。作用・動作を及ぼされる側。

類 客観
反 主体

50 客観

①主観の認識の対象となるもの。
②誰にとっても同じように認識される考えや感じ方。

類 客体
反 主観

解説 **主体**も**主観**も、英語では同じ **“subject”** であり、どちらも **「認識や行為をする側」** を指す言葉である点では共通している。しかし明治期に“subject”を翻訳する際、**認識にかかわる文脈では主観**とし、**行為や実践にかかわる文脈では主体**としたことで、日本語では両者が使い分けられるようになった。

たとえば「主体的」とは、自分の意志で行動する様子を意味するのに対して、「主観的」は **〈自分の心だけで考えている〉〈自分に感じられている〉** という意味で使われる。したがって「主体的に行動する」とは言えても、「主観的に行動する」とは言わないし、逆に、「君の考えは主観的だ」とは言えても、「君の考えは主体的だ」とは言わない。

なお主観的は、日常的には「ひとりよがり」という意味で使われることが多いが、評論文では「主観的時間（＝自分が感じている時間）」のように、〈（個別の）自分に実感される〉という形で使われることもあるので注意しよう。

客体・客観のほうは、英語では**“object”**であり、**〈認識される側、行為が及ぶ側〉**を指す。たとえば君が本を読んでいる場合、本が客体・客観に当たる。こちらも主体・主観と同様、〈行為が及ぶ側〉が客体であり、〈認識される側〉が客観である。

注意したいのは**「客観的」**という語であり、これは**〈主観とは独立して〉**ということなので、誰にとっても同じように認識されることをいう。たとえば「客観的な証拠がない」ということは、誰にとっても認められるような証拠がないということだ。

例文　判断というものは、もちろん私たち個々人の内部での働きであり、その意味では所詮**主観**的であると言ってもよい。

だが、単にそれだけではない。主観的ではありながらも、むしろ極力**客観**的であろうとするところに、判断という働きの特色があるのである。

（村井実『「善さ」の構造』）

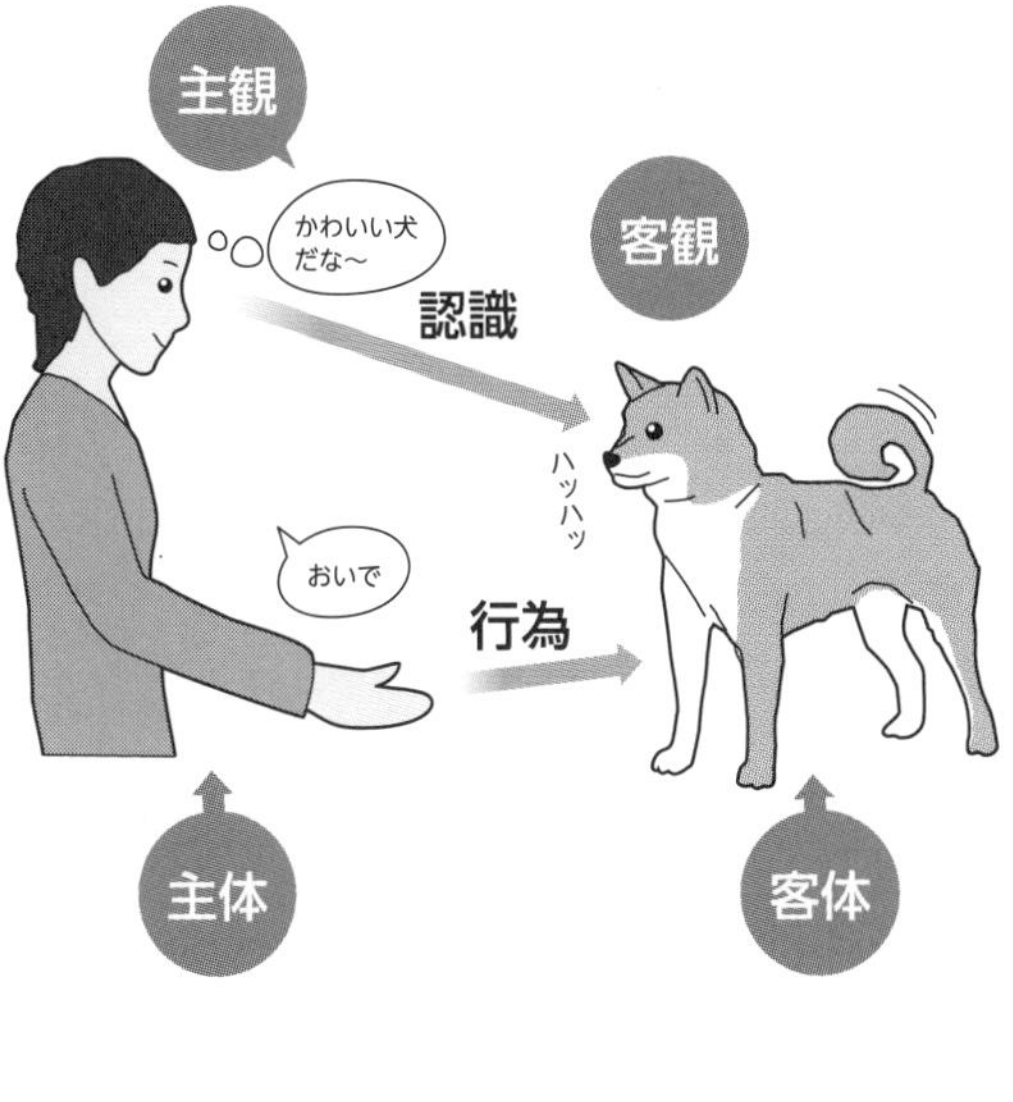

「もの」と「こと」の差異——木村敏『時間と自己』

❶[45]自己自身の不安定さに耐えられない弱い自己は、ものとことのあいだにある決定的な[238]差異を認めたがらない。リンゴが木から落ちるということは木から落ちるリンゴというものの動きや様相やありかたを言い表したものにすぎず、ものが名詞的に名指されるのに対して、これを[41]命題の形で繰り広げて叙述したものにすぎない、というような風に考えたがる。要するにものとことは同じ[11]現象の見かたや述べかたの違いにすぎない、と考えたがる。

❷ところが、実はこの見かたの違い、述べかたの違いの中にこそ、決定的に重大な差異が含まれている。「木から落ちるリンゴ」という名詞的な言いかたをする場合、それを見ている人は、自分がそこに立ち会っているという事実を消去している。自分以外のだれが見ても、「木から落ちるリンゴ」は「木から落ちるリンゴ」なのであって、それは見ている人の[48]主観にはなんの関係もなく、その人から何メートルか前方のある場所に定位可能な[50]客観的なものなのである。客観的なものの前では、自己はその存在を隠すことができる。その不安定さをあばかれないですむ。

❸これに対して、「リンゴが木から落ちる」のほうは、木から落ちるリンゴと、それを見て「リンゴが木から落ちる」ということを経験している主観との両方をは

読解のポイント

❸〜❶
「木から落ちるリンゴ」
＝客観的なもの
⇔
「リンゴが木から落ちる」
＝客観と主観とのあいだ

❹
「リンゴが木から落ちる」は客観的現象ではないか、という反論
⬅
「落ちる」ということを、暗黙のうちに「落下」というものにすりかえている

っきり含んだ命題である。つまり、それをなんらかの形で経験している主観なり自己なりというものがなかったならば、木から落ちるリンゴというものはありえても、リンゴが木から落ちるということは叙述されえない。リンゴは向う側、客観の側にあるものであるけれども、それが落ちるという経験はいわばこちら側、主観の側にある。あるいは、こう言ってよければ客観と主観とのあいだにある。

4リンゴが木から落ちるということは客観的な物理的現象であって、それを観察している主観の側の事情には全く関係がない、という反論は当然予想される。しかし、そのような反論は「落ちる」ということを、暗黙のうちに「落下」というものにすりかえている。落下にはこの落下、あの落下ということがありうるけれども——つまり落下は客観的な世界空間に措定可能な個別的現象であるけれども——「落ちる」ということについてはあれとかこれとかの措定は不可能である。「落ちる」がなんらかの個別性をもちうるとすれば、それは「落ちる」という形で経験されているもの（たとえばリンゴ）の個別性のみによっているのであって、「落ちる」ことそれ自身に由来するものではない。

（東洋大学　法・文・経営学部、筑摩書房『精選現代文B　改訂版』「ものとこと」）

設問　傍線部の内容を、「もの」と「こと」という語を用いてわかりやすく説明しなさい。

着眼　傍線部は、「リンゴが木から落ちる」という命題について述べている箇所であることをまず押さえる。それを踏まえて、3段落の内容を「リンゴ」と「落ちる」の対比が伝わるようにまとめる。

解答例　「リンゴが木から落ちる」は、リンゴという客観の側にあるものと、「リンゴが落ちる」ということを経験している主観の両方を含んだ命題であるということ。

51 理性

感覚や感情に頼らず、論理的に物事を考える能力。

類 ロゴス
論理
反 感性
感情

52 感性

① 外からの刺激を感覚的に受け取る能力。
② 感受性。

類 パトス
感覚
反 理性

解説 理性はヨーロッパ思想を特徴づけるキーワードだ。理性にあたる英語 **"reason"** には「推論する」という意味があるように、理性はもともと推論する能力として考えられてきた。推論する能力とは、論理的な関係を見いだす能力ということだ。

一方、**感性**は日常的には「感受性」の意として使うことが多いが、哲学の文脈では、**視覚や聴覚など五感で感じ取る能力**のことをいう。

古代ギリシアの哲学者アリストテレス（前三八四〜前三二二）は「人間は理性的動物である」と定義づけたが、理性を用いることこそ人間のもっとも重要な能力であるという考えは、ヨーロッパ的知性の伝統として根付いており、**感性は理性よりも劣る能力とされた**。そこには、理性は物事の真偽を見分ける万人に普遍的な能力であるのに対して、感性は個々の人間によって異なるため、普遍的な思考には適していないという議論が背景にある。

例文 古来より人間は**理性**的動物（animal rationale）として定義され、人間を人間たらしめている究極の特徴は理性にある、とされてきた。この理解はもちろん正しい。しかし、理性は人間を人間たらしめている特徴であって、さしあたり自己を自己たらしめている特徴ではないことに注意せねばならない。

（岩田靖夫『神の痕跡』）

53 ロゴス

類 理性
反 パトス

言葉・論理・理性・比例などの意味をもつギリシア語。

解説 **西欧的な理性**の源流には、**ロゴス**という概念がある。論理のことを英語で「ロジック」というが、このロジックの語源もギリシア語のロゴスから来ている。

ギリシアに生まれた西欧の哲学は、日常的な世界や事物の背後にある**絶対的な真理**をロゴス・理性で捉えようとしてきた。たとえば、私たちが芸術作品や自然を美しく思うのは、絶対的な「美」があるからだと西欧の伝統的な哲学は考えるのだ。しかし現代の哲学は、絶対的な真理をめざす考え方は、真理と認められないものを偽物と判定することで、物事を優劣で捉える考え方につながってしまうと考え、伝統的な哲学を**「ロゴス中心主義」「理性中心主義」**と批判している。

54 パトス

類 感性
反 ロゴス

受動・受苦・情熱などの意味をもつギリシア語。

解説 **ロゴス**の反意語が**パトス**である。パトスの原義は**〈他から働きを受けること〉**であり、ここから受動・受苦などの意や、心を突き動かされる情熱の意が出てくる。ちなみに英語の「パッション」の語源もこのパトスだ。

ロゴス中心主義で展開してきた西欧の哲学に対して、現代では情感や感覚を重視する**「パトスの知」**の必要性が説かれている。なお、理性と感性の対比は、それぞれの類義語であるロゴスとパトスの対比とセットで理解しておくとよい。

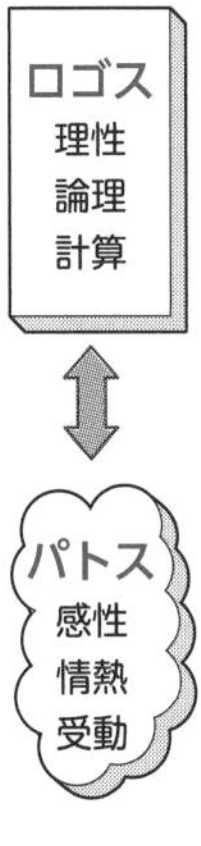

感覚のなかに理性は含まれている――中村雄二郎『哲学の現在』

1 私たちはまわりにあるものを[63]**知覚**するとき、[64]**感覚**印象を選択し[105]**秩序**立てる関心や意識の志向性をいろいろなレヴェルで働かすのである。こうして知覚が判別的になされるにしたがって、そこに判断も入ってくる。といっても判断は感覚印象に外からつけ加わり、働くのではない。そうではなくて、私たちの、まわりのものに対する関係としての知覚、つまりまとまった感覚作用そのもののなかから分化してあらわれてくるのである。いいかえれば、感覚印象のうちにすでに、選び、比較し、秩序立てる広い意味での[53]**ロゴス**の働きの萌芽《ほうが》が見られる。

2 感覚印象がそれとして成り立つためにはその対象が必要なことはいうまでもないが、この場合私たちの感覚の器官と作用の性質からいって、対象はどのようなものでもいい、というわけではない。たとえばあまりに明るすぎる光や真暗な闇は、私たちが視覚を使うのを、また大きすぎる音は、私たちが聴覚を使うのを妨げるし、ときにはさらに私たちの視覚や聴覚そのものをだめにし、破壊してしまう。つまり、まず感覚されるものは、ある限度をこえない一定の領域内にあることが必要である。この一定の領域には上限と下限とがあり、その間にある領域内のどこの場所も、それらとの対比や[238]**差異**をおのずともっている。このように、感覚印象はどんなに無意識的なものであってもすでにそれ自身のうちに対比や差

読解のポイント

1 感覚印象のうちに、ロゴスの働きの萌芽が見られる

＝

2 感覚印象はそれ自身のうちに、対比や差異の知覚を含んでいる

＝

3 思い、考えるということは、根元に感じることを含んでいる

異の知覚を含んでいる。たとえば視覚が赤や緑をまさに赤や緑として感じるのは、つまりとらえ見分けるのは、白や黒との、またそれぞれの隣接した色との対比や差異によるわけである。

3 [51]**理性**ともことばとも訳されるロゴス（ギリシア語）とは、もともと「集め（選び）」、「比較し」、「秩序立てる」働きのことである。このようなものとしてのロゴスが無意識的な感覚印象そのもののうちにすでに萌芽的にあるために、古来、理性のうちにあるもので感覚のうちになかったものはない、といわれてきたのであり、そのことの意味は決して小さくない。このように私たち人間にあって、思い、考えるということは、その根元においては感じることをも含んでいるのである。

（東京経済大学　経営学部）

設問　傍線部の例として適切でないものを、次の中から一つ選びなさい。

ア　キノコ採りの名人は、毒のあるキノコと食べられるキノコを瞬時に選別できる。

イ　優れた調香師は、数千種類もの香りを一つ一つかぎ分けられる。

ウ　周囲から突出して高い建造物がある場所では、その建物を道案内の目印にすることができる。

エ　暗算の得意な人は、三桁以上の掛け算や割り算でもすばやく計算できる。

着眼　傍線部は「感覚印象」のうちに含んでいる「対比や差異の知覚」について述べている。感覚印象とは五感から受け取る印象のことであり、選択肢のうち、**ア**、**イ**、**ウ**はいずれも視覚や嗅覚という「感覚印象」に含まれている「対比や差異の知覚」を述べた例なので正しい。**エ**の暗算は「感覚印象」ではないので誤り。

解答　**エ**

55 実体

類 本質
関 実在

① 事物の正体。そのものの本当の姿。
② 他の影響を受けず、それ自体で存在するもの。

解説 実体は、日常的には「あの会社は実体が見えない」というように、①の〈本当の姿・正体〉という意味で使われている。しかし哲学的な評論文で重要なのは、②の意味のほうだ。

哲学は、物事の本質を考える学問とされてきた。世の中はさまざまなモノがあふれている。ではそういったモノの根本は何だろうか。たとえばモノの色や匂いは変わってしまうから、根本とはいえない。いや形だって変わってしまう。そうするとモノを生み出す存在の方がより根本的だと言えそうだ。進化論のない時代、世界を創ったものは神とされていた。だから**神こそが実体**だと説明する哲学者もいた。

でも、神だけを実体とすると、人間は他のモノと同じく仮の存在でしかなくなってしまう。人間が仮の存在であれば、そもそも物事の根本を正しく認識することなどできないではないか。そこで、物事を正確に認識する人間の**「精神」**や、その精神によって認識される**「物体」**も実体だという哲学者も登場した。

実体をどのように考えるかは、哲学者によって大きく異なるし、評論文を読む上でそこまでの知識は必要ない。ただし、哲学の文脈では、実体とは**〈他の影響を受けず、それ自体として不変のもの〉**をいうことは知っておこう。その意味で、実体は**「本質」**という言葉に近い。

古代ギリシアで哲学が生まれて以来、長きにわたって、実体という概念は哲学の主役だった。しかし現代の哲学は、こうした不変の実体というものに批判的であり、**すべての事物はそれぞれ関係しあい、関係しあっている中で意味や価値をもつ**という議論が主流となっている。これを**「関係論」**という。

56 物心二元論（心身二元論）

関 機械論的自然観
二元
身体

精神と物体（身体）は別物だという考え方。

解説 哲学者のデカルトは、学問の出発点として**〈考える私〉**を置いた。有名な**「我思う、ゆえに我あり」**とは、どんな状況であろうとも、自分がいま考えているということだけは疑い得ない、ということだ。この〈考える私〉が「精神」である。

では〈考える私〉にとって確実に認識できるものは何か。物体の色や音など、感覚で捉えられるものは、見まちがえたり聞きまちがえたりすることがあるから確実ではない。確実なのは、「物体の空間的な広がり」である。

このようにデカルトは、**〈認識する主体である精神／認識される客体である物体（の広がり）〉**という物心二元論によって、自身の認識論を組み立てたのだ。

この物心二元論を人間に適用したものが心身二元論であり、そこでは**身体**は物体と同じく**〈認識される客体〉**に位置づけられる。

評論文では、デカルトの物心二元論が自然を機械のように見なす**機械論的自然観**をもたらし、**人間中心主義的**な自然破壊につながっていったという文脈が頻出する。また、身体を物体と見なす心身二元論は、身体のもつ豊かな多様性を切り捨てる考え方として、批判的に捉えられることが多い。

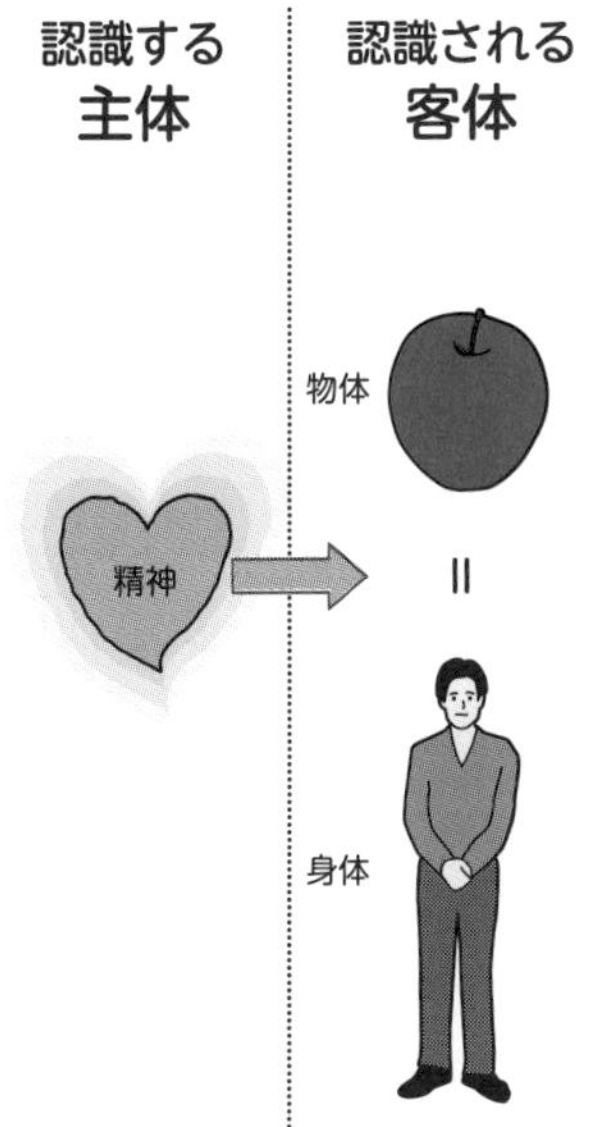

ヨーロッパ哲学の身体観――野内良三『レトリックと認識』

1 精神と[59]**身体**は相容《い》れない[55]**実体**である。身体とは邪魔者である。身体とは欲望（情念）の「場」である。大まかに言えばこれがヨーロッパの哲学を支配してきた通念であった。精神は身体という「牢獄《ろうごく》」に閉じこめられているのだ。

2 近代的[56]**物心二元論**の鼻祖デカルトによれば、他の動物と同じように人間の身体もまた、心臓を一種の熱機関とする精巧な自動「機械」にしかすぎない。しかしながら人間は動物と異なって精神をもっている、それが人間の人間たるゆえんだ。つまりデカルトは人間を思考する実体（精神）と延長をもつ実体（身体）に区別したわけである。しかしながらその一方でいったん区別した、本来は異質な精神と身体の統合を企図し、心身相関の身体的部位までもはっきりと指定することになる。

3 一般には漠然と脳か心臓だろうと信じられていた心の「座」は、脳のもっとも奥まった極小な部位、「松果腺」に求められることになる。精神と身体は松果腺において固く結びついて一体をなしている。そこでは心身が互いに働きかけ、互いに動かされ、たえず能動と受動の関係にある。身体の働きかけを受ける精神の「受動」（passion）が「情念」（passion）であり、情念のメカニズムは体内の「動物精気」の動きによって生理学的に説明される。一方、精神の能動は意志の働きで

読解のポイント

1 ヨーロッパ哲学の通念
＝
精神と身体は相容れない実体
→
身体は邪魔者

2 **デカルトの物心二元論**
・人間を精神と身体に区別
・精神と身体を統合して、心身相関の部位を指定

→

3 精神の能動＝意志の働き
精神の受動＝情念

→

4 精神（＝自我・理性・意志）は、身体（＝無意識・情念）を統御しなければならない

ある。人間は[65]**自由な意志**を行使して身体に由来する情念や欲望を統御しうる。いや、統御しなければならないのだ。

4 情念を「受動」と措定する考え方はなにもこと新しいものではない。むしろ西欧の伝統的な考え方と言えるだろう（ギリシア語の[54]**パトス**は「受動」を意味している）。ただ情念の原因はかなり漠然と考えられていたが、デカルトはその原因を「精神」に働きかける「身体」と特定したのだ。情念は「身体を原因とする心の受動」にほかならない。デカルトの情念は現代的に翻訳すれば「無意識」のことだ。思惟する実体（われ＝[211]**自我**）、デカルト的自我とは意識の高次の層、すなわち[45]**自己**意識にほかならず、「[51]**理性**」の同義語である。[47]**主体**的意志＝理性は[9]**非合理**的な激しい情念の渦巻く無意識世界（身体）を支配し統御しなければならない。精神（心）は身体の「主人」なのである。

（大分大学）

設問　傍線部「能動と受動の関係」とは具体的にどのような関係か。わかりやすく説明しなさい。

着眼　傍線部の後にある「身体の働きかけを受ける精神の「受動」(passion)が「情念」(passion)であり」と「精神の能動は意志の働きである」という箇所に注目する。

解答例　身体が精神に働きかけることで情念が生まれる一方、精神は身体に由来する情念を自由意志を行使して統御しなければならないという関係。

57 独我論

関 自我

自分の自我だけが実在し、他人や外界は自己の意識のなかだけの存在にすぎないとする考え方。

解説　哲学には**「他我問題」**というポピュラーな問題がある。これは、他人の自我や心は直接体験できないのに、**なぜ他人に心があると言えるのか**、という問題のことだ。こうした問いの一つの考え方が**独我論**であり、独我論では他人や外界はすべて自分の意識のなかだけの存在にすぎず、確実に存在するのは私の心だけだと考える。

たとえば、他人はすべて機械仕掛けのロボットかもしれない。そのロボットがあたかも心があるかのように振る舞っているだけであり、それを私は他人と思っているだけではないか。独我論はこのような思考実験とともに、他者の実在性を疑うわけである。

独我論はありえない机上の空論のように思えるが、哲学的にはいまなお未解決の問題として残り続けている。

だが、独我論をそのまま適用すると、自分と他者とが同じ世界を共有していることを説明できなくなる。そのため現代の哲学では、自己単独ではなく、自己と他者とが交わるような形で世界を意味づけるような考え方が提出されている。

なお、心理学には**「心の理論」**という概念がある。私たちは、ごくふつうに他人の行動を心の状態に結びつけて理解する。友人が泣いていれば、「悲しいことがあったに違いない」と推測するし、学校から急いで帰れば「何か急用があったのだろう」と考える。このとき、私たちは友人の行動を、心の状態によって理解しているといえる。このように、**他人の行動を心の状態として理解する**ことを「心の理論」という。

例文　**独我論**は、世界とは私が捉えたかぎりのものでしかないと考える。(世界は私の世界である。だから、私が死ぬと世界もまた消滅する。) それゆえ「他人が捉えた世界」は意味をもたない。

(野矢茂樹『語りえぬものを語る』)

58 間主観性（共同主観性）

関 間身体性

自分も他者も同じ世界を経験しているに違いない、という私の確信。

解説 たとえば、目の前にあるコーヒーカップは、私と友だちとでは見え方が違うかもしれない。だとすれば、私と友だちが見ている世界は「同じ」とは言えず、客観的な世界など存在しないのではないか？

このような問いに対して、哲学者のフッサール（一八五九〜一九三八）は、次のような発想で考えた。そもそも客観的なカップがあるかどうかは問題としない。私は、「二人がともに「自分たちは同じカップを見ているはずだ」という確信を持っているから、目の前のカップが二人にとって「同じ」ものであると疑わないのだ」と。

このように、**〈自分も他者も同じ世界を経験しているに違いない、という私の確信〉**を**間主観性**という。

この間主観性という考え方のポイントは、**そもそも客観的な世界があるかどうかは置いておいて、自分と他者が「確かめ合い」をすることで、世界は意味づけられていく**ということである。

例文 倫理的真理は、物のように、どこかに、客観的に、ごろりと転がっているのではなく、ただ、人間たちの思いの中に、共同主観的にあるだけだからである。その**共同主観性**(endoxa)を、より高い普遍度において確かめるには、他者と対話する以外には方法はない。ソクラテスはこのことに気づき、反駁《はんばく》的対話(elenchos)の道に踏み込んだのである。

（岩田靖夫『いま、哲学とはなにか』）

間主観性＝「自分たちは同じカップを見ているはずだ」という私の確信

意識の起源――下條信輔『〈意識〉とは何だろうか』

1子どもが痛がって泣いている、そのふるまいを見て、おとなは「痛いのかい？」ときき、結果的に、そういうときには「痛い」と言うのだと教えてやります。すると次に転んだときには、その子は自発的に「痛い！」と叫ぶかもしれません。また、他人の似たようなふるまいを見ると「痛いの？」ときくようになるかもしれません。最初は子どもがその人の心の「中に」痛みという状態を仮定していなくても（つまり「心の理論」を持っていなくても）、べつにかまわないのです。

2このことは重大な逆転を示唆しています。つまり、痛みという一見心の内側にあるように思われる経験内容ではなくて、自分が痛いときの行動や他人が「痛い」ときのその人の行動が先で、そこから内側の体験も輪郭づけられるというのですから。（中略）このような学習の仕方以外に、[64]**感覚**的語彙や[48]**主観**的経験の語彙の学習の方法は考えられず、現に子どもはそうやって学習している。だとすれば、意識の起源に[59]**身体**と環境世界があることは明らかです。

3ここには[57]**独我論**的[89]**懐疑**の介入の余地はありません。独我論的懐疑というのは、たとえば「私が見ている信号の赤色と、あなた（彼）が見ている信号の赤色は同じか。ちがうのでは。ちがってもわからないのでは」というような懐疑のことです。これが成り立たない理由は、感覚の語彙、ひいてはその経験が、外にあ

読解のポイント

1 2 痛いときの行動 ⬅ 内側の体験を輪郭づける

3 4 独我論的懐疑は成り立たない ⬅ フロイトの例

5 6 自分の行為を「他人の行為」として外から名指してもらうことでしか、自分のありさまを記述する仕方を学ぶことはできない

ることばづかいの[108]**文化**を内に取り込むことによるからです。

4 これとは少しちがいますが、フロイトのいう「エゴ（自我）」、「スーパーエゴ（超自我）」という[15]**概念**も、社会の価値観や[44]**倫理**規定などを、自分の人格に取り込んだものということですから、そのかぎりではよく似ているといえるかもしれません。

5 自分の行為は、他人（おとな）からみれば、もちろん「他人の行為」です。その行為が「痛み」という範囲に入る場合だけ、おとなは「ああ、痛いの？」とたずねるでしょう。これはことばの意味の範囲＝「[22]**外延**」を特定したことになります。また「ああ、きっと痛いんだね」というおとなの語法から、私たちは行為の原因として推定される内的状態として、「痛み」の意味（「[21]**内包**」）を学ぶのです。

6 結局、自分をもう一人の他人として外から観察し、名指してもらうことによってしか、自分のありさまを記述する仕方を学ぶことはできない。したがって、またそのようにしてしか、自分を意識することもできない。これは[27]**パラドクシカル**なようですが、真実です。（滋賀県立大学　工・人間文化・人間看護・環境科学部）

設問　問題文の要旨を七〇字以内で書きなさい。

着眼 **1** **2** の内容を要約的に言い換えている **6** を中心にまとめる。

解答例 自分の心の内側の経験を表すことばは、自分の行為を、外側の他者から「他人の行為」として名指してもらうことを通じてしか学ぶことができない。（六七字）

59 身体

反 精神
関 心身二元論
間身体性

からだ。近代哲学では物体と同様に軽視され、精神と対立的に語られる。

解説 **身体**はさまざまな学問分野を横断して研究されているが、ここでは哲学的な観点に絞って説明しよう。

物心二元論（**心身二元論**）の項で説明したように、デカルトに始まる近代哲学は、精神と身体を別物と考え、その結果、**身体は物体と同様の地位を与えられることになった**。つまり、身体とはモノにすぎないという考え方である。

しかし、このような身体観では説明できない現象が数多くある。たとえば、物体は自分の意のままに動かせるが、身体は「体が勝手に動く」という言い方があるように、意のままにならない存在でもある。また、「体が覚えている」という言い方は、身体を単なる客体ではなく、主体的なあり方として捉えていることがわかる。

知覚という点でも、身体は不思議な存在だ。たとえば、私は自分の顔や自分の全体を直接見ることができない。その一方で、自分の身体ほど身近なものもない。このように、**〈近さ〉と〈遠さ〉をあわせもつような矛盾した性格を身体は持っている**。

入試評論文では、以上のような観点から、身体の多義的なあり方を考察する文章が頻出している。それだけ身体は、いまだに謎につつまれている存在なのだ。

例文 ピアノを弾く人は、ピアノの鍵盤を**身体**図式のうちに組みこみ、ピアノ曲の解釈の歴史、演奏法の伝統をも潜在的な身の統合のうちに包みこんでいます。身は解剖学的構造をもった生理的身体であると同時に、文化や歴史をそのうちに沈澱《ちんでん》させ、身の構造として構造化した文化的・歴史的身体にほかなりません。つまり身体は文化を内蔵するのです。

（市川浩『〈身〉の構造』）

60 間身体性

関 間主観性

複数の人間の身体感覚が相互に浸透しあうこと。

解説　厳密に解説すると難しい概念だが、評論文を読む上では次のようなことを理解しておいてほしい。

たとえば、目を合わせるという経験は、見ることと見られることを同時に経験している。このとき、人は「相手が見る」ということを自分の経験のように感じるだろう。つまり、このとき視線は一方通行ではなく、相互に通行するものとして経験されている。

手を握るという経験も、同じことがいえる。握手は単にモノを握ることとは違い、**身体を通じた感情的な交流**が行われている。あるいは、すぐれたスポーツ選手や舞踊家の身体動作を見ると、言葉を介在させずとも、人は強烈な力を受け取ることがある。同時に、観客の声援（声の力）によって、プレイヤーは励まされ、高いパフォーマンスを発揮したりもする。

このように、**身体感覚を通じて相互理解し、自分たちが同じ世界にいるのだと感じるあり方を間身体性という。**ここにも、人間の知性を精神（心）の働きだけで捉えようとする近代的思考への反省を読み取ることができるだろう。

例文　身体は、自己と他者を統合する、あるいは自他の隔たりを乗り越える基盤としても語られる。現象学系列の哲学的身体論は、心身の連関に注意を向ける一方で、「間主観性」あるいは「**間身体性**」という概念を提示しながら、その点を強調してきた。（市野川容孝『思考のフロンティア　身体／生命』）

身体の共同性——三浦雅士『考える身体』

1 舞踊と遊戯、すなわちダンスとスポーツは、おそらくその起源をひとつにしている。いずれも、[59]**身体**を介して、人間が集団を成していること、[213]**共同体**を形づくっていることを確認する行為にほかならなかったのである。神前で舞うとき、共同体の成員もまたともに舞うのだ。相撲にしてもそうだ。観客もまた力を尽くして戦うのである。たとえば綱引きのような遊戯は、身体のこのような共同性をそのまま[97]**象徴**していると言っていい。しかも舞踊や遊戯は、身体を介して、人と人の共同性のみならず、人と自然の共同性をも教えたはずである。身体の想像力は、人と動物、人と自然の境界をも、やすやすと越えたはずだからだ。

2 近代になって、意識と身体は画然と分けられた。同時に、五感とその領域も鋭く分割された。視覚の領域には美術が、聴覚の領域には音楽が配分された。そのいずれにもかかわる舞踊や演劇は、いささか曖昧な芸術として蔑まれた。身体の領域はただ健康の問題、医学の問題へと差し回されたのである。そして、ひたすら健康の技術にかかわるものとして、保健体育の思想が登場したのだった。

3 だが、いまや近代の全体が問い直されているのである。美術も音楽も、いや文学さえもが、じつは全身的な感受の対象であることが明らかになりつつある。たとえば文体は、呼吸を通して全身にかかわるのである。芸術の鑑賞は、いまや身

読解のポイント

1 舞踊と遊戯＝身体を介して共同性を確認する行為

⇒ 2 近代 { 意識と身体の分離 / 五感の分別 }

⇒ ・視覚・聴覚両方にかかわる舞踊・遊戯の軽視
・身体は健康の問題へ

⇒ 3 近代の問い直し
・美術、音楽、文学は全身的な感受の対象
・舞台芸術の鑑賞、スポーツの観戦は身体の問題

⇒ 4 身体の与える感動は全身的なもの

⇒ 身体は最大のメディア

体の想像力を抜きに語ることはできない。いわんや舞台芸術の鑑賞、スポーツの観戦にいたっては、まさに身体の問題にほかならないのである。（中略）

4 身体の与える感動は全身的なものだ。たとえば体操選手が妙技を披露するとき、人はただたんに目に見える美しさに打たれるわけではない。その呼吸、呼吸が感じさせる生命の音楽に全身が反応し、感動するのだ。（中略）人はただ目で動きを楽しみ、耳で響きを楽しむのではない。動きは筋肉に伝播し、響きは皮膚を通して内臓にまで達する。これが、文字を持たない民族はあっても舞踊や遊戯を持たない民族はないことの理由である。身体こそが最大の 252 **メディア** なのだ。

（東京農業大学、筑摩書房『国語総合 改訂版』「考える身体」）

設問 傍線部「身体こそが最大のメディアなのだ」とはどのようなことか。四〇字以内で説明しなさい。

着眼 メディアとは「媒介」の意。問題文の趣旨をふまえ、身体はどのような媒介になっているかを説明する。

解答例 身体こそ、感動を全身的に伝え合って人と人を結びつける重要な媒介であるということ。（四〇字）

61 感情

物事にふれて起こる喜怒哀楽や好悪、快・不快などの気持ち。

反 理性
関 情動 感覚 感性

62 情動

心拍数や表情などの身体的な変化も含めた心の動き。

関 感情

解説 近年、学問の世界では、人間の意思決定や行動を理解するうえで、**感情**や**情動**が重要な役割を果たすことが明らかになっている。

西洋の哲学史を振り返ると、感情や情動は理性的な思考を妨害する悪役扱いだった。たとえば古代ギリシアの哲学者プラトンは、理性と感情の関係を御者と馬との関係にたとえて説明した。つまり、理性が主人となって、感情をコントロールすべきということだ。

しかし、近年の心理学の研究では、人間は感情的な動物であり、理性は感情に振り回されやすいことが、さまざまな実験によって確認されるとともに、理性と感情の適切な関係が問い直されている。

なお、感情と情動は同義で用いられるケースも多いが、脳科学や神経科学の分野では、両者を区別して議論することもある。その場合、感情が「楽しい」「気持ちいい」といった**主観的な経験を指す概念**であるのに対して、情動は、**観察可能な身体的変化を伴う心の動き**を指す。

例文 私たち人間の理性は確かに頼りない。そして、**感情**にはすばらしい働きがある。その意味で、感情の働きとしての「共感」や「思い遣り」「やる気」「直観」に注目が集まるのは当然だ。しかし、感情の働きが重要であればあるほど、人間が感情的な動物であることの負の側面をしっかりと見ておかねばならない。

(堀内進之介『感情で釣られる人々』)

63 知覚

関 感覚

感覚器官の働きによって外界の事物や事象を認識すること。

64 感覚

関 知覚

色、音、味、寒暖、痛みなど、感覚器官が受け取る印象や感じ。

解説 知覚と感覚のニュアンスの違いに注意しよう。知覚は、**見る、聞く、触るといった感覚器官の働きを通じて、対象が何であるかを認識すること**である。たとえば視覚によって「赤いリンゴがある」というのが知覚だ。

それに対して感覚は、**「赤さ」や「固さ」など、感覚器官が受け取る印象や感じ**のことをいう。

入試評論文では、知覚や感覚がどのような経験なのかを考察する哲学的な文章がしばしば出題される。たとえば、言葉を知っていることは知覚にどのように関係するのか。また、痛みのような主観的な経験を科学的に説明することは可能だろうか。

また近年は、人工知能やロボットの研究の進展とあいまって、人間の知覚や感覚の働きを解き明かす研究も活発になっている。人間的な知性の基礎には、知覚や感覚の働きがあるからだ。

例文 視覚や聴覚に基づく対象**知覚**の場合には原則として誤認の可能性が考えられます。錯覚や幻覚の可能性が絶対にないとは言い切れないからです。ところが痛みの場合、事情は異なります。私が「私は歯が痛い」と言う場合、嘘《うそ》をついた、とか、ただ言ってみた、というのでない限り、その命題が真であることはこの私には検証するまでもなく直接に明らかです。

（丹木博一『いのちの生成とケアリング』）

情動とは何か——信原幸弘『情動の哲学入門』

1 情動[62]は明らかに事物の価値的性質を感受するものであるように思われる。イヌに恐怖を抱くとき、イヌをまさに怖いもの（＝危険なもの）と感じる。それはたんなる知的な判断ではなく、生々しい感じである。しかし、これにたいしては、情動を価値判断とみなす立場からも、それなりの応答が可能であろう。すなわち、情動はふつう**身体**[59]的な反応を伴い、その反応は脳で感受される。歯を剝《む》き出しにしてイヌに迫ってこられると、恐怖を覚えると同時に、身体が震え、その震えが脳で感じ取られる。情動はこのような身体的反応の感じを伴うため、価値的性質を感じ取るものであるように思われるのだ。しかしじっさいには、それはたんに価値的性質の判断にすぎず、その判断にただ身体的反応の感じが伴っているにすぎない。情動の**本質**[10]は判断であり、感じはその判断に随伴するものにすぎないのである。

2 情動において事物の価値的性質が感じられるという点については、このように情動を価値判断とする見方においても、それなりの応答が可能である。しかし、価値判断説には、明らかな難点がある。私たちは歯を剝き出しにしたイヌに恐怖を覚えつつも、そのイヌが檻《おり》のなかに入っているので、本当は怖くない（＝危険でない）と判断することがある。つまり、イヌに恐怖を抱きつつも、イヌを怖く

読解のポイント

1 情動＝事物の価値的性質を感受
⟺
情動を価値判断とみなす立場
・情動の本質は価値判断
・価値的性質の感じは判断に随伴するにすぎない

2 ⬅ 価値判断説の難点
例：檻のなかにいる歯を剝き出しにしたイヌ
⬅ 恐怖を抱きつつ、怖くないと判断
⬅ 矛盾
⬅ 価値判断説は成り立たない
⬅ イヌへの恐怖は感じ

ないと判断するのである。イヌへの恐怖が、イヌは怖いという判断なら、ここでは[31]**矛盾**した判断が生じていることになる。すなわち、イヌを怖いと判断しつつ、同時に怖くないと判断していることになる。しかし、こんな明々白々の矛盾が生じているとは考えがたい。いくらなんでも私たちはそこまで愚かではない。そうだとすれば、イヌへの恐怖はやはり判断ではなく、感じであろう。イヌに恐怖を抱くとき、私たちはイヌをまさに怖いと感じているのである。

（青山学院大学　経営学部）

設問　傍線部「イヌをまさに怖いと感じているのである」とあるが、これはどうしてそういう結論になるのか。そのわけとして最適なものを次の中から選びなさい。

ア　情動の本質は常に判断に基づくものであるから。
イ　価値判断説では説明がつかない現象があるため。
ウ　判断は特有の感覚器官がなくても生じるから。
エ　情動は身体的な反応の感じを伴うため。
オ　矛盾した判断が生じる場合が多いから。

着眼　2で筆者は、情動の価値判断説に立つと矛盾が生じる現象があることを挙げて価値判断説をしりぞけている。つまり価値判断説では説明できない現象があることを指摘して、情動は感じであることを主張している。**ア**・**ウ**は価値判断説を肯定する側の主張なので誤り。**エ**は価値判断説でも説明がつくので誤り。**オ**は「矛盾した判断が生じる」ことが「多い」とまでは問題文に書かれていないので誤り。

解答　**イ**

65 自由意志

他から強制されることなく、自分の行動を自覚的に決定できる意志。

関 決定論 責任

66 決定論

人間の行為も含めて、世界に起きる出来事は、すべてあらかじめ決定されているという考え方。

関 自由意志

解説 たとえば買い物をすることを考えてみよう。**自由意志**を認める立場に立てば、自分が何を買うかは、自分の意志で自由に決定できることになる。

そんなことは当たり前じゃないかと思う人もいるだろう。しかし、**決定論**はそれとは逆に、そこで何を買ったか（たとえばボールペン）という決断には、物理的な原因があるはずであると考える。そして人間の脳や体も、物質でできている以上、原因と結果の連鎖は物理法則にもとづいて起こる。だとすれば、買い物の行為だけにかぎらず、**あらゆる物事は、すべて物理法則に従って起きているのだと決定論は考える**。つまり、自由意志と見えるものも、実際には物理法則でそうなることは決まっていたのだと決定論者は言うわけだ。

この自由意志と決定論の対立は、**偶然**と**必然**の対立としても考えることができる。自由意志を認めるなら、ある日、自分がボールペンを買うことは偶然的な出来事だが、決定論の見方では必然ということになるからだ。

自由意志 ＝ **人間には判断する自由がある**

⇔

決定論 ＝ **何が起きるかはすべて決まっている**

67 責任

関 自由意志

① 自分がしなければならない任務。
② ある行為の結果として負わなくてはならない不利益や責め。

解説 **責任**には大きく二つの意味がある。一つは「学級委員としての責任を果たす」というように、立場や状況によってしなければならない義務や任務を表す。しかし評論文で重要なのは②のほうだ。

たとえば、あなたが道路でサッカーをしていたときに、強く蹴りすぎて近所の家の窓ガラスを割ってしまったとしよう。その場合、あなたは窓ガラスを割ったことの責任を負うことになる。具体的には、謝罪をしたり弁償をしたりという形で、窓ガラスを割った責任を負うことになるだろう。

ではなぜ、あなたの責任が生じるのか。それは**人間の自由意志を認めるから**だ。あなたには、ボールを強く蹴るか、弱く蹴るかを自由に決めることができた。注意すれば、窓ガラスを割らない蹴り方もできたはずだ。そのように**自由な意志を認めるから、行為がもたらした結果に対して、あなたは責任を負わなくてはならない**。

しかし、もし**決定論**が主張するように、あらゆる出来事はあらかじめ決まっていたとしたらどうだろう。あなたがボールを強く蹴ることも、その結果、窓ガラスが割れてしまうことも、究極的には物理法則にしたがって起きたことであり、あらかじめ決まっていたとしたら、責任という考え方は意味をなくしてしまう。なぜなら、起きた出来事は避けようがないからだ。

このように、**自由意志という概念と責任という概念は、離れがたく結びついている**し、この結びつきを疑わないから、法制度というものが機能しているわけだ。

遺伝や脳科学もまた決定論と結びつきやすい。もしも残虐な性格が遺伝や脳の状態でわかるとしたら、責任をどのように問うことができるだろうか。

自由と責任の関係——小坂井敏晶「責任——責任概念と近代個人主義」

1 行為が[66]**決定論**的に生ずるかどうかは[67]**責任**と本来関係ない。社会[43]**規範**に道徳の根拠を見いだすアリストテレス哲学においても、人間を[18]**超越**する[6]**絶対**者に根拠を求めるキリスト教においても、[210]**個人**の行為が外部の要因によって決定されるかどうかという問題は切実にならなかった。近代思想はギリシャ哲学と袂《たもと》を分かち、キリスト教と同じように、各[108]**文化**・時代の偶有的条件に左右されない[4]**普遍**的根拠によって道徳を基礎づけようとする。しかし神という超越的権威にもはや依拠できない近代人はここで袋小路に迷い込む。

2 社会あるいは神という〈外部〉に世界[105]**秩序**の根拠を投影しなければ、根拠は個人に[19]**内在**化されざるをえない。なぜ殺人者は罰せられるのか。社会が罰を要請するからだとアリストテレスは答える。神がそれを命ずるからだとキリスト者は言う。しかし近代[226]**個人主義**に生きる我々は、そのような答えでは満足できない。責任の根拠が個人に内在化される世界において私の行為の責任を負うためには、この行為の原因が私自身でなければならない。だから決定論と[65]**自由意志**の問題をめぐって近代以降、哲学者は膨大な議論を費やしてきたのだ。

3 近代的責任論の構図において出発点をなす自由意志の存在が以上の検討により疑問視された。次には行為とそれに対する責任との関係に視点を移して考察しよ

読解のポイント

1 2 **アリストテレス哲学・キリスト教**
＝社会あるいは神が「罰」の根拠
⇔
近代
＝責任の根拠を個人に求めなければならない

3 4 行為に無関係な運が犯罪事実を左右
⬅ 責任は行為の因果関係で把握できない

5 自由と責任は論理が逆立ちしている
＝ 自由だから責任が生じるのではなく、責任者を見つけなければならないから行為者を自由だと社会が宣言する
⬅ 自由は社会的虚構

う。犯罪行為をなしたが故に責任を負うという因果的了解に落とし穴はないだろうか。

4 行為の[141]**因果関係**で責任を捉えると、刑罰を与える上で不都合が起きる。（中略）酒を飲んで運転し、注意力が鈍ったために横断歩道の前で徐行しなかったとしよう。そこに運悪く子どもが飛び出して来て轢《ひ》き殺す。運転手は実刑判決を受け、自らの過失を悔やむ。しかし子どもが飛び出さず事故が起きなければ、飲酒運転自体は平凡な出来事として記憶にも残らない。行為者に無関係な運が犯罪事実を左右するならば、責任は行為の因果関係で把握できない。

5 [172]**自由**と責任の関係は論理が逆立ちしている。自由だから責任が発生するのではない。逆に責任者を見つけなければならないから、つまり事件のけじめをつける必要があるから行為者を自由だと社会が宣言するのである。自由は責任のための必要条件ではなく逆に、因果論的発想で責任[15]**概念**を定立する結果、論理的に要請される社会的[104]**虚構**に他ならない。

（早稲田大学　文学部）

設問 傍線部「行為の因果関係で責任を捉える」とはどのようなことか。わかりやすく説明しなさい。

着眼 **5**の「自由だから責任が発生する」に注目。「自由⬇行為⬇責任」という因果関係を説明する。

解答例 ある行為を引き起こした自由意志に、その行為の責任を求めること。

68 歴史

関 物語

現在から意味付けられた過去の事実。

解説　歴史をテーマとした評論文では、**〈そもそも歴史とは何か〉**という形で、歴史という概念そのものを考察する文章が多い。その背景には、**歴史を客観視することへの反省**がある。

歴史を客観視するとは、正しい歴史があると想定することだ。こうした歴史観に立てば、過去の事実を積み上げていけば、正しい歴史に近づくことができることになる。

しかし、過去のすべての出来事を記録することができない以上、**過去の事実を取捨選択すること自体、価値判断や解釈が含まれる**。また、ある事実に関しても、立場が異なれば、その事実に対する解釈も異なってくる。

したがって、**歴史は価値中立的なものではありえず、現在から意味付けられた物語という側面を持つことになる**。

とはいえ、歴史を物語と割りきってしまうことにも問題はある。それは自文化・自民族に都合のよい歴史を正当化することにつながってしまうからだ。

それゆえ、歴史とは何か、歴史をどのように研究するか、という問題は、いまなお歴史学・歴史哲学といった分野の大きな課題とされている。

例文　**歴史**とはただ遺跡や史料の集積と解読ではなく、それらを含めた記憶の行為であることに注意がむけられるようになった。史料とは、記憶されたことの記録であるから、記憶の記憶である。歴史とは個人と集団の記憶とその操作であり、記憶するという行為をみちびく主体性と主観性なしにはありえない。

（宇野邦一『反歴史論』）

69 時間論

関 実在

「時間とは何か」に関する議論や考察。

解説　古代から現在にいたるまで、多くの哲学者が「時間」の正体を解き明かす**時間論**に挑んでいる。こうした時間に関する哲学的な考察が評論文に登場することも少なくない。

たとえば、**過去や未来は実在するのか**、という議論がある。日常的には、過去も未来もあるのが当たり前のように思われるが、**過去そのものや未来そのものを私たちは見ることも聞くこともできない**。それなのに、過去や未来が実在すると言えるのかどうか。このように考え始めると、時間という存在が大きな謎に満ちていることを感じないだろうか。

70 想起

関 実在

過去の出来事を思い起こすこと。

解説　**想起**は、時間論でよく登場する用語だ。「思い出す」という意味で理解すればよいが、重要な点は**想起そのものは、現在の出来事である**という点である。では、過去を想起できることは、過去が実在することの根拠になりえるだろうか。これは哲学者によって解釈が異なる問題であり、過去の入試評論文では、実在するという主張の文章、実在しないという主張の文章どちらも登場している（例文は「実在する」側の例を挙げた）。

例文　過去の実在性は単なる推量によっているのではない。そこには、**想起**という特権的な作用がある。その想起作用のうちに、過去が実在することの意味が含まれている。

（中島義道『時間論』）

物語としての歴史――佐藤健二「歴史と出会い、社会を見いだす」

1 [68]**歴史**は、過去の事実を足し合わせた結果ではない。

2 ベンヤミンという哲学者が根本から間違っていると批判したのは、「[220]**均質で空虚な時間**」の白紙に、さまざまな達成が書きこまれていくという、歴史の[94]**イメージ**であった。そこでは空白の時間を埋めるかのように、大量の事実が召集され登録され、「歴史の一ページ」を構成する。この歴史構成の論理は、「足し算」である。過去は収集されるべき対象としてすでに完結していて、現在はいわばその「結果」の位置に、足し合わせられた答えとしてただ置かれているだけだ。

3 しかし歴史は、むしろ現在との「掛け算」である。現在に生きるわれわれの意味づけが掛け合わせられて、はじめてそこに歴史として存在する。現在から意味づけられることがないできごとは、年表に記されないばかりか、じつは事実としていまだ存在していない。「歴史という構造物の場を形成するのは、均質で空虚な時間ではなくて、〈いま〉によって満たされた時間である」というベンヤミンのことばは、過去のできごとと現在の意味との間の掛け算として歴史をとらえるという、見方の転換を提起している。

4 たとえば「歴史は変えることができるのだろうか」という問いを、映画『バック・トゥ・ザ・フューチャー』のようなSF（サイエンスフィクション）の練習問

読解のポイント

1〜3 ×歴史は「足し算」 ⇔ ○歴史は「掛け算」

4 5 歴史＝諸事実をつなげる解釈や、原因と結果をつなぐ説明
→ 人間の想像力がつくりあげた過去に関する物語
→ 歴史は変えられる

題としてではなく、歴史認識の問題として問うてみればよい。その答えはまさしく、論ずる者たちが考えている「歴史」ということばの意味に依存していることがわかるだろう。すなわち、人間がそこで生まれたり死んだり、建物が建てられ、火事が起こった等々の一つ一つの過去の事実に限るなら、それは変えることも無かったことにすることもできない。しかし、歴史は諸事実を相互につなげる解釈であり、原因と結果をつなぐ説明であり、その意味において、じつは変えることができる。これまでも、知られていない事実の発掘により、あるいは[146]**パラダイム**（解釈の枠組み）の変更により、変わり続けてきた。

5 だからそれぞれの[210]**個人**がそうであったと思っている歴史（history）は、[50]**客観**的な事実の知識というより、人間の想像力がつくりあげた認識としての事実、過去に関する物語（story）なのである。ゆえに、過去は変えられないが、歴史は変えられる。

（埼玉大学）

設問 傍線部の内容を、わかりやすく説明しなさい。

着眼 3 の内容だけではなく、「過去のできごとと現在の意味との間の掛け算」を、4 の表現を用いて具体的に説明する。

解答例 歴史は、過去の事実の集積ではなく、現在の視点から過去の諸事実を解釈し、原因と結果をつなぐ説明を与えることによって成立するものであるということ。

71 必然

反 偶然
関 決定論

必ずそうなること。それ以外にはなりようがないこと。

72 偶然

反 必然

たまたまそうなること。そうでないこともありえること。

解説 **必然**とは、**例外なく必ずそうなる**ということだ。たとえば、動物も人間もいずれ死ぬことは、必然的な真理である。また水を熱していくと、蒸発して気体になることも、例外のない必然だ。このように**必然という考え方は、真理や普遍性という考え方と結びつく**ことを知っておこう。

対して**偶然**は、必然の否定であるから、**そうでない可能性がある**ことになる。休日、街を歩いていたら、偶然先生と出会ったというように、因果関係がなく、そのときたまたまそうだったというのが偶然ということだ。

古来、西洋の哲学者たちは必然的な真理を探究してきたが、現代の哲学は偶然性という問題を重視するようになってきた。**世界のあり方が必然だとすると、それは決定論**（76頁参照）**を帰結してしまう**。したがって、私たちが自由であることと、偶然という考え方はどこかで結びついている。

その意味で、必然や偶然を考えることは、世界や人間のあり方そのものを考えることにつながっているのだ。

例文 これまでずっと太陽が東から昇ったからといって、明日もそうなる論理的な**必然**性はないし、見ていないときには物体は消滅していると考えても、われわれの経験と論理的に矛盾するわけではない。

（戸田山和久『知識の哲学』）

73 運命

関 決定論

人知ではどうにもならない力によって定められた物事のなりゆき。

解説　運命は必然か、それとも偶然かを考えてみよう。たとえば「運命的な出会い」とはどういうものだろうか。

一方でそれは、**あらかじめ出会うことが決まっていた**ような意味を含んでいるのだから、必然的な出会いと考えることができるだろう。

だが他方で、その出会い自体は、自然法則のように確固とした原因があって起こったわけではない。むしろ、**予期せぬ出会い**だからこそ運命的といいたくなる。この場合の運命は、偶然性に近づいているといえるだろう。

このように考えると、**運命という概念は、必然と偶然の両方の意味を含み持っている**ことがわかる。

過去の哲学者たちも、運命についてさまざまな議論を提出してきた。たとえばドイツの哲学者ニーチェ（一八四四〜一九〇〇）は、世界に意味や目的を見出《い》だせなくても、自分の人生を運命として引き受ける態度を運命愛と呼んでいる。

例文　たとえば、偶然と思われたものは実は必然だった、という風に捉えられる場合もあるだろう。幸運や不運によって我が身に起こった出来事を、当人が自分の人生における本質的に重要な部分として位置づける場合には、そうしたいわば偶然の必然化のプロセスが辿《たど》られている。それはまさしく、当該の出来事をまさに**運命**として受けとめていくプロセスだとも言える。

（古田徹也『不道徳的倫理学講義』）

歴史は必然か、それとも偶然か——竹内啓『偶然とは何か』

1 [68]歴史の[71]必然性は物理[136]法則の必然性とは異質なものである。歴史は無限に多様な条件の中で、多数の人々がそれぞれ[47]主体的に行動した結果生まれた無数の事件によって作り出されるものであり、その事件の連関から生じた一定の方向性が必然性となるのであって、最初から人々の行動や事件の連関の中に、歴史的法則性なるものが潜んでいるわけではないのである。

2 歴史上の[72]偶然は、必然性の具体的な現れ方を規定したり、そのテンポを変えたりすることもある。その意味では、歴史の必然は偶然を媒介にして現れるというべきである。

3 現実の歴史の過程を具体的にみると、そこには偶然というよりほかない要因が大きく働いているといわざるをえない。

4 昔から歴史の記述の中で、アレクサンダー大王、ジュリアス・シーザー、ナポレオン、あるいは秦の始皇帝、ジンギス汗などの英雄が歴史を作ったようにいわれてきた。このような見方によれば、「英雄」がその時代の普通の人間を超えた存在であり、いわば「突然変異」を意味しているのであって、そのような人が出現することは偶然といわざるをえない。したがって英雄が歴史を作ると考える「英雄史観」は、ある意味で「偶然史観」であるといってもよいであろう。

読解のポイント

1 歴史の必然性
＝無数の事件の連関から生じた一定の方向性

↓

2 歴史の必然は偶然を媒介にして現れる

↓

3 現実の歴史には偶然が大きく働いている

↓

4 偶然史観
＝偶然出現する英雄が歴史を作った

⇔

5 必然史観
＝「英雄」なるものはそれぞれの時代の社会的状況の中で生まれる

↓

6 歴史的文脈に無関係に起こる要因がある

5 これに対して、何らかの形での「必然史観」をとる人々は、歴史上の「英雄」なるものはやはりそれぞれの時代の社会的状況の中で生まれるものであって、彼らは必ずしも自分で十分に意識もないままに、歴史を必然的な方向に推進することに貢献しているのだ、と論じてきた。例えばナポレオンが生まれなかったとしても、フランス革命の混乱の中で解き放たれたフランス国民のエネルギーをくみ取り、新しい社会秩序を建設するために強いリーダーシップを発揮するような別の「英雄」が現れたにちがいない、というのである。つまり特定の時代には「英雄」が現れることも「歴史の必然性」の一部であると主張するのである。

6 私は歴史の中には偶然の要因が実は強く働いていると思う。ここで偶然的要因の中には、その社会で影響力をもった人々の個性と、特定の場面における決断、自然災害や疾病、あるいは特定の時における気候や気象などが含まれる。これらの要因は、それぞれに必ずしもまったく偶然に生じたものではなく、何らかの理由によって発生したものであっても、それをもたらした要因は、その時の社会の歴史的文脈に対しては、まったくあるいはほとんど無関係のものであって、それが特定の時、特定の場所で起こったことには何の理由もないとすれば、それは歴史に対しては偶然といわねばならない。

（琉球大学）

設問　「必然史観」と「偶然史観」の違いを、具体的に説明しなさい。

⬅ その要因は歴史に対して偶然といわねばならない

着眼　**4**と**5**を中心にまとめればよいが、設問に「具体的に」とあるので、英雄に対する解釈の違いを中心に説明する。

解答例　歴史を偶然とみなす偶然史観は、ある時代に偶然登場した英雄が歴史を大きく変えてきたと考えるのに対して、歴史には一定の方向があるとする必然史観では、英雄の出現はそれぞれの時代の社会的状況と必然的に結びついていると考える。

74 実在

関 イデア

① 実際に存在すること。
② 意識から独立して、客観的に存在すること。

75 イデア

関 実在 理念

理性によって捉えられる永遠不変の実在。理念。

解説 実在は、哲学的な評論文では、②の意味が重要だ。哲学者たちは、〈この世界が本当に存在しているのかどうか〉ということをさまざまな形で問うてきた。たとえば、人によって物体の見え方は違うかもしれない。では、そのように個々の主観的な見え方から独立した物体そのものの実在は、どのように確かめられるのか。このように、**実在という言葉には「本当の存在」という意味が含まれている。**

古代ギリシアの哲学者プラトンは、外面的に現れている個々の事物はすべて仮の姿であり、永遠不変の**イデア**こそ実在（＝真の存在）であるとした。たとえば、花の美しさというものを考えてみよう。プラトンのイデア論にしたがえば、個々の花がもつ美しさとは別に、完全無欠な美しさである美のイデアがあることになる。そして、**真に実在するのはイデアであり、個々の花の美しさは、美のイデアを部分的に含んでいるにすぎない**というわけだ。

例文 プラトンは太陽を太陽たらしめる同一性を考え、それを**イデア**と呼んだ。イデアはもちろん太陽にのみあるわけではない。イヌにはイヌのイデアが、ネコにはネコのイデアがある。

（池田清彦『生命の形式』）

76 形而上《けいじじょう》

形をもたない抽象的・観念的なもの。

反 形而下
関 本質

77 形而下《けいじか》

形のある具体的・感覚的なもの。

反 形而上
関 現象

解説　**形而上**と**形而下**は、〈本質と現象〉という対比と重ねて理解するとわかりやすい。**形而上とは、神の存在や世界の根本原理など、経験で捉えることのできない「形のない」存在のこと**をいい、その反対に、個々の机やイスなど、**経験や感覚で認識できる「形のある」ものを形而下**という。

また、形而上とセットで知っておいてほしいのは、**「形而上学」**という言葉だ。哲学が伝統的に考えてきた「世界とは何か」「人間とは何か」「神は存在するのか」など、**経験を超えた普遍的な存在を研究する学問が形而上学である**。

哲学に代表される形而上学は、長らく学問の王座にあったが、近代科学の勃興とともにその地位は低下する。なぜなら、事実やデータを用いて説明することができない形而上学は、実験や観察を基盤とする近代科学から見れば、根拠のない空理空論として捉えられるからだ。したがって日常的には、「君の議論は形而上学的だよ」というように、空理空論を揶揄《やゆ》する意味としても使われる。

例文　人びとは科学の中に至高の客観性を見出だし、その因果律によって世界をまとめていきました。それによって、かつて世界に意味を与えていた伝統や俗信、宗教や**形而上学**は、「非科学的」としてどんどん科学の世界から駆逐されていきました。

（姜尚中『悩む力』）

78 ア・プリオリ（先験的・先天的）

反ア・ポステリオリ

①経験に先立っていること。
②根拠を欠いていること。

79 ア・ポステリオリ（後験的・後天的）

反ア・プリオリ

経験によって得られること。

解説　ア・プリオリとア・ポステリオリはともにラテン語の用語で、ア・プリオリは「〜より先に」、ア・ポステリオリは「〜より後に」が原義。

ア・プリオリは、経験に先立って成立していることを意味し、ア・ポステリオリは逆に、経験の後に成立するもののことをいう。たとえば、人間はみな言葉を話すので、言葉を獲得する力は、ア・プリオリにあると考えられる。一方、英語を話すか日本語を話すかなど、母語の獲得は、ア・ポステリオリなものだ。

また、ア・プリオリには〈根拠を欠いている〉という意味もあるが、これは批判的な文脈で使われることが多い。たとえば「人類は時代とともに進歩するとア・プリオリに考えられていた」という文は、〈人類は時代とともに進歩する〉という主張を、根拠のない決めつけと批判しているのである。

例文　国家あるいは家族が何をなすべきか、いかにあるべきかについて、はじめから決めることはできない、つまり国家の本質、家族の本質を**アプリオリ**に規定することはできないし、規定しても無意味である。

（西谷敬『関係性による社会倫理学』）

80 唯心論

万物の本質は精神にあるとする哲学的立場。

反 唯物論
関 観念論

81 唯物論

万物の本質は物質であるとして、精神や意識も物質からできていると考える哲学的立場。

反 唯心論

解説　唯心論とは、**〈精神（心）があるから事物は存在する〉**と考える哲学的な立場をさす。唯心論の立場からすると、机やノート、消しゴムなど世界のさまざまな事物は、結局、意識が捉えているものだから、それぞれの事物の存在も意識が生み出しているものにすぎない、と考える。したがって、物質的なものは仮象にすぎず、真に実在しているのは精神だけ、ということになる。

それに対して、**唯物論**はまったく逆に、**精神も含めて万物は物質からできている**ことを主張する立場をいう。この立場に立てば、精神（心）のほうが仮象であり、世界の本質は物質である、ということになる。

なお、経済学者のマルクス（一八一八〜八三）は、**ある社会の人々の意識や考え方は、その社会の物質的な経済構造によって規定されている**、と独自の唯物論を唱えたことで知られている。

例文　私たちは、〈物〉のほかに〈心〉と呼ばれるものが在ることも、ごく素朴に感じている。西洋形而上学のなかで、**唯心論**者たちは物が在ることを否定し、**唯物論**者たちは心が在ることを否定してきた。が、生活のなかで考える私たちは、まったくそうではない。物も心も当然ながら在ると感じて生きている。

（前田英樹『言葉と在るものの声』）

82 弁証法

関 止揚

矛盾する事柄を、統一・総合することによって、高い次元の結論へと導く思考方法。

83 止揚（アウフヘーベン）

関 弁証法

矛盾する二つの事柄を統合すること。

解説 弁証法は、ギリシア哲学では、対話のなかで相手の発言に矛盾を見つけ、その矛盾を修正していく「対話法」「問答法」を意味する言葉だった。しかし現代では、この考え方を発展させたドイツの哲学者ヘーゲル（一七七〇〜一八三一）の用法を意味することが一般的だ。

ヘーゲルの弁証法は、一般的には、ある主張（正）に対して、それに反する主張（反）が対置され、その両者を高い次元で統合する（合）ことだと説明されるが、厳密には正しい説明ではない。

正しくは、**どんな物事も、矛盾や対立を原動力として、自己（正）→自己の否定（反）→自己の否定の否定＝新しい自己（合）というふうに、発展的に変化していく原理**のことをいう。そして、「正」「反」という前の段階を統合し、より高次のものへ展開することを**止揚**（アウフヘーベン）と呼ぶ。

外国語の勉強でたとえてみよう。初めて外国語を勉強するとき、外国語はそれまでの自分（正）を否定するものとして現れる（反）。だが一生懸命、外国語を勉強するうちに、自分と外国語という対立は止揚され、次第に外国語を使えるようになっていく（合）。

ヘーゲルは、動植物であれ、人間であれ、社会であれ、あらゆる事物や事象は弁証法的に発展していくと説いたのである。

84 イデオロギー

①政治や社会のあるべき姿についての信条や思想。
②自らの立場を正当化するための思想。

解説 イデオロギーの学問的な定義は、論者によってそれぞれ異なるので、ここでは評論文を読む上で最低限の説明にとどめる。簡単にいえば、イデオロギーとは、**ある立場を支える思想や信条の体系のこと**だ。したがって資本主義や社会主義など、「〜主義」と名付けられるものの多くはイデオロギーと考えることができる。

また私たちは、知らず知らずのうちに何らかのイデオロギーにとらわれていることも知っておこう。たとえば、男性中心的な考え方や環境保護を唱える思想もイデオロギーである。こうした暗黙のうちにとらわれているイデオロギーを批判することも学問の大切な役割だ。

85 フェティシズム(物神崇拝)

関 貨幣

①特定のものに極度な愛着を示すこと。
②人間みずからがつくりだした商品や貨幣を、それ自体価値のあるものとしてあがめること。

解説 **フェティシズム**は、もともと宗教学の用語で、身のまわりの物品を崇拝することを意味する言葉だ。それが現代では、衣類や装身具などに対する異常な愛着を示す意味としても用いられる。「フェチ」と略される場合がその用法にあたる。

②は経済学者マルクスの用法で、**モノとして使ったり交換したりするための手段でしかない商品や貨幣それ自体に大きな価値があるかのようにあがめる態度のこと**をいう。たとえば、お金を使わず、貯めこんでばかりいるのは、典型的なフェティシズムといえるだろう。

86 実存

① 現実に存在すること。
② 人間の個別具体的なあり方。

関 本質

87 実存主義

実存の内実を探求する思想。

関 構造主義

解説 実存という語には、**〈人間一般ではなく、具体的に生きている「私」のあり方〉**という意味が込められている。たとえば「実存の不安」とは、いま現に生きている個人の不安のことである。

　このような実存の重要性を主張し、実存の内実を探求する思想を**実存主義**というが、なかでも有名なのはサルトル（一九〇五～八〇）の**「実存は本質に先立つ」**という言葉だ。ここでの「本質」とは、〈自分の本質〉のことである。したがって「実存は本質に先立つ」とは、自分の本質とはあらかじめ決まっているものではなく、**具体的な一瞬一瞬の生き方が自分の本質をつくりあげていく**、ということだ。

　近代の哲学は、理性や合理性、普遍性を重んじ、個別具体的な存在は軽視する。実存主義は、こうした哲学の伝統に反し、人間一人ひとりの生き方を問う。その意味では、人生論的な性格の強い思想といえるだろう。

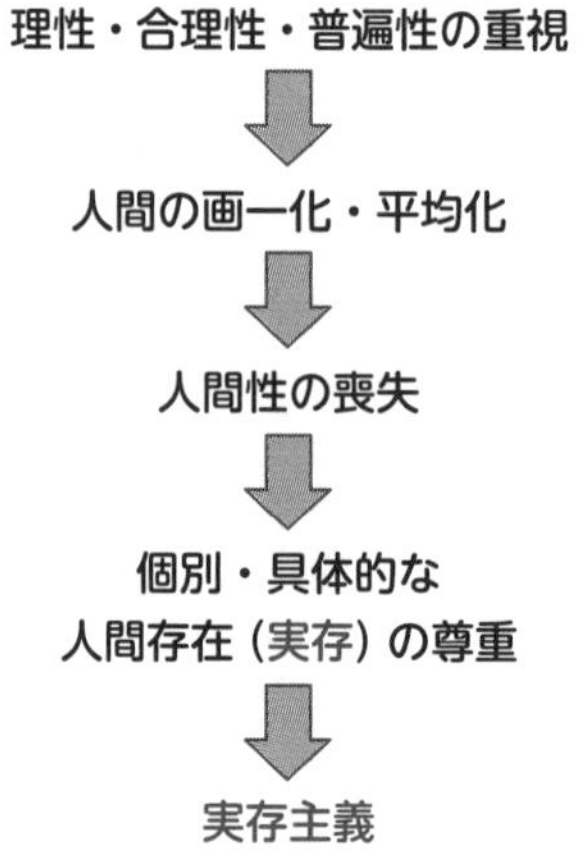

88 構造主義

関 実存主義

構造やシステムの分析を通じて、人間に関するさまざまな事象を明らかにしようとする思想。

解説 実存主義は、人間が自由な主体であり、さまざまな可能性に開かれていることを強調する。それに対して構造主義は、**人間の主体性や自由な判断は、じつのところ社会や文化による制約を受けている**と考える。

たとえば文化人類学者のレヴィ＝ストロース（一九〇八〜二〇〇九）は、「未開社会」の親族関係や結婚制度には、不変の構造があることを明らかにした。レヴィ＝ストロースの一連の研究は、当時、近代文明より劣ると見られていた「未開社会」にも精緻な構造があることを指摘し、**「未開社会」を野蛮と考える西欧中心主義的な思考を批判した。**

このように、レヴィ＝ストロースをはじめとして、構造主義として括《くく》られる哲学者や思想家たちは、**文化や社会制度の深層に、何らかの構造やシステムが働いていること**に注目した。コンピュータゲームでたとえれば、プレイヤーの動きやゲームの舞台の背後ではプログラムが働いている。それと同じように、私たちの行動や文化的習慣・社会制度にも、見えないプログラムが働いていることを主張するのが構造主義の考え方だ。

したがって、**構造主義は「人間は自由に行動する主体である」という近代的な考え方を認めない。**「近代的自我」や「心身二元論」などもまた、近代という時代特有の考え方であり、普遍性があるわけではないことになる。その意味では、構造主義的な考え方が近代批判の方法を切り開いたということもできるだろう。

例文 私たちは自分では判断や行動の「自律的な主体」であると信じているけれども、実はその自由や自律性はかなり限定的なものである、という事実を徹底的に掘り下げたことが**構造主義**という方法の功績なのです。

（内田樹『寝ながら学べる構造主義』）

89 懐疑（論）

関 実在

①疑いをもつこと。
②事物についての真理は知ることができないという議論。

解説 哲学的な評論文を読む上で重要なのは、②の意味だ。哲学的な懐疑の典型は、**絶対的な真理があるという議論に疑いを投げかけ、私たちは真理を知ることはできない**というかたちで展開する。

たとえば、ふつう私たちは、目の前にあるコップは見えているように存在していると考える。しかし人間同士でも、人間と動物の間でも認識の仕方は異なっているかもしれない。だとすると、私が見えているように事物が存在しているとはいえないのではないか。これが懐疑的な思考の一例だ。

注意したいのは懐疑論は、真理はないと断言してはいないことだ。そうではなく、**真理があるかどうかを知ることはできない**、というのが懐疑論の立場である。

例文 「懐疑」が徹底されると、どうなるだろうか。私たちは、さまざまな場面でいろいろな事を個別に疑う。それは、日常的な「疑い」である。しかし、哲学的に過激な疑いは、個々の場面や事柄を超えて全体へと浸透し、すべてを宙吊りにする。私たちが「現実」と思っていたことが、実はすべて「夢」であり、私たちが「真実」だと疑わなかったものも、実はすべて大がかりな「嘘」なのではないか、あるいは、私たちは、神が作った「物語」の中の単なる登場人物にすぎないのではないか等々。

（入不二基義『相対主義の極北』）

第3章　言語・文化

ナビゲーション

言語と文化を一括りにしていることに違和感をもつ人もいるかもしれないが、両者には密接な関係がある。

まず重要なことは、この世界に文化一般というものはなく、日本文化やアメリカ文化というように、**必ず文化は特定の集団とともにある**ということだ。そして、それぞれの文化の性格や特徴を強く規定しているのは、それぞれの言語なのである。

主語を明確にする言語を用いる国と、主語を省略する言語を用いる国があれば、築かれる文化が異なるのは当然だろう。言語の体系の違いは、物の見方や考え方に大きな影響を与えるからだ。

入試に出題される「言語論」や「文化論」の切り口は多岐にわたるが、**〈言語は文化を規定している〉**という考え方を知っておくと、読解しやすくなる評論文も多くなるに違いない。

■言語は世界を分節する

たとえば公園を散歩するとき、樹木や草花の名前を知っている人とそうでない人とでは、景色の見え方はずいぶん異なるはずだ。

名前を知らない人にとっては、どれだけさまざまな種類の樹木があっても、「なんだか木がいっぱいある」というぼんやりとした印象にしか受け取ることができない。よっぽど姿形が独特の木でないかぎり、一本一本の木の存在感をキャッチすることはなかなか難しい。一方で、植物の名前に詳しい人は、一本の木を「これはケヤキだ」と、名前とともに認識する。

この例からもわかるように、**私たちは言葉を知ることで、目にうつる世界に切れ目を入れ、さまざまな事物を認識できるようになる**。これが「言語は世界を分節する」ということだ。

著名な言語学者である鈴木孝夫は『ことばと文化』の中で、言葉の分節機能について次のように述べている。

「人間は生のあるがままの素材の世界と、直接触れることはできない。(中略)これに秩序を与え、人間の手におえるような、物体、性質、運動などに仕立てる役目を、ことばがはたしていると考えざるを得ない。」

■物と言葉の結びつきに必然性はない

　では、人間はどのように言葉で世界を分節してきたのだろうか。**従来の言語学は、言葉とモノとは一対一で対応していると考えてきた**。つまり、まず確固とした事物が存在し、言語はそれぞれのモノに貼り付けられたラベルのように考えられてきた。

　この考え方を根底から覆したのが、言語学者のソシュール（一八五七〜一九一三）である。ソシュールは、世界にはあらかじめ決まった事物があるのではなく、言語による切り分け方（分節）の違いによって、異なる世界が現れると考えた。そして、その切り分け方にも決まった法則はない、つまり物と言葉の結びつきに必然性はない、ということを自身の言語学の原理に据えたのである。このように、**物と言葉の結びつきに必然性がない**ことを**「言語の恣意性」**という。

　たとえば、英語ではペット用のウサギと野ウサギは、それぞれ"rabbit"と"hare"と別々の単語を用いている。よって「（日本語の）ウサギ＝（英語の）ラビット」とは言えないのだ。

　言語の恣意性という考え方からすれば、ある言葉の意味内容は、あらかじめ決まっているのではなく、（rabbitとhareのように）他の言葉との差異によって決まることになる。「兄」という単語も「弟」「姉」「妹」という単語との関係から決まるのであって、それ自体だけを取り出して意味があるわけではないのだ。

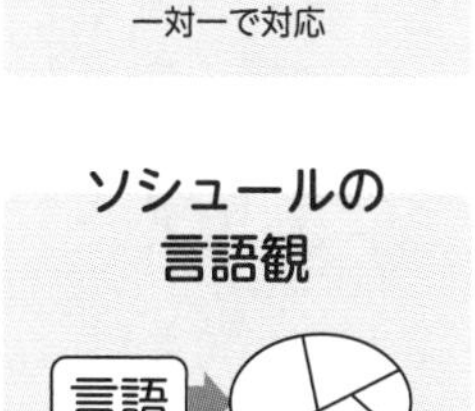

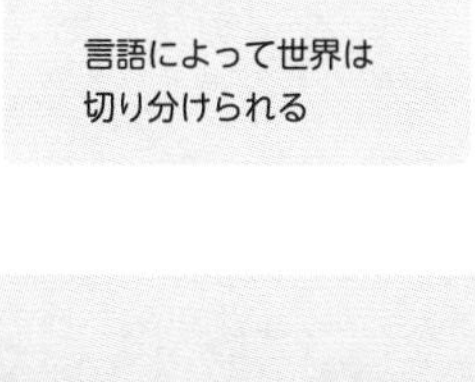

なお、このようなソシュールの言語観に対して、異論を唱える評論文もあるが、「言語の恣意性」という考え方は、「言語とは何か」という議論をする際の一つの指標になっていることはたしかだ。

■西欧中心主義から文化相対主義へ

言語による切り分け方の違いによって、異なる世界が現れるということは、言語が違えば文化も異なるということにほかならない。そして、その切り分け方の違いは単なる違いであって優劣の差はないのだから、**さまざまな文化の間にも優劣の差はない**ことになる。

実際、ソシュールの影響を受けた人類学者のレヴィ＝ストロース（一九〇八～二〇〇九）は、未開社会のフィールドワークを通じて、未開社会の文化とヨーロッパの文化には別の構造が働いており、両者の間に優劣の差はないことを実証した。

いまでこそ、それぞれの文化にはそれぞれの価値があるという**「文化相対主義」**の考え方は一般的かもしれないが、二十世紀半ばあたりまではそうではなかった。

近代は、西欧こそが最も優れた文化をもつという**西欧中心主義**が当然のように主張された時代でもあった。西欧中心主義からすると、ヨーロッパ以外の国々は「未開」で「野蛮」な劣った文化を持つ国と位置づけられることになる。こうした文化観が西洋による植民地支配を正当化する材料にもなったのだ。

> **ポイント**
>
> ・**近代＝西欧中心主義（ヨーロッパの文化が最も優れている）**
>
> ↓
>
> ・**現代＝文化相対主義（文化の間に優劣はない）**

■文化相対主義の弱点

だが、文化相対主義という考え方にも大きな弱点がある。たとえば、ある国や民族が非常に残虐な慣習を持っている場合、他国はその国に介入することができるかどうか、という問題がある。

文化相対主義は、それぞれの文化の価値を等しく認めるものだから、そのまま適用すれば、残虐な慣習もその国の文化として認めなければならなくなってしまう。逆に、その残虐な慣習を止めるために、「あらゆる国は民主主義を採用して、国民の人権を保証すべきだ」と主張するならば、これは民主主義を普遍的な価値とする点で、文化相対主義とは相反することになってしまう。

このように文化相対主義や**多文化主義**という概念は、現実にはさまざまな問題を抱えており、評論文でもその点に着目した異文化理解のあり方を論じる文章がよく出題されている。

■比較文化論の基本パターン

最後に、「文化論」のなかで出題頻度の高い「比較文化論」について、簡単に触れておこう。

比較文化論の基本的なパターンは、西洋文化と日本文化を比較して論じるというものだ。**「罪の文化／恥の文化」**「父性文化／母性文化」**「社会／世間」**など、バリエーションはさまざまにあるが、その典型的な捉え方としては、

> **ポイント**
> - **欧米＝個人主義＝個の倫理（個を優先する）**
>
> ⟺
>
> - **日本＝集団主義＝場の倫理（場を優先する）**

という図式を頭に入れておいてほしい。論者によっては、この図式自体に異を唱える人もいる。だが、異を唱える場合でも、上記の比較を「常識」として論を進めるので、現代文の基礎知識として知っておいて損はない。

90 記号

関 コード

一定の意味を指し示すもの。

解説　私たちが「意味」を読み取るものはすべて**記号**だ。たとえば〈リンゴ〉という文字を動物が見ても、何も意味を読み取りはしないが、人間はそこに物としての「リンゴ」のイメージを読み取る。このとき〈リンゴ〉は記号として作用していることになる。

　また、人間は文字だけでなく、**身体も含めてさまざまなものを記号として用いている**。たとえば〈手を挙げる〉という行為は「賛成」の意味を、〈頭を下げる〉という行為は「謝罪」の意味を表す記号だ。

　記号の本質的な働きとともに重要なことは、**〈文化はそれぞれ異なる記号の体系を持っている〉**ということである。たとえば日本語では、温度の違いによって「水」「湯」という二つのことばを用いるが、英語では"water"を状況によって「水」の意味でも「湯」の意味でも使う。英語の一人称（の主格）は「I」だけなのに、日本語には「私」「僕」「オレ」など複数の呼び方がある。

　逆にいえば、こうした言葉を含む記号の使い方の違いを読み解けば、それぞれの文化の特質を理解することにもつながる。だからこそ記号という概念は重要であり、言語学・文学・哲学・社会学など、さまざまな分野で記号を用いた研究が進められている。

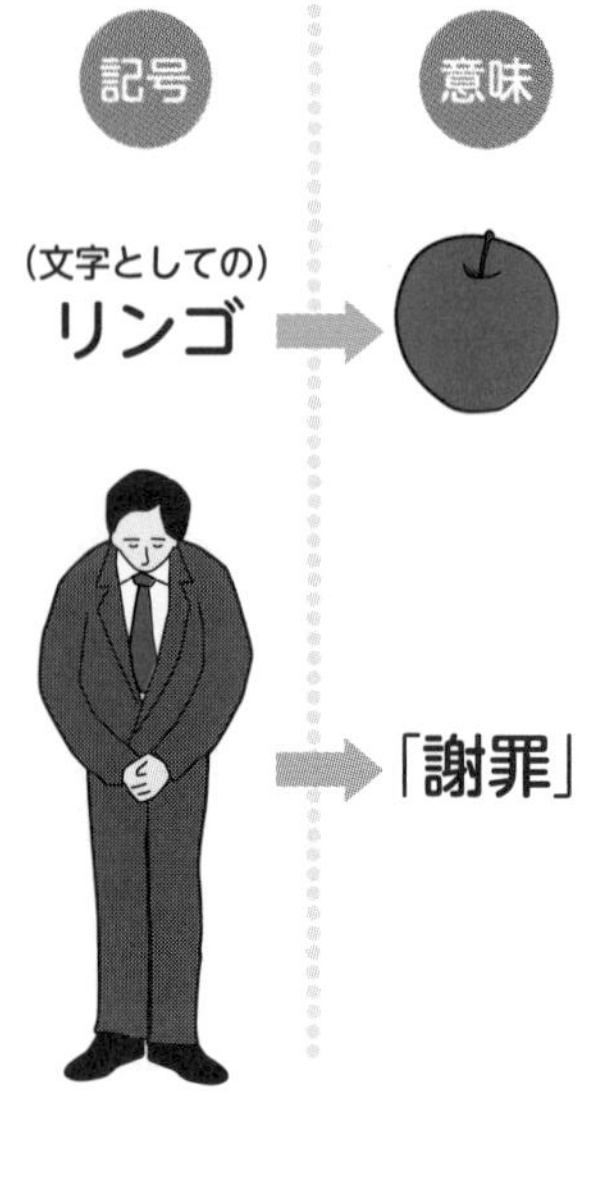

91 （言語の）恣意性

関 分節

言葉と意味との間には必然的な結びつきがないこと。

解説 「恣」は訓読みで**「ほしいまま」**と読む。「判断基準が恣意的だ」というのは、根拠がなく自分勝手な基準で判断しているということだ。現代の言語論では、**〈言葉と言葉が意味する内容の関係は恣意的である〉**という文脈がよく登場する。たとえば「猫」を、日本語では〈ネコ〉といい、英語では〈cat〉ともいう。つまり、音声（言葉）と意味の結びつきに必然的な理由はないということであり、これを**「言語の恣意性」**という。

例文 同じものであっても「ノート」とも（少し古い言い方ですが）「帳面」とも言えるし、「自転車」とも「ちゃりんこ」とも言えるのは、言語記号に**恣意性**があるからこそです。

（町田健『言語学が好きになる本』）

92 分節

関（言語の）恣意性

切れ目を入れて分けること。

解説 **分節**は、言語のはたらきを考えるうえで重要な用語だ。かつては言語とは、すでに存在している「もの」に名前をつけることだと考えられていた。しかし現代的な言語学は、**あらかじめ「もの」があるのではなく、人間が言葉を用いて名前をつけることで、ものは認識対象になる**と考える。つまり人間は、混沌としたまとまりのない世界を、言葉によって切れ目を入れることで、さまざまな事物を認識するようになるのだ。このように言葉によって、世界に切れ目を入れることを分節という。

例文 言語理論のいう**分節**化とは、連続的な世界を言葉によって切りとり、指示する作用のことである。

（菅野道夫「ファジィ理論の目指すもの」）

言語によって世界の意味付けは異なる——田中克彦『言語学とは何か』

❶日本語で一つの語で呼ばれているものが、他の言語ではいくつもに分かれていたり、また逆に他の言語で一つのものが日本語ではいくつもに分かれていることがある。こうした点では、日本語のミズとユは、大変面白い例である。ミズもユも化学から見た物質としては、H_2Oであって変わるところがない。しかし、日本語でミズをくださいと言ったら必ず冷たいのが、ユと言えば、必ず熱いのが出てくるはずである。このような次第であるから、英語の辞典でwaterのところに「水」という訳がついているのは正確ではない。この二つは等価ではないのである。

❷またヨーロッパ人でかなり日本語に堪能な人でも、あの人はとても「古い」人ですというのを聞くことがよくある。多くのヨーロッパ語では、たとえばoldのように、指されるものが、家であれ木であれ、人間であれ、区別なしに使えるのだが、この意味にあたる日本語の「古い」は、人間と動物には使えない。このように、「古い」ということばの意味を一つとってみても、言語ごとに異なっていることがわかる。

❸このことから言えるのは、意味の世界の分け方もまた、[91]**恣意**的だということである。（中略）そのことをソシュールは、言語は「単語帳、つまり、ものの数

読解のポイント

❷❶ water≠水、古い≠old
↓
❸ 意味の世界の分け方も恣意的
↓
❹ オトの世界の分け方も恣意的
↓
❺ オトが意味を決めると同時に、意味がオトを決める
↓
言語（記号）が生まれる
↓
言語ごとに、外界・自分をとり巻く環境の把握のしかたは異なる

だけある名前の一覧表ではない」と述べたのである。

4 意味の世界がそのようになっているだけではなく、じつはオトの世界そのものがそうなっているのである。母音という一つの宇宙を、五つにしか分割していない日本語から、八つに分割している朝鮮語世界にどのように橋を渡したらいいのか、この二つの原理を媒介する方法はない。

5 このように、言語においては意味の世界もオトの世界も[7]**相対**的で、どちらかが、どちらかに先立って決まっているのではない。オトが意味を決めると同時に意味がオトを決めるのである。このオトと意味とがたがいに出会って、たがいを確定しあうところに言語（[90]**記号**）というものが生まれる。そして、こういう方法を用いないかぎり、人間は、外界、自分をとり巻く環境を把握することができないのである。そして、その把握のしかたは、恣意的であるから、言語ごとにすべて異なるのである。

設問 問題文の論旨を踏まえて、傍線部の内容をわかりやすく説明しなさい。

着眼 設問に「問題文の論旨を踏まえて」とあるので、意味の世界とオトの世界の切り分けのいずれもが恣意的であることを説明する。

解答例 言語において意味の世界とオトの世界の分け方いずれにも必然性はないため、言語が異なれば、言語を通じた外界の把握のしかたもまったく異なるということ。

93 表象

関 観念
イメージ

① 心に思い浮かべる像。
② 表現すること、表現されたもの。

解説 **表象**は、さまざまな学問分野で多義的に用いられる非常に厄介な言葉だ。よって、ここでは評論文を読む上で、重要な二つの意味を確認しておくことにとどめよう。

まず一つ目は、**「心（頭）に思い浮かべる像」**という意味である。たとえば「私の心の中には、さまざまな表象が浮かんでは消えていく」という場合の表象は、ほとんど「イメージ」と同義で考えることができる。

もう一つの重要な意味は、**「表現すること、表現されたもの」**である。こちらは「あらわす」と言い換えて理解できる場合も多い。たとえば「直線によって時間を表象する」とは、簡単にいえば〈直線で時間をあらわす〉ということだ。この意味からすると、絵画や写真・テレビ映像・書籍・地図・建築など、何らかの形で表現されたものはすべて表象（物）だということもできる。だったら「表現」でいいじゃないかと思うかもしれないが、「表現」が個人としての行為というニュアンスが強いのに対して、**表象の場合、〈文化的・社会的に生み出される〉というニュアンスが強まる**という違いがある（ただし普通に「表現（する）」と言い換えが可能な場合も多々ある）。

たとえば、「富士山が表象するもの」という言い方はできても、「富士山が表現するもの」という言い方はできない。つまり**表象という言葉には、ある時代や文化に生きる人々がどのような意味で受容したか、という含意が強い**のだ。

例文 つまり想像力は、感覚と観念の中間のもので、現にないものを**表象**する点では、観念に似ているが、図式的な抽象でなく、印象と同じような具体的な像をつくりだす点では感覚に近いと言えましょう。

（中村光夫『想像力について』）

94 イメージ（イマージュ）

関 表象

①心に浮かぶ像・姿、心像。
②言語、絵画、写真、映像などで表される形象。

解説 **イメージ**もまた、**表象**と同じように文脈によって多義的に使われる言葉なので注意しよう。

私たちが日常的に使う「イメージ」は、①の用法だ。たとえば「教室のイメージ」といえば、心の中に浮かんだ教室の風景のことである。それに対して②は、**言語や絵画、映像などによって表される形や像**のことをいう。

この二つの意味はどちらも「表象」と重なる部分もあり、実際、同義で使われることも多い。ただ、表象が何かを表す行為や作用も含む言葉であるのに対して、イメージは**形や像それ自体を指し示す**ところに違いがある。

「イメージでものを言うな」という言い方に示されているように、**イメージは現実や事実から大きくかけ離れてしまう**こともある。

たとえば、外国の人が現代の日本人のイメージとして、侍姿や着物姿を思い浮かべたら、それは現実とはまったく違う。

そういった誤ったイメージやステレオタイプなイメージが共有されるのは、印刷物や映像などで侍姿や着物姿が日本のイメージとして流通するからだろう。

とすれば、さまざまなイメージに込められた意味やメッセージ性などを読み解くことは重要な文化研究になるのだ。

例文 例えば、黒人を危険で粗暴な人として見ることが習慣化された人には、どんなに相手の身なりや振舞いがそうした**イメージ**に反するものだったとしても、「それ以外の仕方で見る」ことができない。このようにして、通常の知覚に備わる受容性が制限され、人種のもとでステレオタイプ化された身体だけを見て、その人個人の生きている身体を見ることができない点で、人種化する知覚は通常の知覚以下のものなのだ。

（小手川正二郎『現実を解きほぐすための哲学』）

芸術作品は共同的なものである——菅香子『共同体のかたち』

❶そもそも、芸術作品と共同性は切り離して考えうるものではない。作品が何かの「**表象**[93]」であるにしても、何かの「エクスポジション*」であるにしても、それはつねに共同性とかかわり合ってきた。なぜなら、**イメージ**[94]は「見られるもの」であり、どのように現れているにせよ、芸術作品はつねに「見られること」を前提として作られてきたからだ。最初の絵画と考えられているラスコーの洞窟の壁画、教会の壁に描かれた聖書の場面、人の肖像、歴史画、美術館に展示される絵画、美術館に収まりきらないような現代アートの作品、そして匿名的に路上の壁に描かれるストリート・アート。どのような形態の作品であれ、人の目に触れることが重要であり、誰かに見られることによって作品として成立する。作品は、つねに**他者**[46]を前提としている。

❷また、イメージは、言葉と同じように、**コミュニケーション**[253]の基本的な媒体であり、共同性を**本質**[10]的に含み込んでいる。イメージはつねに、わたしたちに見られ、わたしたちのあいだで分かち合われる。イメージは、見ることを通して、人々を結びつけてきた。イメージは、人間が複数で存在しているということ、つまり人間が共同存在であることを目に見えるものにする。人々のあいだにイメージが差し出されることで、「共に在ること」は実現された。つまり、イメージ

読解のポイント

❶ 芸術作品と共同性は切り離せない
⬇
作品はつねに他者を前提とする

❷ イメージは、見ることを通して、人々を結びつけてきた
⬇

❸ 芸術作品は「政治的なもの」として機能してきた
⬇

＊エクスポジション＝露呈、展示、呈示の意

は、分かち合いを引き起こすものとして機能してきたのである。だから、芸術作品は根本的に共同的なものであり、人が共同であることに対して働きかける何かなのである。

3 芸術作品がこのようなものであるために、それは多くの場合、権力の問題を孕む「政治的なもの」として機能してきた。作品として何かを表象するということが、政治的に作用してきたのである。その作用は、「見ること」と「見せること」のなかで働いてきた。表象は、不在のものや死者を代理する作用と、力や 167 **権利**を提示する作用を持つが、その二つの作用を織り交ぜることによって、「政治的なもの」として機能してきたのである。それは原初のイメージと考えられる古代ローマの肖像イマギネスのときからすでにそうであり、皇帝の肖像、キリスト教の聖人像、そして 204 **ルネサンス**期に現れたふつうの人々の群像といった表象は、いまそこにいない人を表しつつ、そこに力を呈示してきたのである。

（早稲田大学）

設問 傍線部「イメージは、見ることを通して、人々を結びつけてきた」とはどのようなことか。八〇字以内で説明しなさい。

着眼 この問題文から「イメージ」と「表象」のもつニュアンスの違いを理解してほしい。設問は、芸術作品のイメージは、つねに複数の人々とともに見るものであることを押さえて前後の内容をまとめる。

解答例 人々は芸術作品に現れるイメージを、自分以外の複数の人々もそれを見ていることを意識しながら見るため、人間が共同存在であるという意識がそこで生まれるということ。（七八字）

95 レトリック

文章表現の効果を高めるための技術。

解説 比喩表現・対句・倒置法など、文章表現の効果を高める技術を**レトリック**といい、日本語では**「修辞（法）」**と訳される。

レトリックは、言語に説得効果や美的効果を与える技術体系として発達してきたが、それだけにとどまらず**〈発見的認識としてのレトリック〉**という面もある。たとえば、「人生は旅のようなものだ」という比喩表現を使うことで、人生と旅との類似性を新たに認識する。このように常識とは異なる物の見方を提案する機能がレトリックにはあるのだ。

96 メタファー（隠喩）

反 直喩（明喩）

たとえであることが明示されていない比喩。

解説 **メタファー**（隠喩）とは「～のような」という形をとらない比喩表現のことだ。比喩の最も基本的な形として、**直喩（＝明喩）**と**隠喩（＝暗喩）**があるが、「鬼のような形相」のように、**比較を明示するのが直喩**であり、「監督は鬼だ」のように**比較を明示しないのが隠喩**だ。

このほかに、部分を用いて全体を表す**換喩**という比喩もある。たとえば「永田町が騒がしい」は、「（永田町にある）国会（＝政界）が騒がしい」の意である。

例文 直喩が相手に対して説明的に新しい類似性の共有化を求めるのとは逆に、**隠喩**は相手に対してあらかじめ共通化した直観を期待する。

（佐藤信夫『レトリック認識』）

97 象徴（シンボル）

関 アレゴリー　記号　表象

抽象的な思想や観念を具体的な事物で表すこと。または
その表現物。

解説　**象徴**は、**目に見えない抽象的な内容を目に見える具体的なもので表すこと**をいう。たとえば「ハトは平和の象徴だ」「赤色は情熱の**シンボル**だ」という場合、「ハト」「赤色」は具体的で目に見えるものであり、「平和」「情熱」は抽象的で目に見えないものである。

なお、文学や芸術の分野には、**「象徴主義」**という芸術思想を表す言葉がある。十九世紀末のフランスを中心に流行した思想であり、感情を直接表現せず、象徴的な表現によって人間の内面的な世界を表すことを重視したことで知られている。

98 アナロジー（類推）

関 レトリック

類似をもとにして、別のことがらを推測すること。

解説　**アナロジー**は、**似ているものを結びつけて推測したり説明すること**をいう。たとえば、コンピュータのメモリとハードディスクの違いを、机の広さ（＝メモリ）と引き出し（＝ハードディスク）の違いとして説明するならば、アナロジーを用いた説明ということになる。

似たものをつなげるアナロジー表現は、直感的に理解しやすいため、わかりづらい物事を説明するのによく用いられる。

例文　生命というあり方には、パーツが張り合わされて作られるプラモデルのような**アナロジー**では説明不可能な重要な特性が存在している。
（福岡伸一『生物と無生物のあいだ』）

アナロジー思考――今井むつみ『ことばと思考』

1 興味深いエピソードを紹介したい。「錠：鍵＝ペンキ缶：△」で△にくるものが何かを答える問題を考えてみよう。△は刷毛《はけ》だろうか、缶切りだろうか？ 今度は別の問題だ。「文字が書かれた紙：鉛筆＝ペンキ缶：△」の場合には、△は刷毛だろうか、缶切りだろうか？ 最初の問題の答えは缶切り、次の問題の答えは刷毛である。

2 最初の問題では、「鍵は錠を開けるもの」だから、「ペンキ缶を開けるもの」が△にくるはずだ。二番目の問題では、「紙に書かれた文字を書くのに使う道具」が鉛筆だから、「ペンキを塗るのに使う道具」が△にあたるはずだ。これは大人なら簡単にわかる[98]**アナロジー**（類推）の問題で、答えを見つけるには、まずAとBの関係を考え、Cとの関係がそれと「同じ」であるモノを探さなければならない。

3 これはチンパンジーには解くことがまったく無理な問題である。しかし、プレマックというアメリカの研究者は、チンパンジーに「同じ」と「違う」を表す[90]**記号**文字を教えた。訓練には長い時間がかかったが、このチンパンジーは「同じ」「違う」という文字の意味するところを学習した。このチンパンジーに先ほどの機能的アナロジーの問題を行ったところ、[72]**偶然**よりも高い確率でこれらの問題

読解のポイント

2 **1** アナロジー問題の例

⬅ **3** 「同じ」「違う」ということばの意味を学習したチンパンジーは解けた

⬅ **4** 「同じ」「違う」ということばを持つこと自体が関係概念の理解を助ける

⬅ ただし、チンパンジーは自分から関係概念を学習することはない

⬅ **5** 人間の子どもは、ことばを学ぶと自発的に関係の概念を理解し、学ぶようになる

が解けたということだ。

4「同じ」と「違う」ということばを持つこと自体が、モノ自体の同一性ではなく、「関係が同じ」ことに注目し、類推をし、関係のカテゴリーをつくっていくことを助けるのであり、これは人間だけでなく、チンパンジーにもいえることのようである。ただし、実験室で先ほどのようなアナロジーの問題を解くことができるチンパンジーの場合も、教えられた「同じ」「違う」ということばを用いて、実験室の外の普通の生活場面で関係[15]**概念**を自分から学習することは、まったく見られなかったそうである。

5人間の子どもにとっても、最初は、見かけの類似性の影響が非常に強く、そのため、[A]の同一性を理解し、それに基づいて類推したり、カテゴリーをつくったりすることはとても難しい。先ほどのアナロジーの問題も、通常は、四、五歳の子どもには解くことができない。しかし、人間の子どもは、チンパンジーとは異なり、ことばを学ぶと、それを自発的に他の場面で使い、自分で関係の概念を理解し、学んでいくようになる。あることを学ぶと、それを足がかりに、さらに[2]**抽象**的な関係における共通性を見出《い》だし、概念を発展させていくことができるのだ。

（東京学芸大学）

設問 [A]に当てはまる最適な語を文中から抜き出しなさい。

着眼 「[A]の同一性を……カテゴリーをつくったりすること」が**4**の「関係が同じ」ことに注目し、類推をし、関係のカテゴリーをつくっていく」とほぼ同義であることに着目できれば、解答は容易。

解答 関係

99 オリジナル

反 コピー

① (複製や模造品に対して)原物・原作・原曲。
② 独創的であること。

100 コピー(複製)

反 オリジナル

原形を模して作られたもの。写し・模造品。

解説 **オリジナル**も**コピー**も単語それ自体の意味は難しくないが、評論文で重要なのは両者の関係だ。

ふつう私たちは、オリジナルとなる原型のほうがコピーよりも価値があると考える。たとえばオリジナルな絵画とその**複製**プリントでは、オリジナルの作品を「本物」と価値づけるだろう。

しかし現代では、その関係が逆転するような現象があちこちで起きている。たとえばグルメガイドなどで、美味しそうな料理の写真を見て、レストランに行ってみたものの、出てきた料理が写真よりも見劣りするという経験を考えてみよう。本来は、実物の料理こそオリジナルなのに、この経験はコピー(=料理の写真)を評価軸として、実物を判定していることになる。

あるいは、音楽のコンサートでも、CDの音源(=コピー)を基準にして、生演奏の出来を評価するのも、先の料理の写真とまったく同じ構造だ。

このように、**大量のコピーが氾濫する現代社会では、オリジナルとコピーの価値が逆転することも珍しくない**。「オリジナルなものがすばらしい」という常識は通用しなくなっているのである。

101 アウラ

関 オリジナル

① 人や物が発する独特な雰囲気。
② 「今、ここにしかない」という唯一性を示す雰囲気。

解説 **アウラ**は、英語でいえば「オーラ」であり、一般的には①のように、人や物が発する独特の雰囲気や存在感のことをいう。だが、美学（美についての学問）の評論文で重要なのは、ドイツの批評家ベンヤミン（一八九二〜一九四〇）が用いた②の意味のほうだ。

ベンヤミンは『複製技術時代の芸術』という論文で、**複製技術の時代になって作品のアウラが失われていく**と主張した。つまり、複製技術が発達する以前は、オリジナル作品には「今、ここにしかない」という唯一性・一回性を感じることができたが、複製技術が発達して大量のコピーが生み出されると、そのような感覚が失われてしまうのである。

102 シミュラークル

関 オリジナル
コピー

オリジナルとコピーの区別が失われているようなあり方。

解説 **シミュラークル**の原義は「まがい物」であるが、この言葉は、フランスの社会学者ボードリヤール（一九二九〜二〇〇七）が消費社会や情報社会を分析する際に使った概念として知られている。

たとえばインターネット上では、テキストや画像・動画が瞬時のうちにコピーされて拡散していくため、オリジナル／コピーという境界はほとんど意味を失っている。あるいは、カラオケで他人が歌っているのを聞いて、その曲を知ったという経験も、オリジナルとコピーの区別が曖昧になっている状況といえるだろう。

このように、**オリジナルの価値が不透明になっていく状態**をボードリヤールは「シミュラークル」と呼んだ。

複製の後にオリジナルが来る——

佐々木健一『美学への招待 増補版』

1 ルーヴル美術館へ行きます。そこでミロのヴィーナスやサモトラケのニケー、モナリザやマリー・ド・メディシスの連作（ルーベンス）などを見ることでしょう。これらについてもよく知っています。もちろん画集と呼ばれる図版、つまり[100]**複製**を通してのことです。そして、ノートルダムへ行っても、モナリザを見ても、これ知ってるよ、と言って喜び、これ本物だよと言って感動します。つまり、再認の喜びです。

2 なぜこのようなことが起こるのでしょうか。それは、われわれの経験のうえでは複製が[99]**オリジナル**になっているからです。たしかに、複製が作られる過程においては、まず原物というオリジナルがあり、あとからその複製が作られるので、この関係は決して逆転しません。ところが、ここに挙げたような事例においては、われわれの経験は複製から始まり、その複製を繰り返しくりかえし味わったあとで、運がよければ、あるとき、そのオリジナルにめぐり合うことになります。このようなことは、いつの時代にもあったはずのことです。たとえば、友人の土産話を聞かされ、まだ見ぬ土地への憧れをさんざんにかきたてられた挙げ句の果てに、その土地に旅行する機会に恵まれる、というようなケースはいくらでも考えられるでしょう。土産話は複製ではありませんが、直接体験ではないという意味

読解のポイント

1 美術館での体験例
＝
複製を通して知っているものを、「本物」だと喜ぶ
⬅
2 なぜこのようなことが起こるのか？
⬅
経験のうえでは複製がオリジナルになっているから
＝
経験は複製から始まり、複製を繰り返し味わったあとに、オリジナルにめぐり合う
⬅
3 われわれの経験のなかで、直接体験と呼びうるものが最初に来るケースはほとんどない
⬅
複製を否定することは、文化に触れることを拒絶するに等しい

で複製に似たものです。時代の発展とともに、言葉が写真になり、さらに写真の複製になったというだけのことです。

❸ このように考えてみると、われわれの経験のなかで、何らかの意味で直接体験と呼びうるものが最初に来るようなケースはほとんどない、と言えるでしょう。われわれを取り囲んでいる 108 **文化** 環境のなかでは、複製の存在が圧倒的なヴォリュームをもっています。それはわれわれの文化環境が、テクノロジーによって形成され、そのテクノロジーが複製を増殖させているからです。世界については、情報の九九％はテレビや新聞、インターネットからやってきます。芸術については、まず画集を開いて名画を知り、ラジオやＣＤで音楽を聴きます。複製を否定することは、文化に触れることを拒絶するに等しいでしょう。また、拒んでみても、直接体験が最初の位置に来る、という保証は少しもありません。知りもしない名画を見たくなるひとはないでしょう。たしかに、オリジナルの体験が複製体験のあとに来て、複製の再認になっているというのは、倒錯した事態のように見えます。複製が生まれる過程からすれば、倒錯に相違ありません。しかし経験の実態から見れば、それが当たり前の状況である、と認識しなければなりません。

（弘前大学）

設問 傍線部の内容を、わかりやすく説明しなさい。

着眼 傍線部と同じ段落内にある「われわれの経験は複製から始まり〜めぐり合うことになります」をまとめればよい。

解答例 われわれの経験は複製に触れることから始まり、複製体験を繰り返したあとに、オリジナルの体験があるということ。

103 神話

関 コスモロジー
コスモス
カオス

①世界の創造や文化の起源を神々にかこつけて説明する物語。
②根拠がないのに絶対的なものだと信じこまれている事柄。

解説 神話は、**ストーリー形式で世界の始まりや天地の創造、文化の起源などを語る**。このような神話は、古代の人々にとっては行動規範としての意味合いも大きく、彼らの世界観や人生観も神話に立脚して形作られている。

評論文では、論理に支配された近代の**科学的な知**に対して、物語として世界を解釈する**神話的な知**の重要性を説くものもある。

その一方、神話は論理的でも実証的でもないことから、②のように**〈根拠がないのに正しいと信じられている事柄〉**という意味合いで用いられることもある。たとえば「原発の安全神話」とは、〈原子力発電は実際は安全ではないのに、安全だと信じられてきた〉という意味である。この場合の神話は、人々の認識を曇らせているという文脈なので、書き手は否定的な意味合いを込めている場合が多い。

例文 **神話**とは、私たちがものごとをどのようにみているのか、それにどのような説明を与えるのか、そうしたものの見方を基礎づける枠組みの体系である。しかも、神話はその妥当性を検証できない。妥当性を検証しなくても世の中に通用するものの見方が、神話である。

（苅谷剛彦『大衆教育社会のゆくえ』）

ギリシャ神話では、カオスから大地の女神ガイアが生まれたとされる。
（「ガイア」フォイエルバッハ・画）

104 虚構（フィクション）

①事実ではないものを事実らしく仕組むこと。
②架空の出来事を描いた創作物全般。

解説 文学の世界では**「フィクション」**と**「ノンフィクション」**という区分がある。フィクションは、事実にもとづかない架空の出来事を描いた**小説**や**ドラマ**などのことをいい、ノンフィクションは**伝記**や**インタビュー**など、実際の出来事にもとづく作品のことを指す。

評論文で多いのは①の意のほうであり、**〈具体的な起源や根拠はないのに、あるかのように装うこと〉**をいう。

たとえば、「平等という概念は**虚構**にすぎない」という言い方には〈平等とは作られた概念であり、現実には人は平等ではない〉という意味が含まれている。ほかにも、「自由な個人」「国民国家」「男らしさ・女らしさ」など、私たちが自明だと思っているさまざまな概念が虚構にすぎないことを解き明かすのは、評論文の典型的なパターンの一つだ。

したがって評論文のなかで虚構が登場した場合には、**〈どのような点で作りごとといえるのか〉**という点を意識して読むと、文意が理解しやすくなるだろう。

なお、法律用語の**「擬制」**も英語のフィクションの訳である。法律用語での擬制とは、「未成年者が婚姻をしたときは、これによって成年に達したものとみなす」（民法第七五三条）のように、事実でないことを事実としてみなすことをいう。

例文 動物の声は叫び声ではない。叫び声とは、最も直接的な内心の吐露にほかならないからである。ところで、動物に内心があると見るのは、擬人法的な**虚構**にすぎないのだ。

（森本和夫『沈黙の言語』）

神話の知の必要性――河合隼雄『神話と日本人の心』

1 [103]**神話**の発生を理解するためのひとつの考えとして、分析心理学者のC・G・ユングは次のような話を彼の『自伝』中に語っている。彼は東アフリカのエルゴン山中の住民を訪ね、住民の老酋長《ろうしゅうちょう》が、太陽は神様であるかないかという問いに対して、太陽が昇るとき、それが神様だと説明したのに心を打たれる。ユングは、「私は、人間の魂には始源のときから光への憧憬があり、原初の暗闇から脱出しようという抑え難い衝動があったのだということを、理解した」と述べ、続いて、「朝の太陽の生誕は、圧倒的な意味深い体験として、黒人たちの心を打つ。光の来る瞬間が神である。その瞬間が救いを、解放をもたらす。それは瞬間の原体験であって、太陽は神だといってしまうと、その原体験は失われ、忘れられてしまう」と指摘している。

2 太陽は神であるかないか、などと考えるのが現代人の特徴である。そうではなく、ユングが「光の来る瞬間が神である」と表現しているように、その瞬間の体験そのものを、「神」と呼ぶのである。あるいは、そのような原体験を他人に伝えるとき、それは「物語」によって、たとえば、黄金の馬車に乗った英雄の登場としてしか伝えられないのであり、そのような物語が神話と呼ばれるのである。

3 神話の意味について、哲学者の中村雄二郎は、「科学の知」に対する「神話の

読解のポイント

1 2 瞬間の体験そのものを「神」と呼び、それを伝える物語が「神話」

⬅

3 4 **科学の知** 細分化の結果、全体性が失われる
⇔
神話の知 宇宙論的に濃密な意味への欲求が基礎にある

⬅

科学の知のみに頼るとき、人間はまったくの孤独に陥る

知」の必要性として的確に論じている。「科学の知」の有用性を現代人はよく知っている。それによって、便利で快適な生活を享受している。しかし、われわれは科学の知によって、この世のこと、自分のことすべてを理解できるわけではない。「いったい私とは何か。私はどこから来てどこへ行くのか」というような根源的な問いに対して科学は答えてくれるものではない。

4 中村雄二郎は、「科学の知は、その方向を歩めば歩むほど対象もそれ自身も細分化していって、対象と私たちとを[158]**有機**的に結びつける[94]**イメージ**的な全体性が対象から失われ、したがって、対象への働きかけもいきおい部分的なものにならざるをえない」と述べ、科学の知の特性を明らかにし、それに対して、「神話の知の基礎にあるのは、私たちをとりまく物事とそれから構成されている世界とを宇宙論的に濃密な意味をもったものとしてとらえたいという根源的な欲求」であると指摘している。科学の知のみに頼るとき、人間は周囲から切り離され、まったくの孤独に陥るのである。科学の「切り離す」力は実に強い。

（東海大学　政治経済・法・教養・開発工・海洋・健康科学部ほか）

設問　傍線部とほぼ同じ内容の語句を、文中から抜き出しなさい。

着眼　直前の「科学の知」について述べた箇所に着目する。

解答　対象と私たちとを有機的に結びつけるイメージ的な全体性

105 コスモス（秩序）

規則や順序がある整然とした状態。

反 カオス
関 神話

106 カオス（混沌《こんとん》）

① さまざまな要素が入り混じってまとまりがない状態。
② 神話で、天と地がまだ分かれていない状態。

反 コスモス
関 神話

解説 ギリシア語で**コスモス**は〈秩序・調和・宇宙・世界〉を表し、逆に万物が生まれる以前の〈秩序も調和もない状態〉を**カオス**と呼んだ。

神話や宗教では、神が**混沌**とした世界に光をもたらし、天地を創造するという話が登場することからわかるように、そもそもの世界の成り立ちは**〈混沌→秩序〉**として考えられる。

このような混沌→秩序という図式は、さまざまな説明に応用することができる。たとえば、生まれたばかりの赤ちゃんが見ている世界は事物が渾然《こんぜん》一体となった混沌の世界であり、その後、物に触れ、徐々にさまざまな物を認識し言葉を覚えることで、周囲を秩序のある世界として理解するようになる。

あるいは、言葉や文化をもつ以前の人間にとって、世界は混沌の世界であったが、**言葉によって世界を意味づけることで秩序のある世界にした**という説明も評論文には頻出する。

107 コスモロジー

関 コスモス
神話

① 宇宙論。
② 根源的な世界観。

解説 **コスモロジー**は、宇宙の秩序とはどのようなものかを探求する**「宇宙論」**を意味するが、この場合の宇宙論とは自然科学的な説明に限らない。

古代から人々は、人間と宇宙（世界）との関係について考え、それを神話や宗教によって説明しようとしてきた。たとえば日本の『古事記』では、イザナギとイザナミが国（日本列島）を生み、さらに風・水・海・山・草などの神を生んでいく。このような世界の捉え方も広い意味ではコスモロジーといえる。

ある文化のコスモロジーというものは、その文化の儀礼や行動様式に反映されていることも多い。それゆえ、各民族・社会・宗教がもつ世界観を知ることは、それぞれの文化のありようを理解する重要な手がかりとなるのだ。

例文 自然科学の知があまりに有効なので、近代人は誤って、**コスモロジー**をさえ近代科学の知のみに頼ろうとする愚を犯してしまったのではないだろうか。

（河合隼雄『イメージの心理学』）

日本の神話の１シーン。イザナギ（右）とイザナミ（左）が混沌をかき混ぜて日本を作っている。（「天之瓊矛《あめのぬぼこ》を以《もつ》て滄《そう》海《かい》を探るの図」小林永濯・画）

人間が文化を持った理由――竹内芳郎『文化の理論のために』

1 本能によってみちびかれている動物たちにとっては、世界ははじめから彼らの欲求にしたがって整序された秩序ある世界としてあらわれている。彼らにはなにも迷う必要はないのだ。ところが本能の確たるみちびき手を失ってしまった人間、不定型の衝動に背後からつき動かされているだけの人間にとっては、世界はまずはじめには無秩序の世界、[106]**カオス**の世界としてあらわれる。人間は世界をまえにして、自分がどうしたらよいかを、誰からも教わるわけにはいかないのだ。そこで、この世界に自分なりの秩序をあたえ、カオスの世界を自己流に[105]**コスモス**の世界へと転換すること――そこに[108]**文化**の、おなじことだが社会の第一の任務があるということ、これは自明であろう。(中略)人間におけるもっとも根源的な欲求とは、世界に意味をあたえようとする欲求であり、この欲求は、殉教者や自殺者の存在がこれを明示しているとおり、人間にあって、生命保存その他どんな〈生物学的〉欲求にも優位するものだ。人は苦痛には堪えられても、無意味な世界に生きることだけには絶対に堪えられない。人間に[10]**本質**的なこうした〈意味への渇き〉に答えようとするもの――それが文化による無秩序の秩序化、カオスのコスモス化の営為なのだ。してみれば、バウマン*も言うように、[90]**記号**学的には〈意味〉とはつねに〈秩序〉を意味し、またそれだけを意味する。そし

読解のポイント

1
動物
本能によってみちびかれている
↓世界ははじめから秩序ある世界としてあらわれる

⇔

人間
本能のみちびきを失っている
↓世界はカオスの世界としてあらわれる

⬅ 人間は無意味な世界に堪えられない

⬅ 文化(社会)の第一任務＝カオスの世界をコスモスの世界へ転換すること

⬅ 2 人間みずからの恣意的な活動であることを自覚してしまっては、この営為(カオスのコスモス化)自体を危うくしかねない

⬅

てあらゆる人間的実践は、そのもっとも[4]**普遍**的・一般的な相のもとでは、つねに無秩序を秩序に転ずること、あるいはひとつの秩序を別の秩序に転ずることを意味し、この実践には手の届かない領域は、不定型のカオスの領域として、人間世界の背後におしやられてしまうのである。

2 だが、これだけではまだ安心するわけにはいかない。無秩序を秩序化する営為が実は人間みずからの[91]**恣意**的な活動であって、自分以外の何ものによってもあたえられていないことを自覚してしまったのでは、この営為自体を危くしかねないであろう。そこで、人間はまずはじめには、この秩序化のおのれの営為をおのれから[228]**疎外**し、これを神とか自然とか宇宙とかの活動に帰し、いわばこれを[85]**物神化**することによって確乎たるものにしようとする。それが〈宗教〉の誕生であって、したがって、人間的実践は、まずはじめにはことごとく宗教の支配下に立つ。

設問 第一段落の内容を一〇〇字以内で要約しなさい。

この営為を神・自然・宇宙などの活動に帰す
⇦ 宗教の誕生

＊バウマン＝ポーランド出身の社会学者（一九二五〜二〇一七）

着眼 人間がカオスの世界をコスモスの世界に転換しようとする前提や理由を押さえて要約する。

解答例 本能のみちびきが希薄な人間にとって世界はカオスとしてあらわれるが、人間はカオスがもたらす無意味な世界には堪えられないので、カオスの世界をコスモスの世界に転換することで、世界に意味を与えようとする。（九八字）

108 文化

関 文明

民族・地域・社会などで作り出され、その中で共有されている行動様式や生活様式。精神的な所産という意味合いが強い。

109 文明

反 野蛮 未開
関 都市

文化が拡大し、高度な社会制度や技術を備えた状態。物質的な所産という意味合いが強い。

解説 **文化**は英語でいえば「カルチャー（culture）」にあたる。その原義が**「耕す」**を意味する“cultivate”であることからもわかるように、**人間が自ら生み出してきたものが文化である**。したがって、どんな民族や地域・社会にも文化はあると同時に、一つの文化には他のさまざまな文化の影響も見て取ることができる。また、「日本文化」「関西文化」などというように、民族・地域と結びつくことで精神的な側面が強調されやすい概念でもある。

一方、**文明**を意味する“civilization”は、ラテン語で**「都市」**を意味する“civitas”に由来する。つまり**発達した制度や技術・生産力をもつ都市性というものが文明の核にある**。都市や発達した技術をもつ文明は、他の地域への影響力も大きい。

それゆえ、文化と文明を比較した評論文では、

- **文化＝個別的・精神的**

⇔

- **文明＝普遍的・物質的**

という対比がよく登場する。

例文 ある**文化**が中心性と普遍性を備えると、人々はその文化を「**文明**」とよぶようになる。それゆえ、「文明とは、他地域から憧れられて、広まっていく文化である」と定義することができるであろう。（川勝平太『「美の文明」をつくる』）

110 西欧中心主義（ヨーロッパ中心主義）

関 自文化中心主義

ヨーロッパこそ最も文化的に進歩した地域だとする考え方。

解説 近代以降、科学や産業の高度な発達によって、物質的に豊かな社会を実現したヨーロッパでは、自分たちこそ最も文化的に進歩した地域だとする**西欧中心主義**の考え方が生まれることになった。

西欧中心主義は、ヨーロッパをあらゆる社会の目指すべき理念や目標とする一方、近代化をとげていない異文化に対しては**未開**で**野蛮**という捉え方をし、植民地支配を正当化することにもなった。

このような西欧中心主義は、現代では深刻に反省され、西欧とは異なる文化にも、近代的な思考とは別の論理が存在することを主張する哲学者や思想家も登場するようになった。

また、物質的には豊かな社会を実現したが、同時に悲惨な戦争や環境破壊をもたらすことになったため、西欧的な**「進歩」**という概念そのものを見直す視点も生まれてきている。

とはいえ現在も、西欧の価値観を強く受け継いだアメリカ的な価値観がグローバルに浸透しており、西欧中心主義的な思考が完全に払拭されたわけではない。

例文 ここ十年間アメリカ合衆国や西ヨーロッパの知識人のあいだで起こってきたのは、一言でいえば、「西洋」の自己批判能力の減退であった。それは一種の「西洋への回帰」であり、**ヨーロッパ中心主義**、植民地主義、人種主義の批判への意志の減退であった。

（酒井直樹『死産される日本語・日本人』）

文化と文明の違い ―― 村上陽一郎『文明の中の科学』

1 [108]文化は、それを構成する人間集団の性格、あるいは自然風土との関係などによって、多様化し、個別化する傾向にある。言語、社会慣習、法制度、成員の管理のための機構、儀礼の形態、それに伴う芸術的表現の様式……などにおいて、人類は極めて多様なヴァリエーションを造ってきた。しかし、遠い過去の[68]歴史のなかで「[109]文明」の言葉を割り振られた諸文化のリストには、興味深い共通点が一つある。例えば「日本文明」という言葉は、今日意図的にそうした用法を推進しようとする、極《ご》く一部の人々（必ずしも日本人とは限らないかもしれないにせよ）を除けば国際的にも国内的にも存在しないと言ってよい。同じように「ミャンマー文明」や「イヌイット文明」という言葉も存在しない。それは何故か。イヌイット文化は基本が農耕ではないから、とは考えられない。今では、農耕を離れたものであっても、「文化」という言葉をそれに当てはめることに、誰も異存はないはずだからである。「日本」文化はまた農耕という文化本来の姿から言っても、立派な「文化」の一つであることに異論のあるはずがない。

2 それでは、古代のインダス文明やエジプト文明、あるいはその他「文明」と名付けられるものと、「日本文化」や「ミャンマー文化」や「イヌイット文化」などとの間にある差とは一体何だろうか。それは、「[4]普遍化へ向かう攻撃性」であろ

読解のポイント

2 1 **文化**＝多様化し個別化する傾向

⇔

文明＝普遍化への意志・攻撃性

＋

3 意志を実行に移すだけの、社会的な制度や機構が必要

う、というのが、ここでの私の暫定的な結論である。ある一つの「文化」は「普遍化への意志」を持って、他の諸文化への攻撃的な姿勢を示したときに「文明」となり得るのではないか。そして、そのことは、ヨーロッパの十八世紀に「文明」という[15]**概念**が造られたときに、暗暗裡《あんあんり》にその概念のなかに込められた[24]**潜在**的な前提ではなかったか。

3 もちろん、実は「普遍化」への意志だけがあっても「文化」は「文明」にはなれない。その意志を実行に移すだけの、社会的な制度や機構（そのなかには軍隊や警察のような、権力の施行を円滑にするための統治制度も、あるいは自らの文化的価値を布教し教化するための教育制度も、重要な一つの要素として含まれる）を備えていることが必要である。

（中央大学　経済学部）

設問　傍線部「興味深い共通点」とはどのようなことか、説明しなさい。

着眼　「文化」と「文明」の差を説明した2段落に着目。ただし、3に「「普遍化」への意志だけがあっても「文化」は「文明」にはなれない」とあるので、その後に書かれている条件も加える必要がある。

解答例　普遍化への意志を持って、他の諸文化への攻撃性を示すとともに、その意志を実行に移すだけの社会的な制度や機構を備えていること。

111 自文化中心主義（自民族中心主義・エスノセントリズム）

反 文化相対主義
関 西欧中心主義

自分たちの文化がもつ価値観を絶対視して、異なった文化の価値観を劣ったものとみなす態度。

解説 **西欧中心主義**が**自文化中心主義**の典型であるが、冷戦後に噴出している民族紛争や移民問題の根っこにも自文化中心主義が横たわっている。**自文化や自民族の絶対視**は、他文化や他民族を排斥する態度につながりやすいからだ。

グローバル化が進行すると、それだけ民族や文化の接触機会は増大するため、民族間・文化間の軋轢《あつれき》や紛争も生じやすい。**〈価値観を異にする他者といかに共生していくか〉**というテーマは現代社会の大きな課題として問われており、評論文にも小論文にも頻繁に取り上げられている。

112 文化相対主義

反 自文化中心主義
関 多文化主義

どんな文化も独自の価値をもっており、文化の間に優劣はないという考え方。

解説 それぞれの文化の価値を対等と見なす**文化相対主義**は、植民地支配や他民族の虐殺を招いた**自文化中心主義への反省から提出された考え方**である。

だが、文化相対主義の論理を推し進めると、住民を虐待するような文化をもつ国にも独自の価値があることになり、他の国は介入できないことになる。

本来は文化の多様性を認める考え方であるが、「オレはオレ、あいつはあいつ」という無関心とも接続してしまうところに文化相対主義の弱点がある。

例文 **文化相対主義**は前世紀の人類学に始まり、民族文化の価値を平等視する思想として誕生した。

（山崎正和『世紀を読む』）

113 多文化主義（マルチ・カルチュラリズム）

関 文化相対主義

一つの国家や地域の中で異なる複数の文化が対等な関係で共存することを認める考え方。

解説　**多民族国家では、少数民族と支配的民族との関係が大きな問題として問われてきた。**たとえば「少数民族は支配的民族に同化すべき」という考え方もあるが、それでは少数民族の文化は尊重されないことになる。こうした問題の民主的な解答として提出されたのが、**多文化主義**という考え方であり、カナダやオーストラリアでは政策としても反映されている。

だが多文化主義も、文化相対主義と同じように、自文化の価値観を正当化する論理に転じる危険性を孕《はら》んでいる。一国内の少数民族に残虐な慣習があった場合、どうするか。近年の評論文では、こうした文化相対主義や多文化主義そのものを再検討するものも登場している。

114 オリエンタリズム

関 西欧中心主義

西洋による身勝手な東洋のイメージのこと。

解説　パレスチナ出身の思想家エドワード・サイード（一九三五〜二〇〇三）が唱えた考え方。サイードによれば、西洋は、文学や絵画などを通じて、**〈受動性・非合理性・幼児性・停滞〉**といった負のイメージを東洋に押し付け、そのことで西洋の優位性を確認してきたという。こうした西洋による身勝手な東洋のイメージをサイードは**オリエンタリズム**と呼び、それが帝国主義的な植民地支配を正当化してきたことを強く批判した。

反・自文化中心的な文化相対主義――岡真理「「文化が違う」とは何を意味するのか？」

❶他[108]**文化**を自分たちとは異質だ、[5]**特殊**だと決めつける視線、それは、自分たちもまた、形こそ違え、実は彼らと同じようなことをしている、同じように生きている、という、批判的な[45]**自己**認識を欠いたものである。そして、この、自文化に対する批判的な自己認識を欠落させた視線が、かつて自らの「[4]**普遍**性」を僭称《せんしょう》し、他文化を「野蛮」と貶《おとし》めたのではなかっただろうか。[112]**文化相対主義**とはまずもって、そうした[111]**自文化中心主義**的な態度に対する批判としてあることを私たちは確認しておこう。自文化中心的に他文化を裁断することを戒めるため、自文化をつねに[7]**相対**化して考えることの大切さ。したがって、そのような文化相対主義は、自文化に対する批判的な認識を欠いて、他文化を自文化とは決定的に異なった特殊なものとして見出《い》だす「文化相対主義」とは、ぜんぜん別物である。

❷いま、「文化」が現代世界を理解するための重要なキーワードとなっている。だが、それはいったい、いかなる「文化」なのか？　「文化の違い」が主張されるとき、それは、何を主張しているのか？　われわれにはわれわれ固有の価値観がある、それはお前たちの価値観とは違うのだ、それがお前たちの目から見て、どんなに間違っていようと、われわれはこれでいいのだ、という自文化中心的な

読解のポイント

❶ 他文化を自文化とは決定的に異なった特殊なものとして見出だす「文化相対主義」

＝

自文化中心的な「文化相対主義」

⇐ ❷ 自らが帰属する社会や歴史を、無条件に肯定したいという自己愛に満ちた欲望を支えている

⬌

❶ 自文化中心的に他文化を裁断することを戒めるため、自文化をつねに相対化して考える文化相対主義

＝

反・自文化中心的な文化相対主義

⇐ ❸ いまだ明かされない新しい普遍性へと世界を、そして私たちを開いていく

「文化相対主義」の主張は、たんに一文化の独自性の主張にとどまらない。それは、自分たちの「文化」だけでなく、およそ「自文化」というものを、自閉的でナルシシスティックに肯定したいこの世界のありとあらゆる者たちの共犯者となって、自らが帰属する社会を、その[68]**歴史**を、無条件に肯定したいという自己愛に満ちた欲望を支えている。お前たちはそれを侵略といい、虐殺といい、奴隷制という。それはお前たちの価値観、お前たちの歴史だ。われわれにはわれわれの価値観、われわれの歴史があるのだという主張。そして、このような「文化相対主義」に基づいて主張される[113]**多文化主義**は、アメリカの覇権主義を共犯者として補完するものであって、決して、[236]**グローバリゼーション**の対抗[129]**言説**にはなり得ない。

3 したがって、反・自文化中心的な文化相対主義に基づいて、「文化」を、そして「文化の違い」というものを考えること。そのようなものとして、いま「文化」を理解することこそがおそらく、いまだ明かされない新しい普遍性へと世界を、そして私たちを開いていくだろう。

（一橋大学、筑摩書房『精選国語総合 改訂版』「開かれた文化」）

設問 傍線部「反・自文化中心的な文化相対主義」を説明した箇所を、文中から抜き出しなさい。

着眼 「自文化中心的な「文化相対主義」」と「反・自文化中心的な文化相対主義」の対比から考える。

解答 自文化中心的に他文化を裁断することを戒めるため、自文化をつねに相対化して考えること

115 エスニシティ

関 ナショナリズム
国民国家

共通の歴史や言語・宗教・生活習慣を基盤とした文化的な民族集団。

解説 「民族」という言葉には注意が必要だ。**ネイション**（nation）も**エスニシティ**（ethnicity）も日本語で訳せば、「民族」という訳語があてられる。ネイションは「国民」という訳語があることからもわかるように、**政治的な単位**としての民族のことをいう。一方、エスニシティは、歴史や言語・生活習慣などを同じくする人たちの**文化的な単位**としての民族のことだ。

両者の違いを理解するためには、アメリカのような多民族国家をイメージするといいだろう。アメリカには、ヨーロッパ系アメリカ人・アフリカ系アメリカ人・ヒスパニック系アメリカ人というように、さまざまな国の移民が存在する。そして移民たちは、それぞれの文化的な背景にもとづいた集団を形成している。彼らは、政治的単位のアメリカ人としてはネイション（アメリカ国民・アメリカ民族）であるが、移民によってそれぞれ形成された文化集団に対してはエスニシティという概念が用いられる。

ただし、ネイションとエスニシティは単純に対立する概念というわけでもない。というのは、ネイションという言葉は、「生まれ」を意味するラテン語の〝natio〟を語源としており、エスニシティと同様、「生活や文化を同じくする集団」の意を含んでいるからだ。しかし近代に入って**国民国家（ネイション・ステート）**が成立したことで、ネイションは政治的な単位としての意味を強く帯びるようになった。そこで、それとは異なる文化的な民族単位としてエスニシティという語が用いられるようになったわけだ。

116 クレオール

関 アイデンティティ
自民族中心主義

① 本国ではなく、新大陸や植民地で生まれ育った人々。
② 植民地支配などによって生まれた混血的な言語や文化。

解説 **クレオール**は、もともとは植民地で生まれ育ったヨーロッパ人のことを指していた。たとえば、スペイン人が海外で植民地をつくると、植民地でスペイン人の子どもが生まれて育っていく。この植民地生まれのスペイン人を、本国（スペイン）で生まれたスペイン人と区別するために、クレオールと呼んだ。また、植民地のなかで、植民者の言語と先住民の言語とが混ざり合って、その土地の母語となったものをクレオール語という。

このようにクレオールは、ヨーロッパの植民地主義によって生まれたものだが、**最近では、異質な人種や民族が混合して形成される言語や文化、習慣一般についても意味するようになった。**

評論文を読む上では、**クレオールという概念が、自民族中心主義や民族のアイデンティティを問い直すことにつながる**ことを知っておきたい。クレオールは複合的な文化やアイデンティティを持つため、**「単一の民族」「単一のアイデンティティ」**という考え方では捉えることができないからだ。

例文 「**クレオール**を話す」ということは、できそこないの崩れた英語やフランス語をびくびくしながら話すのではなく、自分にとって取り替えのきかない母語、何語にも還元できない、れっきとした一人前の言語を話す主体としての意識を持つということを意味します。その意味でクレオール化というのは、従属を拒否する主体の宣言ではないでしょうか。

（イ・ヨンスク「グローバル化で文化はどうなる？」）

文化は本来雑種である――関根政美『多文化主義社会の到来』

❶日本人とはだれかということを[50]**客観**的民族[108]**文化**の指標によって規定しようとしても難しい。生活意識や生活様式、衣装やヘアースタイルなども大きく変わっている。体形や顔つきまでも変わり続けている。日本語を話しているということと、自分は日本で生まれた、あるいは日本人の両親から生まれたのだから日本人だということによって、日本人を規定することしかできないだろう（中略）。要するに民族指標の基準に合わない例外が多すぎて、何をもって民族指標とするかでさえ意見はまとまらないだろう。それでも日本人だというのは、むしろ[115]**エスニシティ**と民族が[48]**主観**的で政治的なものであることを露《あらわ》にするだけである。

❷実際、われわれは、必要に応じて和服を着用したり盆踊りを踊ったり、年に数回伝統的食事を食して日本人であることを確認しているのだ。日本人がよくやる万歳三唱もたかだか明治時代の発明品である。白菜づけも戦後普及したものに過ぎない。そもそも天皇を全国民が崇拝するようになったのも明治以降のことである。日の丸や国歌も政府が法律化して強制しなければ、愛着はもてないらしい。米国やオーストラリアに住む移住者には、週末に家族が集まって民族衣装を着て伝統料理を食べて楽しむ習慣があるが、これをウィークエンド・エスニシティという。国民（民族）が[219]**想像の共同体**に過ぎないならば、人種・エスニック集団

読解のポイント

❶ 日本人とはだれかということを客観的民族文化の指標によって規定しようとしても難しい

⬅

❷ 人種・エスニック集団も共同の想像体に過ぎない

⬅

❸ 文化は人が生きるために発明された道具であり、本質的に神聖なものであるわけではない

⬅

和魂洋才論（文化二重論・文化二枚舌論）を展開して、日本文化の純粋性を守ってきた

＝

❹ 民族自決原則と国民国家の存続を求めて民族文化・エスニック文化の純粋性や不変性を強調しているに過ぎない

⬅

文化は本来的には雑種

も共同の想像体に過ぎないのである。

③文化は人が生きるために発明された道具であり、[10]**本質**的に神聖なものであるわけではない。こうした現実と政治的[129]**言説**との間の[31]**矛盾**を、[216]**ナショナリスト**たちは、外国からの文化的影響を物質的側面でのみ受け入れ、精神は古来のままという和魂洋才論を展開して乗り越えようとしてきたのである。これは文化二重論あるいは文化二枚舌論といってよい。まさに日本などはこのようにして日本文化の純粋性を守ってきたのである。（中略）

④これは近代以来、民族自決を基礎とする[215]**国民国家**制度の国際システムのなかにわれわれは住んでいるために、民族自決原則と国民国家の存続を求めて民族文化あるいはエスニック文化の純粋性や不変性を強調しているに過ぎないのである。政治的民族文化であれ、生活的民族文化であれ本来的には雑種であり、雑種文化は、しばしばフランス語では[116]**クレオール**文化、英語ではハイブリッド文化と呼ばれるものである。そして文化の境界も可変的でファジーなものなのである。

（早稲田大学　第一文学部）

設問　傍線部「こうした現実と政治的言説との間の矛盾」はどのような矛盾か。わかりやすく説明しなさい。

着眼　直前の一文を参考にして、「現実」と「政治的言説」がそれぞれ明確になるように整理する。

解答例　現実には、文化は人が生きるために発明された道具にすぎないのに、民族文化は本質的に神聖であることを強調しなければならないという矛盾。

117 アニミズム

反 人間中心主義
関 神話
多神教

自然界のあらゆる事物に霊魂が宿っているという信仰。

解説　原始的な宗教は**アニミズム**から始まった。日本でも、「八百万《やおよろず》の神」という言葉が象徴するように、古来より動植物だけでなく、石・岩・山・川・家・厠《かわや》などの無生物にも霊魂が宿り、人々を守っていると信じられていた。したがって人の死は身体から霊魂が離れていくことであり、離れた霊魂は消滅せず、自然界に宿っていると考える。

近代的な社会は、自然を人間が支配する対象とみなしてきたが、自然保護の重要性が唱えられる現在、**人間と自然とを峻別《しゅんべつ》しないアニミズム的な自然観**を見直す議論も起きている。

118 一神教

反 多神教

唯一の神だけを認め、信仰する宗教。ユダヤ教・キリスト教・イスラム教など。

解説　**一神教**のなかでも、キリスト教的な世界観は西欧文化を理解するうえで非常に重要だ。たとえば近代科学が追求する法則性も、その根底には**〈神の創造した世界には調和や秩序がある〉**というキリスト教的な世界観がある。

また、自らが信仰する神を唯一絶対とする一神教は、他の神を認めることができないため、対立・衝突をまねきやすいという考え方がある。アメリカとイスラム圏との争いはその傍証といえるかもしれない。

119 多神教

反 一神教

多数の神々を同時に崇拝する宗教。古代ギリシアの宗教・神道・ヒンズー教など。

解説 アニミズムも一種の**多神教**であるが、一般的には雨や風など自然現象を人格神として捉えることが多いのに対して、多神教は諸霊力・精霊などの他、獣神・祖霊などの多霊信仰から発展した場合が多い。また、ユダヤ教を源流とする一神教は砂漠の宗教といえるが、多神教は農耕社会に多く見られるという特徴がある。

衝突をまねきやすい一神教に対して、多神教は「共生」や「共存」という概念と親和性が高いため、現代社会においては多神教的な思考の重要性を唱える議論もある。

120 死生観

人間の生死に対する考え方。

解説 宗教は人々の**死生観**にも大きな影響を与えてきた。だが現在、学問の分野でも死生観の探求が大きな課題とされている。その背景には、**宗教の弱体化**や**共同体の崩壊**によって、死を迎える不安や孤独と個人が向きあわねばならなくなっていることや、近代医学では、死に直面した患者や家族の心のケアの問題を扱ってこなかったことへの反省がある。

入試に出題される評論文でも、**〈生命とは何か〉〈死とは何か〉**という根源的な問いを扱う文章が増えてきた。これも死生観をめぐる問題の重要性を物語っているのではないだろうか。

アニミズムと一神教——梅原猛

「反時代的密語——アニミズムと生物学」

1 六世紀に日本に移入した仏教は十一世紀において天台本覚論を生み出した。天*台本覚論はほとんどすべての日本仏教の前提になるが、その思想は「山川草木悉《しっ》皆《かい》成仏」という言葉に示され、まさに[117]**アニミズム**そのものである。また今なお日本のいたるところに動物を神の使いとする自然信仰の神社が残っている。アニミズムこそ日本の思想的伝統であるといってよい。

2 西洋の多くの思想家は、アニミズムから[119]**多神教**が生まれ、多神教から[118]**一神教**が生まれ、その一神教の精髄がキリスト教であり、キリスト教の[109]**文明**から西洋の科学技術文明が生まれたと考える。しかしこの一神教は、人間のみが神の似姿である[51]**理性**をもつことによって他の動植物よりはるかにすぐれていて、動植物に対する生殺与奪の権を与えられているという考えをもつ。近代文明の原理を提供したデカルトやベーコンなどは、世界の中心に理性をもった人間をおき、この人間に対立する自然世界の[136]**法則**を知ることによって自然を奴隷の如く支配することこそ[68]**歴史**の進歩であると考えた。

3 このような思想にもとづいて近代文明はつくられ、現代の先進国の人間は今までの人類が夢にさえみなかった便利で豊かな生活を満喫している。しかし現代人は、このような近代文明は環境を破壊し、やがて人類の滅亡を招くのではないか

読解のポイント

1 日本の思想的伝統＝アニミズム

2 キリスト教＝一神教
⬅ 人間のみが神の似姿である理性をもつ
⬅ 動植物に対する生殺与奪の権
⬅ 自然支配

3 近代文明
⬅ 環境を破壊し、やがて人類の滅亡を招くのではないかという不安。
⬅ アニミズムの復権

4 遺伝子学＝アニミズムの科学的正当性を証明
⬅ アニミズムを現代の生物学によって再構成すべき

という不安を感じ始めるようになり、人間と動植物の共存を唱えるアニミズムの復権が囁《ささや》かれるのであろう。

4 私は、二十世紀後半からめざましく発展した[154]**遺伝子**学はアニミズムの科学的正当性を証明するものであると思う。遺伝子学は、動物・植物ばかりかすべての生物は、二本の鎖がねじれ合った二重らせん構造をとるDNAによって支配されているという。ショウジョウバエの遺伝子の六十%が人間の遺伝子と相同性をもち、また人間とチンパンジーとの遺伝的な違いはわずか一・二三%にすぎないことが数年前に発表された。このような事実は[207]**人間中心思想**への根本的反省を強いるものであろう。アニミズムを現代の生物学によって再構成すべきではなかろうか。

（朝日新聞　平成17年8月23日朝刊）

設問　筆者が傍線部のように主張する理由を一〇〇字以内で説明しなさい。

＊天台本覚論＝天台宗を中心に広まった悟りについての思想

着眼　現代の生物学がアニミズムに結びつく理由とともに、アニミズムの復権が必要である理由もあわせて整理する。

解答例　人間と動植物の間に多くの共通性があることを示す現代の遺伝子学は、一神教のキリスト教から生まれた近代文明の人間中心思想や自然支配に反省を迫ると同時に、アニミズムの科学的正当性を証明するものであるから。（九九字）

121 社会

反 世間
関 個人
市民社会

主体的な個人の集まりから成り立つ集合体。

解説 **「社会」**や社会を構成する**「個人」**は、キリスト教的な世界観にもとづく西洋的な概念だ。一神教であるキリスト教では、人間は一人の個人として神と向き合う。そこでは他人に合わせるのではなく、神との関係において生き方が問われることになる。

評論文で「市民社会」「近代社会」といった場合の「社会」は、このような**主体的に判断し行動する個人の集合体**として捉えられていることに注意しよう。

122 世間

反 社会

日本人の行動規範となっている「空気」を読み合う人間関係。

解説 西欧中世の研究者である阿部謹也（一九三五〜二〇〇六）が提唱する**「世間論」**によって、世間という概念が学問の分野でも注目を集めることになった。日本における「世間」とは西洋的な「社会」と異なり、派閥や人脈、近所付き合いなど、**「空気」を読み合うような人間関係**のことだ。

阿部氏によれば、日本人の行動規範は世間に立脚しているという。これは、個人としての主体的な判断よりも、世間で共有されている暗黙のルールから逸脱しないことが優先されるということだ。

123 罪の文化

反 恥の文化
関 個人

個々人の内面的な良心を道徳基準とする西洋的な文化。

124 恥の文化

反 罪の文化

他者からの非難や嘲笑をおそれて自らの行動を律する日本的な文化。

解説 **罪の文化**と**恥の文化**は、アメリカの文化人類学者ルース・ベネディクト（一八八七〜一九四八）によって提唱された概念だ。

欧米は、神に対して自分は罪を犯していないか、という**内面的な規範によって行動を律する**のに対して、**日本は他人の評判や顔色をうかがいながら、「（他人から見て）恥ずかしい行動をしていないか」という「恥」の意識が行動基準となっている**とした。

こうした個人主義的な罪の文化と集団主義的な恥の文化は、その後の多くの日本文化論や日本と西洋の比較文化論のベースになっている。

例文 日本社会には「人の目」を人格に内面化する「**恥の文化**」という伝統的な文化があり、その「前近代的」な文化が私たちの足を引っぱっているのだと結論されてしまいそうだ。確かに、そうした日本人を「個の確立」がなされていないと非難し、早く近代人へと脱皮しなければいけないと説く論者たちはいまだに多い。しかし、これまでの日本人のあり方を「前近代的」と片づけてしまうのは不十分だと私は思う。

（上田紀行『生きる意味』）

罪の文化

恥の文化

日本人にとっての世間——鴻上尚史『「空気」と「世間」』

1 日本人は、なかなか、断れません。「NOと言えない日本人」と誰かが言いましたが、日本人が「NO」と言う時は、かなり思い詰めた時です。

2 「NO」と言う日本人は、たいてい、思い詰めた顔をしています。もしくは、「すみませんねえ」と何度も恐縮しながら、本当にすまなそうに言います。

3 それは、今までずっと「[122]**世間**」に生きていたと思っているからです。「世間」は、あなたを救う[186]**セイフティー・ネット**でしたから、基本的にあなたの不利になるような提案はしません。それがわずらわしいものでも、巡り巡ればあなたの利益にもなるものでした。ですから、そこで「NO」と言うのは、よほど[5]**特殊**な事情、決意が必要だったのです。そして、「NO」と言うことで、「世間」からなんらかのしっぺ返しがあるだろうと身構えました。

4 欧米人と仕事をして驚くのは、彼らが、微笑みながら、もしくは笑って「NO」と言うことです。それは、「NO」と言うことに、日本人ほど深刻さも精神的重圧もない、ということを意味しています。

5 それは、ずっと「[121]**社会**」に生きているからです。「社会」は、今まで、不利になる提案をすることもあれば有利な提案をすることもありました。ですから、断るのは、当たり前のことなのです。

読解のポイント

日本の「世間」＝基本的に不利になるような提案はしない

⬇

「NO」と言うのは、特殊な事情・決意が必要

⬇

だから、断る時、日本人は思い詰める

⇕

欧米人の「社会」＝不利になる提案も有利な提案もする

⬇

断るのは、当たり前のこと

6それを、欧米人は自立している、などと言ってはいけません。日本人は、（中略）「世間」の記憶が染み込んでいるのです。ですから、（中略）知り合いを通じての依頼なら、まさに、「世間」の記憶が顔を出します。

7それを断るのは、日本人には本当に勇気のいることなのです。だから、なにかを断る時、日本人は思い詰めて、深刻な顔になるのです。もしくは、ガマンにガマンを重ねて、どうしても堪えきれなくなった時に、「これだけガマンしたんだからもういいだろう」と爆発しながら断るのです。

（専修大学　経営・商・人間科学・ネットワーク情報・法学部）

設問　「世間」と「社会」の違いを、問題文に即して説明しなさい。

着眼　3〜5を中心にして、「提案」の性格と断ることの難しさという二点の違いが伝わるようにまとめる。

解答例　日本人が生きる「世間」は、基本的に不利になる提案をしないため、断るには特殊な事情や決意が必要だが、欧米人が生きる「社会」は、不利な提案も有利な提案もするため、断ることに精神的重圧がない。

125 テクスト（テキスト）

関 コンテクスト

①言語によって書かれたもの。
②記号として解釈できる現象。

解説　従来、文学を読み解くということは、作品に込められた作者の思想や意図を読み取ることだとされていた。この場合、作品の読解には「唯一の正解」があることになる。

　こうした文学観に対して、批評理論と呼ばれる分野では、**〈文章はいったん書かれれば、作者からは独立し、読者によって多様な読まれ方をされてよい〉**という思想が突きつけられた。作品という言葉はどうしても作者との結びつきを感じさせてしまう。そこで、作品とは異なり、多様な解釈に開かれている文章を**テクスト**と呼ぶ。

　さらにテクストという概念を、言語から記号一般にまで拡張すると、②のように**記号として解釈できる現象はすべてテクストと考えることができる**。たとえば、絵画や映画・広告・ファッションといった文化現象も、そこに意味を読み取ることができるのであれば、テクストとして扱うことができるわけだ。

例文　「**テクスト**」（texte）とは「織り上げられたもの」（tissu）のことです。この「織物」はさまざまなところから寄せ集められたさまざまな要素から成り立っています。

（内田樹『寝ながら学べる構造主義』）

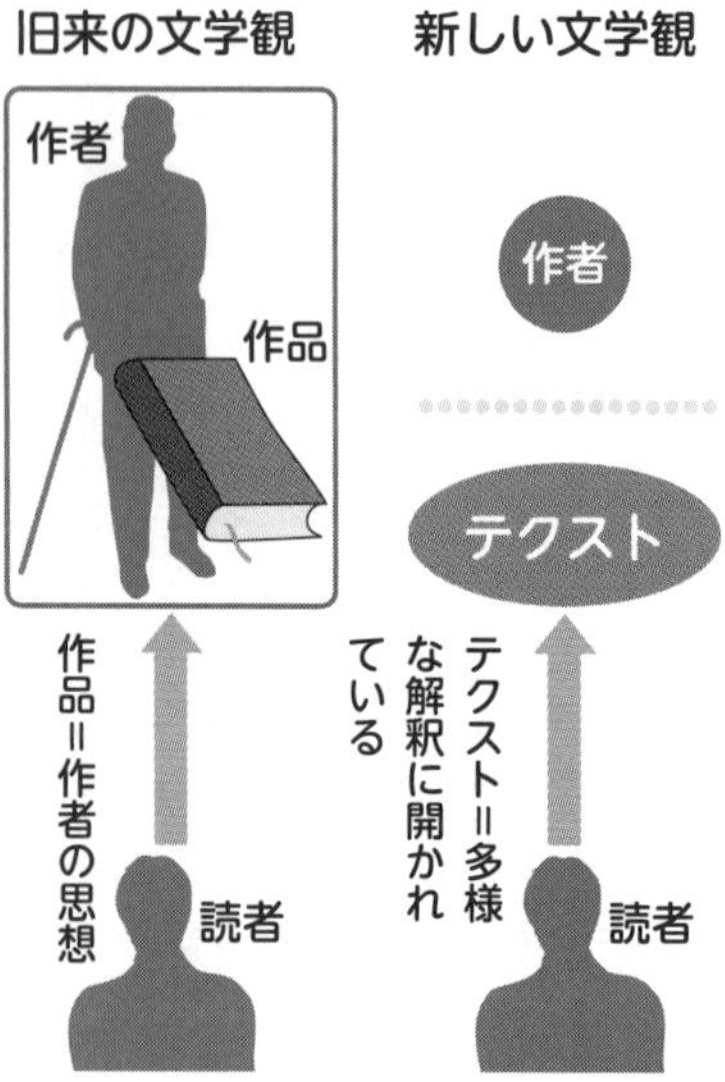

126 コンテクスト（コンテキスト）

関 テクスト

文脈・前後関係。

解説 たとえば「バカ！」というテクストも、状況によっては親愛の情を表すし、別の状況では侮蔑表現となる。つまり、**テクストの意味は単独では確定できず、前後の文脈を踏まえることでその文脈に即した意味を持つ**ことになる。

このような文脈や前後関係を**コンテクスト**というが、テクスト同様、コンテクストも「（ある特定の）状況」「背景」など、言語表現以外にも適用できる概念である。たとえば、夏目漱石の小説は、学校というコンテクストでは「教材」であるが、余暇というコンテクストでは「娯楽」となる。

現代文を読み解くうえでも、コンテクストを理解することが重要なのは言うまでもない。「文脈を把握する」とは「コンテクストを把握する」ということだ。

例文 遊びにおいては、日常世界における既成の**コンテクスト**は変容する。「はいどうぞ！」と、子どもによって差しだされる土の団子は、団子ではないが団子である。遊びでは、「土は土なのだ」という日常の世界の区切り方は通用しない。

（矢野智司「遊戯する身体」）

同じテクストでも、コンテクストが異なれば意味が異なる

127 コード

関 記号

意味を解読するための規則。

解説 「記号」は意味を指し示すが、その意味を読み解くにはルールが必要だ。たとえば文字だって読み方を知らなければ発音できない。このように、**記号の意味を伝えるための規則や決まりごと**をコードという。

同一物を記号として用いても、**文化によってコードが異なれば意味は異なる**。たとえば手招きのしぐさは日本では「こっちに来て」の意味を表す記号だが、海外では「あっちへ行け」という意味を表す国もある。

例文 「コード」には、おおまかに言って、伝達において用いられる記号とその意味、および記号の結合の仕方についての規定（言語の場合の「辞書」と「文法」に相当するもの）が含まれる。

（池上嘉彦『記号論への招待』）

128 アレゴリー（寓意《ぐうい》）

関 レトリック
象徴

シンボルやイメージを用いて表面的意味よりも深い意味を伝える比喩。

解説 アレゴリーは「寓話」と理解するとわかりやすい。たとえば、動物が主人公となって物語が語られるイソップ童話には、さまざまな道徳や風刺が込められている。このように、**比喩や象徴を用いて深い意味を伝えるような表現**がアレゴリーであり、文学や芸術などで広く用いられている。

アレゴリーの訳語である寓意の「寓」には、**〈他のものを利用して気持ちを託す〉**という意味がある。よって、ある種のメッセージ性をもつ点が「アレゴリー」と「象徴」の異なる点だ。

129 言説（ディスクール）

関 エクリチュール

① 語る行為。語られた内容。
② 特定の問題について語られた言語行為のすべて。

解説 フランス語の言説（ディスクール）は、もともと「語る行為」や「語られた内容」を意味する言葉である。だが、フランスの哲学者フーコー（一九二六〜八四）はこの言葉を、**ある特定の問題について語られた言語行為のすべて**を指す概念として用いた。

たとえば「狂気」を調べるために、医学的な文献だけでなく、小説や雑誌・法律など、あらゆる文献や資料を当たることで、ある時代に何を狂気と考えていたかがわかると同時に、時代によってその理解も異なっていることがわかってくる。このように、「言説」という概念を用いることで、概念がどのように作られていったかを分析することもできるわけだ。

130 エクリチュール

関 言説

① 書く行為。書かれたもの。
② 言葉遣い。言い回し。

解説 エクリチュールは、英語では“writing”に相当する概念で、日常的には①の「書く行為」「書かれたもの」という意をもつ。だが、評論文を読む上では②の**「言葉遣い」**の意味も知っておいた方がいい。この場合の「言葉遣い」とは、**特定の集団を特徴づけるような言葉遣いや言い回し**のことをいう。たとえば、ヤクザ映画に出てくる言葉遣いは「ヤクザのエクリチュール」であり、政治家の言葉遣いは「政治家のエクリチュール」である。

エクリチュールは、書くことの複雑な構造を解き明かすために用いられた概念であり、個人的な文体とも文法のような言語規則とも異なる点に特徴がある。

131 贈与

関 互酬性

交換ではなく、金品を一方的に贈り与えること。

132 互酬性

関 贈与

贈与と返礼を中心とした関係性。

解説 **贈与**は貨幣を介した交換と違い、**一方向的な贈り物**のことをいう。私たちの日常生活のなかにも贈与の例はありふれている。誕生日プレゼントやクリスマス・プレゼント、親が子に渡すお小遣いなどは、すべて贈与だ。

とはいえ、市場経済が中心の社会では、贈与は生活のなかで部分的な役割を果たすにすぎない。私たちの生活は、モノやサービスの売り買いを基盤にして成り立っているからだ。

しかし、世界のあらゆる地域が市場経済中心の社会を営んでいるわけではない。むしろ、さまざまな人間社会や文化を研究する文化人類学の知見によれば、人類は**贈与と返礼**からなる**互酬性**のシステムによって社会や文化を維持してきたことがわかっている。

たとえば北アメリカの先住民社会では、**ポトラッチ**という有名な習俗が知られている。これは、気前のいい贈り物でもてなされたら、贈られた側はそれを上回る贈り物で返礼をすることで、地位や財力を誇示するというものだ。

例文 **互酬性**は、経済的交換と社会的交換における等価性に基づく交換です。経済的交換では何を交換するかが大事で「誰と」交換するかは大事ではありませんが、社会的交換では「何を」交換するよりも、「誰と」交換するかが大事になります。**贈与**に対する何らかの便益が返礼として返される関係です。

（山内志朗『小さな倫理学入門』）

第4章 科学論

ナビゲーション

入試評論文では、近代科学について論じた文章、とりわけ**「近代科学に対する反省」**をテーマとした文章が頻繁に出題される。それは、近代科学やそれがもたらしたさまざまな科学技術は、私たちの生活を支える一方、解決の難しい問題を生み出してもいるからだ。

安定的な食料生産、高度な医療、災害を防ぐ建築など、科学の恩恵を挙げていけばキリがない。しかし同時に、二十世紀に入ってからは、大規模な自然環境の破壊、核兵器に代表される大量殺戮《さつりく》兵器の開発など、科学がもたらした負の側面にも人間は気づき始めた。これらの問題を根本的に考えようとすれば、近代科学の自然観や方法論を検討することは避けて通れない。

この章を通じて、近代科学はどのように成立し、どのような特徴が現代の問題とつながっているのか、という点を確認してもらいたい。

■近代科学の三つの特徴

一般に「近代科学」といわれる場合、それは十七世紀以降の自然科学のことだと理解しておこう。

十七世紀は、天動説から地動説への転換、ガリレイやニュートンらによる力学の基礎の確立など、その後の世界に決定的な影響を与える研究が次々と生まれた。こうした一連の出来事は**「科学革命」**と呼ばれ、近代科学の黎明期《れいめいき》として位置づけられている。

このような近代科学には次の三点の特徴がある。

第一に、近代科学は**「機械論的自然観」**にもとづいているということが挙げられる。**機械論的自然観とは、自然や身体を機械の部品のように捉える見方のことだ。**そしてこの機械論的自然観の出発点には、第二章で説明したデカルトの哲学がある。分子生物学者の福岡伸一は、機械論を次のように説明している。「彼（引用者注：デカルト）は、生命現象はすべて機械論的に説明可能だと考えた。心臓はポンプ、血管はチューブ、筋肉と関節はベルトと滑車、肺はふいご。すべてのボディ・パーツの仕組みは機械のアナロジーとして理解できる。そして、その運動は力学によって数学的に説明できる。」（『動的平衡』）

第二に、この機械論的自然観のもとで、物体や物質は、機械の部品のように単純な要素に分ければ分けるほど、対象についての正確な知識が得られるという考え方が定着する。これを**「要素還元主義」**という。

さらに、力学や数学の発展によって、近代科学は自然を数学的な法則で捉えるようにもなった。これが第三の特徴である**「数学的処理」**だ。

入試評論文では、こうした近代科学の特徴がもたらしたさまざまな問題（環境破壊、遺伝子治療、臓器移植）を批判的に議論する内容が非常に多い。

ポイント

・近代科学の特徴
- **機械論的自然観**
- **要素還元主義**
- **数学的処理**

■「科学者」という言葉の登場

さきほど、近代科学は十七世紀に成立したと解説したが、じつはこの説に、異論を唱えている論者もいる。たとえば、科学史の研究者である村上陽一郎は『科学の現在を問う』の中で次のように述べ、**近代科学の成立を、「科学者」という言葉が登場する十九世紀と位置づけている。**「今私たちが「科学」と呼ぶ知的活動が西欧に成立したのは、十九世紀のことだった。このことは、多くの点から実証できる。例えば西欧の言語に「科学者」に相当する単語が登場するのは、十九世紀半ばである。」

十七世紀のニュートンの時代には「科学者」という単語はなかった。ではニュートンの肩書きは何かというと、

17世紀　**科学革命**
一般的には近代科学の成立期とされているが「科学者」という単語は使われていなかった

19世紀　**「科学者」という単語の登場**

「哲学者」だという。つまりニュートンの生きた時代には、私たちが考える「科学」という専門分野はなく、**当時、数学や科学の研究にいそしんでいたのは、「哲学者」と呼ばれる総合的な知識人だった**のだ。

さらに研究の目的も、現代とニュートンの時代とでは全く異なる。ニュートンにとって科学的な法則を発見することは、キリスト教の神が創った秩序を発見することと同義だった。つまり、ニュートンの研究を動機付けていたのは、「神が創った美しい世界のあり方を究めたい」ということであり、いまの科学のように「技術に役立てる」とか「社会に役立つ」という発想はなかったのだ。

こうした視点から、村上陽一郎は「科学」が専門的な職業として成立する十九世紀が、本来的な意味で近代科学が成立した時期だと指摘するわけだ。

神
創造
秩序
「神が創った秩序には法則があるはずだ」
ニュートン

その是非はともかく、**ニュートンをはじめとする近代初期の科学者たちが、自然法則の発見を神の秩序の発見と重ねあわせていた**という指摘は重要である。常識的に考えると、宗教と科学は相反するように見えるが、近代科学の黎明期においては宗教的信念が科学的探求を駆動させていたことがわかるだろう。

■科学技術と社会の関係

二十世紀以降の科学は、国家や社会との結びつきを強め、さまざまなテクノロジーを生み出してきた。生活者に与えたその恩恵は計り知れないが、一方で、科学は公害や環境問題・核兵器開発など、負の遺産も生み出してしまった。

いまや科学技術は、非常に大勢の人の生活を左右する状況になっている。使い方を誤れば、数万人、数十万人の命を奪うような事態を生み出してしまうのだ。

そうした科学の負の影響を避けるために、科学者は研究が与える社会的影響を自覚しなければならない、という**科学者や技術者の倫理**を問う議論も増えている。

同時に、科学技術が普及すればするほど、科学のもたらす問題を科学だけでは解決できない事態も増えている。原子力発電を続けるかどうかもその一つだ。現代は、専門家に一方的に任せるのではなく、市民も積極的に科学技術の問題にかかわる姿勢が求められている。

■環境倫理と生命倫理

近代科学がもたらした問題のなかでも、現在進行形で対応が迫られているのが地球環境問題と急速な生命科学・**バイオテクノロジー**の進展である。

自然を道具とみなす近代科学は、大規模な環境破壊を引き起こしたばかりでなく、有限の化石燃料を大量に消費することによって、地球温暖化という厄介な問題も招いてしまった。これを放置したままでは、地球環境に破滅的な危機が訪れてしまう可能性が高い。現在、制度面でもさまざまな環境対策が実施されているが、同時に、自然と人間との関係を倫理的な観点から考察する**環境倫理**を問う声も強まり、学問的にも盛んに議論されるようになった。

一方、**生命倫理**とは、臓器移植や代理出産など、テクノロジーが生命の領域まで介入できるようになったことで生じる問題を倫理的に考察することをいう。

環境倫理は個の自由の規制を主張し、生命倫理は原則的には「自己決定権の尊重」という形で、個の自由を尊重する。したがって、両者は相反する思想を基盤としている側面もある。近代科学の発展によって、私たちは「自由」のもつ価値を捉え直す必要にも迫られているといえるだろう。

ポイント

- **環境倫理＝無制限な自由を規制**
　↕
- **生命倫理＝個の自由の尊重（自己決定権）**

133

仮説

ある現象を説明するために、仮に立てる説。

134

検証

反 反証

① 実際に調べて証明すること。
② 仮説の真偽を、観察や実験によって確かめること。

135

反証

反 検証

ある主張や理論がまちがっていることを証明すること。

136

法則

関 理論

一定の条件のもとで、常に成立する事物どうしの関係。

解説 科学に対して、多くの人が誤解しがちなのは、科学が明らかにする**法則**や理論を「一〇〇%正しい」と考えてしまうことだ。だが、**法則や理論も絶対的な真理ではない**。その理由は、科学の方法と密接な関係がある。

科学という営みは、自然現象の観察や先行研究にもとづいて、ある現象や事象を説明するための**仮説**を提出することから始まる。この仮説が正しいかどうかを実験や計測によって確かめることを**検証**といい、逆に正しくないと証明することを**反証**という。重要なことは、科学は常に**反証可能性**に開かれていることだ。

たとえば、「カラスは必ず黒い」という仮説を立て、それを確かめるために、さまざまなカラスを発見して、その色を確認する作業が検証となる。だが、ある日、赤いカラスが見つかったとすれば、先の仮説は反証されたことになり、仮説は誤ったものとして棄却される。
検証によって仮説の正しさが確かめられると、それは法則や理論として認められるわけだが、**法則や理論にしても、常に反証される可能性はある**。その意味では、科学に関するすべての法則や理論は仮説とも言えるだろう。

科学的方法

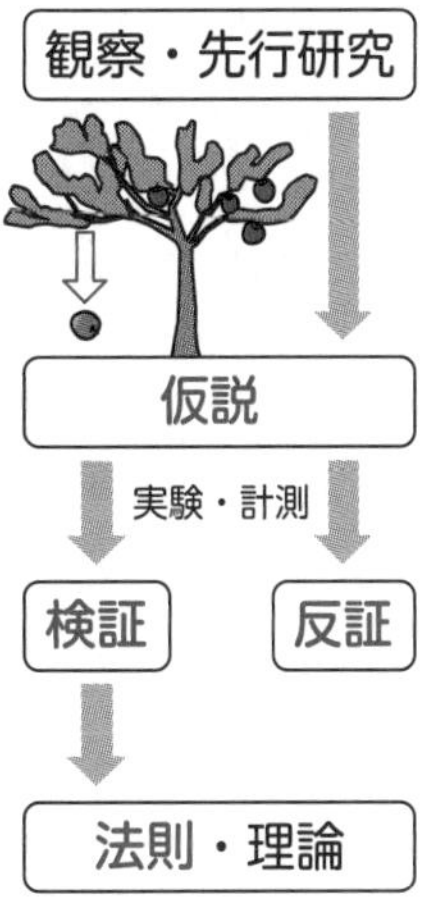

$$F=G\frac{m_1m_2}{r^2}$$

137 自然科学

関 社会科学
人文科学

自然現象を扱い、普遍的な法則性を明らかにする学問。物理学・化学・地学・生物学などの分野に分かれている。

解説 現代では、科学といえば近代の**自然科学**のことを指すのが通例だ。そして、観察や実験にもとづいた**実証性**（＝実際に証明できること）を重んじる自然科学の方法をモデルとして、**社会科学**の諸学問も存在する。しかし、政治学・経済学・社会学などの社会科学は、人間の集団や組織を研究対象とするため、自然科学のように、同条件のもとで繰り返し実験や観察をすることができないという制約がある。哲学や文学・歴史学のような**人文科学**は、社会科学以上に研究方法は千差万別だ。
わざわざ覚える必要はないが、このような区分が学問にあることは常識として知っておきたい。

「さしあたりの真理」としての科学――

若林幹夫『社会学入門一歩前』

❶科学とは何だろう？　それは、単に確実な知識のことではない。[133]**仮説**と[134]**検証**によって確かめられた[136]**法則**性によって世界を理解することが、科学という知の特徴である。古典力学も、相対性理論も、[162]**進化論**も、[154]**遺伝子**理論も、物の運動や生物の多様性、形質の遺伝などの観察可能な事実や出来事を説明するために、論理整合的に――ようするに「筋道立てて」――作られた仮説、つまり「仮の説明」である。こうした仮説は、それらと合致する事実があり、そしてそれらを否定する事実が見出《い》だされないかぎりで、「さしあたり真なる理論」として認められる。科学的な「理論」はこうした実証性――それを支持する事実があること――と[135]**反証**可能性――その真偽が実験や観察によって証明されること――をもたなくてはならないとされる。こうした手続きによって科学、とりわけ[137]**自然科学**は「確実な知識」としての明証性をもつものとされるのだ。

❷だがしかし、そうであるとすれば、ようするに科学とは「すべてを知ることができる知」なのではなく、「実証的な手続きによって知りうるものだけを知る」ような知なのだということになる。科学的な知は、実証的な手続きによって真であるととりあえず認められる仮説以外は、「(まだ)わからない」として判断を保留しなくてはならない。そしてまた、どんな理論も「仮説」である以上、つねに

読解のポイント

❶ 科学という知の特徴
＝仮説＋検証→法則性による世界理解

❷ 科学的な知は「究極の真理」などけっして指し示さない

⬅

【理由】
・とりあえず真と認められている仮説以外は、「(まだ) わからない」として判断を保留
・どんな理論も「仮説」である以上、それに反する事実によっていつ否定されないともかぎらない

⬅ 「さしあたりの真理」

〝とりあえず〟で〝今のところ〟のものにすぎず、それに反する事実によっていつ否定されないともかぎらない。科学的な知は「究極の真理」などけっして指し示さない。それが提示するのは、いつ否定されてもかまわない「さしあたりの真理」なのだ。

（筑摩書房『精選国語総合　改訂版』「魔術化する科学技術」）

設問　傍線部のように言えるのはなぜか。七〇字以内で説明しなさい。

着眼　「究極の真理」とは、絶対的に正しい真理のこと。科学の知が絶対的に正しいわけではないことは、傍線部の前の二つの文で説明されている。

解答例　科学的な知は、実証的な手続きによってとりあえず真と認められている仮説にすぎず、つねにそれに反する事実によって否定される可能性があるから。（六八字）

138 分析

反 総合
関 要素還元主義

複雑な事物を単純な要素に分けて、その性質や構造を明らかにすること。

139 総合

類 統合
反 分析

個々別々の要素をまとめあげること。

解説 分析も総合も、近代科学を理解する上で非常に重要なキーワードだ。とくに注意してほしい点は、**分析には〈要素に分ける〉という意味が含まれている**ということ。近代科学では、複雑な身体でさえも要素に分けて、要素の性質や要素と要素との関係を調べあげて総合すれば、身体全体の構造が明らかになることになると考える。

近代医学も、当然そのような機械的な身体観にもとづいている（解剖実験をイメージするとわかりやすいだろう）。

近代哲学の父と言われるデカルトは、自著『方法序説』のなかで、問題をできるだけ小さな部分に分割して単純化し、単純なものから順序だてて複雑なものを認識するという方法論を真理探求の原則とした。これは、まさに**〈分析→総合〉**の方法といえる。科学論の文章でデカルトがよく参照されるのは、デカルトの哲学が近代科学の思想的な背景となっているからである。

例文 西洋医学はものごとの原因と結果を追求する。そのために症状を**分析**して、測定し、数値としてあらわす。
（柳澤桂子「病いと科学」）

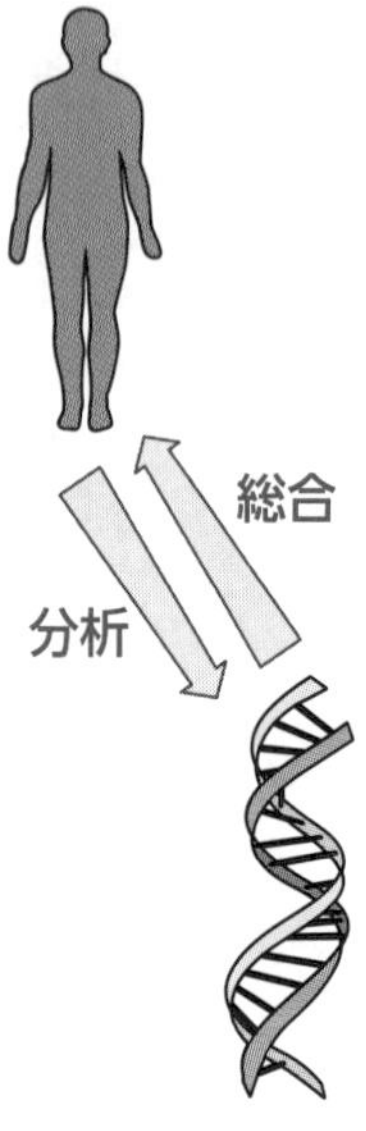

140 対象化

類 客体化
関 客観
客体

主観をまじえずに認識すること。

解説 対象化とは、**〈対象にすること〉**だが、評論文のなかでこの言葉が使われている場合は、**〈主観を排除して〉**という意味が含まれることに注意しよう。

たとえば、ある花を「キレイだな」「美しいな」といった主観をまじえて見ることは対象化とは言えない。質量や形態などに着目して、心情をまじえずに、突き放して認識したり観察したりすることが対象化することだ。

自然の対象化は、自然を単なる物として扱うことに等しく、自然を敬う気持ちや畏怖する感情は排除されることになる。こうした自然観が、**〈自然を人間に都合のよいように利用し支配する態度につながる〉**といった文脈で、科学論の文章には頻繁に登場する。

141 因果関係

関 因果律
相関関係

原因と結果の関係。

解説 「因果」は原因と結果のことであり、原因と結果の関係を意味する言葉が**因果関係**だ。また、すべての自然現象には原因があるという考え方を**因果律**といい、近代科学の研究は因果律を前提にしている。

因果関係と似た概念に、**相関関係**というものがある。〈相関関係がある〉とは、Aの変化とBの変化に深い関係があることだが、イコール因果関係（Aの変化がBの変化を引き起こすという関係）ではない。たとえば、アンケートの結果、早起きすることと学力との間に相関関係があることがわかったとしても、因果関係があるとは限らない。なぜなら、早起きにも学力にも影響を与える別の原因があるかもしれないからだ。

近代自然科学の方法――唐木順三『日本の心』

1 デカルトの果たした功績は、見る[48]主観以外の一切を[140]対象化し、それを観察し、計測し、[138]分析し、さらにその分析したものを[139]総合し、再構成してゆくという方法論を確乎《かっこ》としたものとして築きあげたことである。対象化は対象化の作業として無限につづけられる。[45]自己以外の一切を自己から切り離して対象化するという孤独に堪えることが自己に課せられる。自然は自己から切り離された無記なるものとして現れる。肉親も友人もまた自己から遮断された他人として現れる。自己自身の諸情念もまた観察される対象として、即《すなわ》ち他なるものとなる。すべてが自己にとって他なるもの、他人、彼、即ち第三人称的存在となる。我と汝《なんじ》という面面相通ずる直接関係、即ち第二人称的存在はすべて失われる。いとしい妻とも別れなければならぬ。可愛い娘とも別れなければならぬ。デカルトは事実それを実行した。そして妻をも子をも、距離をおいてながめる第三人称世界へ追いやった。さらにここには、主なる神、父なる神もあってはならぬ。神をも「彼」になさねばならぬ。デカルトの神の存在の証明は、神を証明の対象としたものといってよい。そういう孤独きわまる作業に従事しうるためには是非とも「方法」が必要であり、自己自身の方法化が必要であった。デカルトは自然的な我を否定して方法的な我を設定したといってよい。（中略）

読解のポイント

1 デカルトの方法論
＝
見る主観以外の一切を対象化
⬅
方法的な我を設定

2 近代の自然科学
＝
観察・実験・検証によって
法則を発見
⬅ [逆手にとって]
自然を変形・利用・征服

2 近代の[137]**自然科学**が、右のようなデカルトの方法を実地に適用したところから生まれてきたことは周知である。自然を対象化し、それを観察し、そこに働いているであろうと推定される計量関係や[141]**因果関係**を[133]**仮説**し、その仮説を特定の条件下で実験し、その実験の結果を実地にあてはめて[134]**検証**するという方法、即ち観察、実験、検証が近代自然科学の方法であり、それによって自然界のもっているさまざまな[136]**法則**を発見することができた。そしてその自然法則を逆手にとって、自然を変形し、利用し、征服するという方向で、近代の科学文明が生まれてきた。デカルトが豪語した「自然の主人公にして所有者」ということが、実現したといっても過言ではない。

（関西学院大学　経済学部）

設問 傍線部「神をも「彼」になさねばならぬ」のはなぜか。その理由にあたる一文を文中から抜き出し、最初の五字を書きなさい。

着眼 「「彼」にな」す、とは「第三人称世界へ追いや」ること、すなわち「対象化」することであるので、〈なぜ神を対象化しなければならないのか〉と考えて、解答箇所を探す。「自己以外の一切を自己から切り離して対象化するという孤独に堪えることが自己に課せられる」が正解箇所。

解答 自己以外の

142 機械論的自然観

あらゆる自然現象を機械のメカニズムになぞらえて理解する思考態度。

解説 機械は個別の部品から組み立てられていると同時に、部品Aが部品Bに作用して、それが今度は部品Cに作用して……というふうに、A→B→C……と因果関係が連鎖することで、機械全体が作動するというメカニズムになっている。

近代科学の**機械論的自然観**は、自然をそのような機械と同じものと見なす考え方のことだ。ここでの自然とは、人間自身の生命現象をも含んでいることに注意しよう。

一方、近代以前の自然観は、自然のあらゆる事物に霊魂が宿っていると信じる**アニミズム的自然観**、自然現象は一定の目的をめざして起きているとする**目的論的自然観**が支配的だった。たとえば目的論的自然観では、石ころは、下方に落ちる本性があるから、下に向かって落下するのだと考える。つまり、下に落ちるという目的のために落ちる。一方、機械論的自然観は、ありとあらゆる物体は、引力を原因として同じ法則にもとづいて落下するのであって、自然や事物には本性も目的もないと考える。

こうした**機械論的自然観に立脚して近代科学は、自然現象を対象化し分析するという方法論を確立していった**のだ。

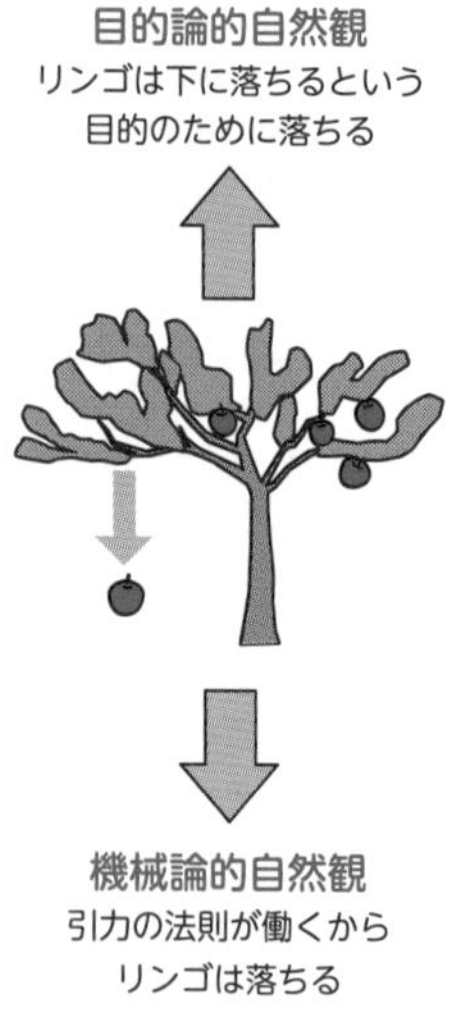

目的論的自然観
リンゴは下に落ちるという
目的のために落ちる
機械論的自然観
引力の法則が働くから
リンゴは落ちる

143 還元

①元の状態に戻すこと。返すこと。
②基礎的なもの、単純なものへと段階を下げること。

144 要素還元主義（要素主義・還元主義）

関 分析

複雑で多様な現象を単純な要素に分析して解明しようとする考え方。

解説 還元は、日常的には「利益を消費者に還元する」のように①の「戻す」「返す」の意でも用いられるが、評論文では②の意が重要だ。たとえば、「ある社会の特徴は、個人に還元して理解することはできない」という文は、〈ある社会の特徴は、個人に分解して理解することはできない〉という意味である。

近代科学の**要素還元主義**は、**〈あらゆる事物は単純な要素に分解して説明できる〉**という立場を指し、**要素主義・還元主義**とも呼ばれる。この見方にしたがえば、世界のあらゆる事物は、物質→原子→陽子と中性子……という形で、微小な要素に還元することで理解できることになる。

近年では脳科学の研究が盛んだが、心のあり方を脳のしくみですべて説明できると考えることも要素還元主義と言えるだろう。科学論の文章では、**「近代科学の還元主義的な姿勢に反省を迫る」**という論点は頻出である。

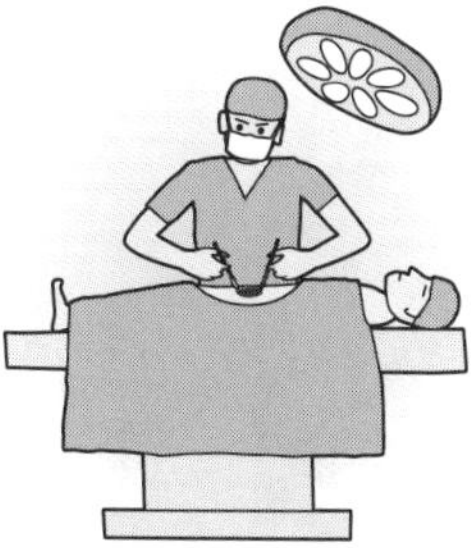

西洋医学は、生体を要素の集合と捉える要素還元主義を基盤としている

近代科学の自然観――河野哲也『意識は実在しない』

1 近代科学とは、十七世紀にガリレオやデカルトたちによって開始され、次いでニュートンをもって確立された科学を指している。近代科学が現代科学の基礎となっていることは言うまでもない。近代科学の自然観には、中世までの自然観と比較して、いくつかの重要な特徴がある。

2 第一の特徴は、**機械論的自然観**[142]である。中世までは自然の中には、ある種の目的や意志が宿っていると考えられていたが、近代科学は、自然からそれら精神性を剝奪し、定められた**法則**[136]どおりに動くだけの死せる機械とみなすようになった。

3 第二に、原子論的な**還元主義**[144]である。自然はすべて微小な粒子とそれに外から課される自然法則からできており、それら原子と法則だけが自然の真の姿であると考えられるようになった。

4 ここから第三の特徴として、**物心二元論**[56]が生じてくる。二元論によれば、**身体**[59]器官によって捉えられる**知覚**[63]の世界は、**主観**[48]の世界である。自然に本来、**実在**[74]しているのは、色も味も臭いもない原子以下の微粒子だけである。知覚において光が瞬間に到達するように見えたり、地球が不動に思えたりするのは、主観的に見られているからである。自然の**感性**[52]的な性格は、自然本来の**内在**[19]的

読解のポイント

1 近代科学の自然観の重要な特徴

＝

2 **機械論的自然観**＝自然は定められた法則どおりに動くだけの死せる機械

3 **原子論的な還元主義**＝原子と法則だけが自然の真の姿

6～4 **物心二元論**

物理学的世界
▼自然に本来、実在しているのは原子以下の微粒子だけ
▼人間的な意味に欠けた無常の世界

⟷

知覚世界（主観的表象）
▼自然の感性的な性格は、心が生み出した性質
▼主観によって意味づけられる世界

な性質ではなく、自然をそのように感受し認識する[47]**主体**の側にある。つまり、心あるいは脳が生み出した性質なのだ。

5 真に実在するのは物理学が描き出す世界であり、そこからの物理的な刺激作用は、脳内の[12]**推論**、記憶、連合、[98]**類推**などの働きによって、[105]**秩序**ある経験（知覚世界）へと構成される。つまり、知覚世界は心ないし脳の中に生じた一種の[94]**イメージ**や[93]**表象**にすぎない。物理学的世界は、人間的な意味に欠けた無情の世界である。

6 それに対して、知覚世界は、「使いやすい机」「嫌いな犬」「美しい樹木」「愛すべき人間」などの意味や価値のある日常物に満ちている。しかしこれは、主観が対象にそのように意味づけたからである。こうして、物理学が記述する自然の[50]**客観**的な真の姿と、私たちの主観的表象とは、質的にも、存在の身分としても、まったく異質のものとみなされる。

（東京大学ほか）

設問 傍線部「物心二元論」による自然観を六〇字以内で説明しなさい。

着眼 「自然の客観的な真の姿」と「自然の感性的な性格」という対比に着目する。

解答例 自然の客観的な真の姿は、微粒子からなる意味を欠いた物理学的世界であり、自然の感性的な性格は主観による意味づけにすぎない。（六〇字）

145 科学革命

①十七世紀のヨーロッパで、自然科学が大きな変革を遂げたこと。
②科学に対する考え方の枠組みが大きく変化すること。

解説 一般に、**科学革命**といえば、①の意味で使われることが多い。すなわち、十七世紀のヨーロッパにおいて、天動説から地動説への転換、ガリレイやニュートンらによる力学の基礎の確立など、その後の世界に決定的な影響を与える近代科学が成立したことを指す。

②は、アメリカの科学史家トマス・クーン(一九二二～九六)が提唱した考え方であり、クーンによれば、科学は連続的には進歩せず、ある理論では説明できない現象や問題が発生することで、以前とはまったく異なる考え方にもとづいた新しい理論が生まれるという。こうした**理論の枠組みや考え方のルールが一新されること**を、クーンは科学革命と呼んだ。

146 パラダイム

ある時代や分野において支配的な物の見方や捉え方。

解説 前項で説明したトマス・クーンが科学革命とともに唱えた概念であり、科学者集団が共有している理論的な枠組みのことをいう。したがって先の例で言えば、(クーンの)**科学革命とは、新しいパラダイムが古いパラダイムに取って代わること**だと言える。たとえば、かつては天動説が一つのパラダイムだったが、それでは説明できないデータが現れると、地動説という新しいパラダイムが生まれることになるわけだ。

パラダイムは、現在では科学だけでなく、さまざまな分野で用いられる言葉となった。なお、古いパラダイムから新しいパラダイムに変化することを**パラダイム・シフト**と呼ぶことも知っておこう。

147 科学者共同体（科学者集団）

科学を専門的な職業とする人々の社会的組織。

148 科学の制度化

科学が国家・企業と結びついて組織的に研究されるようになること。

解説 **「サイエンティスト」**という単語が現在のような専門的な科学者の意味で使われるようになったのは十九世紀からであり、それまではニュートンのように科学を研究する人物も**「フィロソファー」**（哲学者）と呼ばれていた。

こうした名称の変化は、**科学者共同体**の性質の変化とも関連している。十六〜十七世紀の科学者共同体は、営利団体や政府とは関係せず、論文の評価や活用も科学者の仲間同士で完結していた。また、専門職として生活できる経済的基盤もなかった。それが十九世紀になると、科学の成果を産業面や軍事面に活用する必要性が高まったことで、近代的な大学や研究所が作られるようになり、職業的な科学者が誕生することになった。

国公立の大学や教育機関に科学が組み込まれることは、科学が社会システムの一部として機能することにほかならない。このように、**科学が社会的・組織的に研究されるようになること**を**科学の制度化**と呼ぶ。

以降、現在に至るまで、科学者共同体は、国家や企業と密接に結びついており、核爆弾のような大量殺戮兵器の開発に寄与するようなケースもある。いまや科学者共同体は、社会から隔離された集団ではないことから、**科学者の社会的な責任や倫理観を問う議論も目立つようになった。**

新しいパラダイムの出現——中山茂『パラダイムと科学革命の歴史』

1 いったんでき上がった通常科学の伝統の中で説明できない[11]**現象**があらわれた時、その伝統に危機がおとずれ、ふたたびその科学の基礎に対して疑いがもたれ、論争が起こる。そして、あげくの果て、今までとちがった[146]**パラダイム**を採用し学問のスタイルが変わる。これを[145]**科学革命**という。たとえば古典物理学に対して量子論、ニュートン力学に対して相対論の出現は、新しいパラダイムによる科学革命である。

2 革命という言葉は、ふつうまず政治、社会革命に使われている。アンシャン・レジームが、新しい要素、新興階級の台頭によって、いろいろな[31]**矛盾**を示すことになる。旧勢力の力がまだ強いと、旧体制を部分的に改変して、諸矛盾をその中に吸収する。しかし、それではとうてい収まりがつかないほど、さまざまな矛盾が露呈すると、新しい体制を模索する。その間に一時的に無政府状態が現出することがある。そして、新体制のいろいろなモデルの支持集団の間に論争、闘争がくりかえされたあげく、一つの新しい体制に定着する。

3 学問にとってより身近な例の大学制度を考えよう。新興の学問が出てくると、それは古い制度とは折り合いが悪く、緊張関係を生む。その場合、古い制度を改革して収まりをつける場合もあるが、どうしても無理な場合は、まったく新しい

読解のポイント

1 科学革命
通常科学→危機→新しいパラダイムの採用

2 社会革命
新興階級の台頭→旧体制の矛盾→新しい体制

3 大学制度の革命
新興の学問→古い制度との緊張関係→まったく新しい制度による大学づくり

4 体制・制度は科学革命とのアナロジーが成り立つ。
＝
古いパラダイムの機能不全→革命→基本的信仰・言語・教育方法が一変

制度による大学作りを模索する。それにはいろいろな新しい大学像が考えられるが、試行錯誤のうち、一つの試みが成功して、他の大学のモデルとなり、制度革命となる。

4 体制といい制度といい、これを学問のパラダイムでおきかえると、科学革命との[98]**アナロジー**、並行関係が成り立つ。古いパラダイムが機能しなくなれば、それを奉じる集団が崩壊し、革命が起こる。パラダイムにまつわる基本的信仰、言語（[15]**概念**体系）、さらに教育方法（教科書）もすっかり変えられる。

設問 傍線部とほぼ同じ内容を述べている一文を文中から抜き出し、最初の五字を書きなさい。

着眼 問題文は**2**で体制の革命、**3**で制度の革命を解説したのち、それらを「学問のパラダイム」の革命と置きかえると、科学革命とのアナロジーが成立すると述べている。このアナロジー（並行関係）から傍線部に相当する箇所を考える。正解箇所は、問題文の末尾の一文である。

解答 パラダイム

149 科学主義

反 反科学

科学的な知識や方法を絶対視する立場。科学は万能だとする考え方。

150 反科学

反 科学主義

科学・技術の負の側面を強調し、科学に対して批判的になること。

解説 たとえば、人間の心の問題も科学で解決できるとするのが、**科学主義**の考え方だ。科学主義の立場からすれば、実証性や再現性の低い社会科学や人文科学は、半人前の学問と見なされる。

一方、科学主義のように自然科学を特権化することによる弊害や負の側面を強調して批判するのが**反科学**である。反科学的な主張の典型例は、**機械論的自然観**や**要素還元主義**に立脚する近代科学やそれと結びついた科学技術が、自然破壊や大量殺戮兵器をもたらしたというような議論であろう。

入試評論文で多いのは、反科学や近代科学批判であり、そういった議論の定石は知っておくに越したことはないが、科学者を責めれば問題が解決するわけではない。科学の成果や科学技術をどう利用するかは、科学者だけが決めることではなく、社会の判断に委ねられているからだ。

実際、科学技術と社会との関係を考える科学技術社会論と呼ばれる研究分野の重要性は高まっている。科学が人間に与えてきたさまざまな恩恵やその圧倒的な影響力を無視して、単に批判するだけでは現実は動かない。こうした点まで踏まえた評論文も、入試には出題されている。

151 疑似科学

科学を装っているが、科学とはいえない研究や主張。

解説 入試に出題された例はまだ少ないが、科学哲学という分野で大きな論点となっているのが、**疑似科学**の問題だ。疑似科学の代表例は、超能力や血液型による性格診断・マイナスイオン・波動の類だが、メディアと結びつくことで大きな影響力を持つことがある。たとえば、以前「納豆はダイエットに効果がある」というテレビ番組の放送後、納豆がバカ売れしたものの、まもなくして、番組放送内容にデータの改ざんがあったことが判明し、番組打ち切りが決まったという事件があった。

科学哲学の分野では、こうした**疑似科学と科学との間に線引きをする議論**が盛んだ。たとえばそこでは、**反証可能性を認めるかどうか**が両者を分ける大きな条件だという議論もある。また、**なぜ人は疑似科学に騙《だま》されてしまうのか**、という問題意識から、市民の科学リテラシーの必要性を唱える評論や、人間の認知プロセスを分析するような議論も増えている。

例文 正統な科学は、反証や新しい知識に対して開かれており、誤った知識を修正する仕組みを持っているのだ。それに対して、**疑似科学**は、誤りを認めず修正を受け入れない方法論であり、それがそのまま次の誤りを再生産する構造になっている。

（菊池聡『なぜ疑似科学を信じるのか』）

水が「ありがとう」という言葉に反応して美しい結晶を作るという主張は疑似科学の典型。言葉は水に物理的な影響を及ぼしたりしない

疑似科学が氾濫する理由――池内了『疑似科学入門』

1 科学を偏愛すると、科学の装いをしているものに目移りがして「はしご」をする。新しい運動器具が売り出されると次々買い揃《そろ》え、ある健康食品が体に良いと評判になれば矢も盾《たて》もなく飛びついてしまう。あまり深入りしない分だけ害悪を被ることが少ないから、失望させられることもほとんどない。それによって自分は的確な判断をしてきたと思えるし、いっそう自信になる。[149]**科学主義**が揺るがないのである。

2 以上は極端な描写だが、多かれ少なかれ現代人の誰もが持っている科学信仰の一つの姿ではないだろうか。科学の利用に対して一種のマニアになっているのだ。その裏返しが科学主義への失望なのだが、現代は科学への絶大な信頼か、極端な不信かを迫られている時代かもしれない。

3 科学至上主義や[150]**反科学**に走ってしまう根本には、自分を[50]**客観**的に観察し、社会的な視点で自らを省察する訓練に欠けているということがある。自己本位で、すべて自分の尺度で測ろうとするのだ。そのような人は、社会的な発言を避け、目立つことに臆病になる。メニューに書かれたものについての選択にはうるさいが、自分で新たなメニューを付け加えようとしない。つまり観客[175]**民主主義**の担い手となり、与えられるものを選択するだけの「お任せ」体質になってしまうの

読解のポイント

1 科学を偏愛→科学の装いをしているものに目移り
➡ 科学への絶大な信頼

2 科学への絶大な信頼 ⇔［裏返し］⇔ 科学への極端な不信

➡［根本にあるもの］

3 自分を客観的に観察し、社会的な視点で自らを省察する訓練に欠けている
➡「お任せ」体質
➡ **4** 疑似科学の陰に現代人の特徴が顕れている

だ。

4 このようにみると、**疑似科学**[151]の陰にまさに現代人の特徴が顕《あらわ》れていることがわかる。科学を装った疑似科学が性懲りもなく次々と現れるのは、それも新たな衣裳《いしょう》を着けてあたかも別物の科学であるかのように装って人を騙す手口が絶えないのは、現代という科学の時代を反映しているのかもしれない。

設問 傍線部の説明として最適なものを、次の中から選びなさい。

ア 科学を装う疑似科学があとを絶たないのは、現代人がみな科学に深く失望していることの反映であるということ。

イ 科学のように装って人々を騙す疑似科学が次々と現れる背景には、与えられるものを自己本位で選択してしまう現代人の体質があるということ。

ウ 現代人は科学に絶大な信頼を寄せるがゆえに、科学を装う疑似科学についても客観的な視点から選択しているということ。

エ 別物の科学を装う疑似科学に現代人が飛びついてしまう根底には、科学では解明不可能な問題への強い関心があるということ。

着眼

アは「科学への絶大な信頼」を欠いているので誤り。**ウ**は「客観的な視点から選択している」が**3**段落の内容と逆。**エ**は問題文には書かれていない内容が含まれている。

解答

イ

152 臓器移植

関 生命倫理

機能不全となっている臓器に代わって、他人の正常な臓器を移植すること。

153 脳死

関 生命倫理

脳の機能が停止し、回復不能になった状態。死の定義の一つとされている。

解説 かつては、肺機能・心臓機能・脳機能のすべてが停止することが**「死」の定義**とされており、この三つの臓器の機能停止に大きなタイムラグはなかった。しかし人工呼吸器が開発されると、心臓や肺は機能していても、脳機能が停止するという**脳死**状態が現れるようになった。そして、それゆえに心臓や肝臓などの**臓器移植**が技術的に可能になったわけである。

さて、こうした臓器移植を実施するためには、心肺機能が停止していない脳死を「人間の死」として法的に認めなければならない。ここに、呼吸もあり心臓も動いている人を果たして死と判定してよいのか、という議論の必要性が生じることになる。

日本では一九九七年に臓器移植法が成立し、本人と家族の同意のもとで、臓器提供は可能とした。また、臓器提供を行う場合に限り脳死を「人の死」と位置づけた。この臓器移植法は、二〇〇九年に改正され、そこでは脳死を「人の死」と認め、本人の意思が不明の場合、家族の同意があれば臓器移植ができることになった。

臓器移植や脳死を扱う評論文の主な論点としては、**臓器移植のために脳死を「人の死」とすることの是非**や、**そもそも人の死を社会的に決めることの問題点**、**臓器移植という技術によって臓器が商品化される危険性**を指摘するものなどが多い。

154 遺伝子

生物の遺伝形質を規定する情報のまとまり。

解説 **遺伝子**は、よく耳にするわりに理解しづらい単語だ。たとえば、**DNA**（デオキシリボ核酸）と遺伝子はどう違うのかと尋ねられて、頭をひねってしまう人も多いのではないだろうか。

簡単にいうと、DNAは二重らせんの形をした遺伝物質であり、A（アデニン）、T（チミン）、G（グアニン）、C（シトシン）という四種類の化合物がからまってできている。DNAを本とすると、このA、T、G、Cがいわば文字の役割を果たしており、そのときの**文に相当するのが遺伝子**だ。この遺伝子には、生命発生のしくみ、病気や老化のしくみなどが表されており、現在は遺伝子の機能を解明する研究が盛んに進められている。

155 バイオテクノロジー（生物工学・生命工学）

関 生命倫理

生命現象のしくみを解明し、産業技術に応用していく研究。

解説 「バイオ」、は生命・生物を表す接頭語であり、「テクノロジー」は、技術、の意。代表的な**バイオテクノロジー**として、**遺伝子組み換え技術**がある。遺伝子の組み換えによって、短期間での品種改良や食料生産の向上といった利点がある一方、人為的に遺伝子を操作した食品などが人体や生態系に与える影響を懸念する意見もある。

人間にとっても、遺伝子解読によって、一人ひとりに適したオーダーメイド医療やより効果的な医薬品の開発が進むことが予想されるが、個人の遺伝情報が雇用や婚姻などに不利な影響を与える可能性もある。バイオテクノロジーが進むにつれ、**遺伝情報を扱う社会的ルールの確立**は大きな論点になっていくに違いない。

機械論の延長にあるバイオテクノロジー——福岡伸一『動的平衡』

1 現在、私たちは、[154]**遺伝子**が特許化され、*ES細胞が再生医療の切り札だと喧《けん》伝《でん》される[155]**バイオテクノロジー**全盛期の真《ま》っ只中《ただなか》にある。私たちが、ここまで生命をパーツの集合体として捉え、パーツが交換可能な一種のコモディティ（所有可能な物品）であると考えるに至った背景には明確な出発点がある。それがルネ・デカルトだった。

2 彼は、生命[11]**現象**はすべて機械論的に説明可能だと考えた。心臓はポンプ、血管はチューブ、筋肉と関節はベルトと滑車、肺はふいご。すべてのボディ・パーツの仕組みは機械の[98]**アナロジー**として理解できる。そして、その運動は力学によって数学的に説明できる。自然は創造主を措定することなく解釈することができる——。

3 この考え方は瞬く間に当時のヨーロッパ中に感染した。そして、デカルトを信奉する者たち、すなわちカルティジアン（デカルト主義者）たちは、この考え方をさらに先鋭化していった。

4 デカルト主義者は言う。たとえば、イヌは時計と同じだ。打ちすえると声を発するのは[59]**身体**の中のバネが軋《きし》む音にすぎない。イヌ自身は何も感じてはいないのだ。イヌには魂も意識もない。あるのは機械論的なメカニズムだけだ——。

読解のポイント

1 2 生命をパーツの集合体として捉える出発点
→ デカルト
生命現象は機械論的に説明可能
→ 3〜6 ヨーロッパ中に感染
→ 人間もまた機械論的に理解
→ 7 現在の私たちもこの延長線上にある（生命の商品化、遺伝子の特許化、臓器売買）
→ 8 一種の制度疲労に陥っている

*ES細胞＝主に哺乳類の初期の胚《はい》を培養して得られる細胞株。人体のあらゆる組織や臓器に育つ可能性をもつ。

5デカルト主義者たちは進んで動物の生体解剖を行い、身体の仕組みを記述することに邁進《まいしん》した。デカルト本人は人間と動物との間に一線を画したが、カルティジアンの中には、やがてそれを乗り越える者たちが現れた。

6十八世紀前半を生きたフランスの医師ラ・メトリー（[81]**唯物論**の哲学者として知られている）は人間を特別扱いする[71]**必然**は何もなく、人間もまた機械論的に理解すべきものだとした。

7現在の私たちもまた紛《まぎ》れもなく、この延長線上にある。生命を解体し、部品を交換し、発生を操作し、場合によっては商品化さえ行う。遺伝子に特許をとり、臓器を売買し、細胞を操作する。これらの営みの背景にデカルト的な、生命への機械論的な理解がある。

8この考え方に立つ思考は現在、一種の制度疲労に陥っていると私は思う。効率的な[152]**臓器移植**を推進するために死の定義が前倒しされ、ＥＳ細胞確立の激しい先陣争いが繰り広げられることが、果たして私たちの未来を幸福なものにしてくれるのだろうか。

（同志社大学　商・神・心理学部）

設問　傍線部の内容を、具体的に説明しなさい。

着眼　「現在の私たち」とは、傍線部の後にある「生命を解体し……細胞を操作する」を、「この延長線上」は「人間もまた機械論的に理解すべきものだとした」を指しているので、「機械論」を噛《か》み砕いて両者をまとめる。

解答例　生命の商品化や、臓器売買・遺伝子の特許化といった営みの背景には、人間を部品の集合とその力学によって説明する機械論的な理解があるということ。

156 生態系（エコシステム）

関 環境倫理

一定の地域に生息する生物群集と、それをとりまく環境との連関。

157 エコロジー

関 環境倫理

① 生態学。
② 自然環境との共生をめざす思想。

解説 植物は太陽の光エネルギーと水分、二酸化炭素によって光合成を行い、有機物や酸素を生産する。動物は酸素を呼吸し二酸化炭素を排出し、植物を食べる。動植物の死《し》骸《がい》や排出物は、カビやバクテリアのような微生物によって分解され、それが植物の成長を促す養分となる。

このように**生態系**は、そこに生きる生物とそれらをとりまく環境とが複雑に関連して成立しているものだ。しかし人間の過剰な開発や産業化のために、温暖化・森林破壊・砂漠化・大気汚染・海洋汚染など、生態系を破壊する問題が山積みになっている。

このような状況に対して、人間も生態系の一員であるという自覚のもとに、生態系を研究する学問を**エコロジー**（生態学）という。なお、エコロジーは学問分野のみならず、**自然環境との共生を目指す思想や運動**のことも指す。

例文 自然を原子のような部分に還元しようとする思考法は、さまざまな生物が住んでおり、生物の存在が欠かせない自然の一部ともなっている**生態系**を無視してきた。

（河野哲也『意識は実在しない』）

158 有機

生命機能があること。

反 無機

159 無機

生命機能がないこと。

反 有機

解説 有機を意味する英語「オーガニック」の語源は「オルガン」で、これは動植物の器官や臓器を意味する。人間の身体を見ればわかるように、器官や臓器は相互に関係し合いながら、全体としてまとまって身体機能を生み出している。したがって**「有機的」とは、個々がバラバラではなく、生命のように部分と全体が相互に影響しあって秩序や全体性を形作っていること**をいう。逆に**無機は生命機能がないこと**なので、**「無機的」**は、生命感が感じられないことである。

化学分野における有機物と無機物も、かつては生命に由来する物質とそうでない物質という違いだったが、その後、あらゆる物質が原子からできていることがわかると、両者の境界は曖昧となった。そのため、現在は有機物（有機化合物）は、炭素原子が結合の中心となってできている化合物のことをいい、そうでない化合物を無機化合物と呼んでいる。

評論文では、**生態系や地球環境は有機的であり、要素に分解する近代科学的な知では捉えきれない**、という視点で論じる文章が多い。

例文 人間は、きわめて複雑な仕組みを持った生命**有機**体であり、精神・身体的存在である。（中村雄二郎『術語集』）

エコノミーとエコロジーの対立――

大野晃『山・川・海の環境社会学』

1 山と川と海は自然[156]**生態系**として[158]**有機**的に結びついている総体的存在である。

2「むら」を守り、森を守り、水を守り、海を守り、総じて国土を守り続けてきた人たちは、いま日々体力の衰えのなか「むら」消滅への一里塚を刻みつつある。現代の山村にみる限界集落の増加は、人体をむしばむ癌《がん》にも似た社会的病巣となり処々に転移し、止めようもない国土の崩壊を招きつつある。

3 外国産の安い木材の大量輸入により長期化した木材不況が杉、檜《ひのき》の人工林を直撃し、人の手が入らなくなった「山」＝森林が荒廃の一途をたどっている。すみかを奪われた野鳥が姿を消し、沈黙の林と化した人工林は、時として鉄砲水をよび、これが川底を変え水生昆虫やエビ、カニ、川魚のすみかを奪う。また、線香林が部分的林地崩壊を招き、下草も生えず、むき出しの林床の土が雨で河口に流され、これが沈殿堆積し磯枯れした死の海をつくり出している。保水力の低下した「山」は渇水問題や鉄砲水による水害を発生させ、下流域の[224]**都市**住民や漁業者の生産と生活に大きな障害を生んでいる。

4〈限界集落と沈黙の林〉に[97]**象徴**される現代の山村問題は、いまや下流域の都市住民や漁業者にとって対岸の火事では済まされなくなってきており、この問題は国民総意で考えなければならないところにきている。

読解のポイント

1 山と川と海
＝自然生態系として有機的に結びついている総体的存在

← **2** 限界集落の増加→国土の崩壊
3 安い木材の大量輸入→「山」の荒廃

← **4** 下流域の都市住民や漁業者にとっても重大な問題

← **5**「山」が荒廃してきた原因は**3**だけではない。

← **6** 国が推し進めてきた山村のリゾート開発

← **7** エコノミーがエコロジーを駆逐

5 しかし、「山」が荒廃してきた原因は、外材圧迫による林業不振の問題だけではない。

6 戦後の高度経済成長期以降、国が推し進めてきた山村の地域開発問題を忘れてはならない。大規模林道開発、ゴルフ場開発、スキー場開発、レジャー開発等多様なかたちで展開されてきた山村の地域開発は、総合保養地域整備法（一九八七年）、いわゆるリゾート法によって拍車がかけられ、一九八〇年代後半から一九九〇年にかけ、リゾート開発が全国の山村を席巻《せっけん》した。その結果、リゾート開発によって対象地域の自然生態系が深刻な影響を受け、リゾート開発反対運動が処々で展開され社会問題化した。

7 こうした一連の地域開発は、外部[176]**資本**の進出が多くを占めている。このため開発により利潤追求・経済優先の論理＝エコノミーと自然生態系の論理＝[157]**エコロジー**が鋭く対峙《たいじ》しつつもエコノミーがエコロジーを駆逐し、自然破壊をほしいままに資本の論理が貫徹されている。そのため、地域開発の対象となった地元では観光関連産業の衰退による経済的落ちこみと自然環境の破壊が進み、総じて地域環境（ここでは、限られた一定の地域における「社会・経済的環境」と「自然環境」の二側面の総体を「地域環境」と呼んでいる）の後退を余儀なくされている。

設問 筆者が「山」が荒廃してきた原因として挙げているものを、三点答えなさい。

着眼 問題文の論理構造を正しく捉えているかを問う設問。4段落の「〈限界集落と沈黙の林〉に象徴される現代の山村問題」、5段落の「「山」が荒廃してきた原因は、外材圧迫による林業不振の問題だけではない」がヒントになる。

解答例 限界集落の増加。外国産の安い木材の大量輸入。リゾート開発（地域開発）。

160 生命倫理（バイオエシックス）

関 バイオテクノロジー
自己決定
臓器移植
脳死

医療や生命科学にかかわる問題を倫理的に検討すること。

解説 医学や医療技術・生命科学・バイオテクノロジーの進歩にともなって、人間の生死にかかわる問題に対して、さまざまな倫理的問題が生じている。たとえば「脳死・臓器移植は認められるのか」「本人が望めば安楽死は許されるのか」「男女産み分けは認められるか」「人工授精や体外受精を利用した代理出産は認められるか」といった問題が**生命倫理**の典型的な問題である。

これら生命倫理の問題の多くは、その根底に**〈当事者の自己決定権をどこまで認めるか〉**という問いを含んでいる。これは逆に言えば、社会全体の正義や利益のために、当事者の意に反することでも強制できるか、ということでもある。さらに「当事者」とは本人だけを指すのか、その家族も含めるのかなど、当事者の範囲に関する問題もある。

生命倫理は、人の生死と直結するため、法制度との関わりも大きい。それだけに、技術の安全性だけではなく、哲学や倫理学・宗教・歴史・法律など、さまざまな分野の知見を総合して議論する必要性があるのだ。

例文 遺伝子診断、遺伝子治療、クローン人間の作成など、科学は**生命倫理**的に多くの問題をはらむ技術を次々に開発している。これらの技術そのものに問題があるのではなく、それをいかに応用するかという私たちの考え方に問題があると私は考えている。

（柳澤桂子「病いと科学」）

161 環境倫理

関 生態系
エコロジー

環境とのかかわりのなかで人間の生き方を問うこと。

解説 **環境倫理**という語は、もともと**環境倫理学**という学問を下敷きにしている。この環境倫理学は、行き過ぎた開発による環境破壊、産業化がもたらす地球温暖化問題などへの危機感から、地球環境に配慮した生き方を問う学問であり、基本的な主張は次の三つに整理される。

①**自然の生存権**（人間だけでなく、自然や生態系にも生存の権利があるという考え方）

②**世代間倫理**（現在世代は未来世代の生活に対して責任を持たねばならないという考え方）

③**地球有限主義**（地球資源は有限であるため、経済成長よりも生態系の維持を優先するという考え方）

この三点はいずれも、**近代的な価値観とは異なる原理にもとづいている**ことに注意しよう。すなわち、①は**人間中心主義**、②は**進歩主義**（未来になるほど進歩する）、③は**成長至上主義**と真っ向から対立する主張となっている。

評論文で環境問題を扱う文章が多いのも、環境問題は近代的な価値観がもたらした負の部分の代表例だからだ。よって、環境倫理の基本的な主張を知っておくことで、環境を扱う評論文はぐっと理解しやすくなるはずだ。

環境倫理		近代的価値観
自然にも生存権がある	⟷	自然は物体にすぎない
未来世代に責任を持つべき	⟷	未来になるほど進歩する（ので現在のことだけ考えればよい）
成長よりも生態系の維持を優先すべき	⟷	経済成長を最優先すべき

生命倫理学と環境倫理学の対立——加藤尚武『環境倫理学のすすめ』

❶ [160]**生命倫理**学は、大まかに言えば[226]**個人主義**を徹底し、[7]**相対**主義の価値観の上に立って、人間と人間の関係を平和的に維持しようとしている。たしかに一見ラディカルではあるが、近代主義に対して[44]**倫理**学的な保守主義の態度を示している。生命倫理学には、「 A 」という原理がある。[45]**自己**の所有であるものに対する人格の自己決定の原理こそが、生命倫理学の根底にある前提であるが、これは[59]**身体**を所有権論に組み込んだものということもできる。すなわち生命倫理学は、問題が困難になればなるほど近代的な所有権理論の形に傾斜していく。「自分の物」を拡張すれば、臓器売買、代理母、人体改造、[154]**遺伝子**改造の正当化ができる。どの場合にも自分の所有への自己決定という構造を用いて正当化が行われる。もちろんそこには[194]**功利主義**、「他人への危害」を法的干渉の根拠とみなす[174]**自由主義**の原理も重なり合ってくる。

❷人工妊娠中絶をしていいのは、女性の自己決定権の行使だからだ。代理母も認めよう。精液銀行も個人の[172]**自由**に属する。まあ、自由主義の過激な要素が、だいぶ生命倫理学に流れ込んでいる。

❸これに対して[161]**環境倫理**学は反乱的性格をもっている。環境倫理学の基本テーゼ*は、いずれも挑発的である。

読解のポイント

❷❶ **生命倫理学**
＝個人主義、自己決定の原理、自由主義

⟷

❼～❸ **環境倫理学**
・アニミズム（近代的な権利概念を克服）
・世代間倫理（近代的な契約中心主義の打破）
・地球全体主義（個人主義の否定）

＊テーゼ＝綱領、方針。

4 第一に、単に人格のみならず、自然物もまた最適の生存への[167]**権利**をもつ（[117]**アニミズム**）。人間だけが権利をもつという近代的な権利[15]**概念**を克服しようとする。

5 第二に、現在世代は未来世代の生存と幸福に[67]**責任**をもつ（世代間倫理）。同世代間の合意に拘束力があるという近代的な[197]**契約**中心主義を打ち破ろうとしている。

6 第三に、決定の基本単位は、個人ではなくて地球[156]**生態系**そのものである（地球全体主義）。個人主義の原理を、根こそぎにしようとしている。

7 このテーゼのどれをとっても、生命倫理学が前提としている個人主義的・快楽主義的・自己決定論とは正反対の方向を向いている。

設問 A に当てはまる最適な語句を、次の中から選びなさい。

ア 生命がどんな価値よりも優先する
イ 他人よりも自分の人格を尊重せよ
ウ 自分の物は自分で決めていい
エ 近代の倫理を守れ

着眼 空欄部の直後の一文がヒント。「自己の所有であるものに対する人格の自己決定」と同じ意味の語句が入る。

解答 ウ

162 進化論

関 自然淘汰

生物は神の創造によるものではなく、単純な原始生命から現在の形態へと進化してきたという説。

163 自然淘汰《しぜんとうた》

関 進化論

自然界で生存に有利な形質をもつ個体が生き残り、それ以外は滅びるという進化論の中心概念。

解説 現存する生物は、一つ、または少数の共通の祖先となる生物から、長い年月をかけて、自然環境に適応しながら変化分岐してきた、と考えるのが**進化論**である。**キリスト教では、生物は神が創造したものとされ、生物の進化の方向は神によって決められていると信じられていたのに対し、進化論では生物自身が進化すると考えられる。**

進化論は、ダーウィン（一八〇九〜八二）が**自然淘汰**の概念によって体系化して以降、生物学だけでなく社会科学や文化全般に多大な影響を与えた。たとえば、社会進化論と呼ばれる理論は、ダーウィンの進化論を社会に適用したもので、社会は弱肉強食の世界であるとして、能力があるものが生き延びるという主張を展開した。こうした社会進化論は、自由放任主義、人種差別の肯定、欧米の帝国主義の正当化に結びつき、ナチスの反ユダヤ主義にも利用された。

しかしダーウィンの進化論自体には、このような弱肉強食という含意はない。**生物は突然変異を繰り返すことで進化する**。自然淘汰とは、突然変異を繰り返すなかで、**たまたま環境に適応した生物が生き残る**ことを意味しているにすぎない。

例文 **自然淘汰**によって生き残る者とは、あくまで結果として生き残り、子孫を残す者（あるいはそう予想される者）を指すのである。

（吉川浩満『理不尽な進化』）

第5章　法・政治・経済

ナビゲーション

法律や政治、経済に関する評論文は、これまで頻出とはいえず、主として法学部や経済学部などの学部別入試で出題されてきた。しかし、二〇二一年から始まる大学入学共通テストの国語の出題範囲に「実用的な文章」が含まれたことに加え、国内外を問わず、政治・経済面でさまざまな課題に直面していることをふまえると、今後はこれらの分野の出題頻度は高まっていきそうだ。

法や政治、経済という社会現象は、社会的な秩序にかかわる以上、それぞれ密接に関係しあっている。そこで本章では、法学、政治学、経済学にまたがる**「正義」**という問題を中心に、評論文で出題されやすい論点を紹介していこう。

■ジャスティスとしての正義

日常的には、正義というと道徳的に正しいことと同じように考えられている。弱い者を助ける正義の味方はその典型だ。

しかし、**評論文に登場する正義は、単なる道徳的な正しさとはニュアンスが異なる**ことに注意しよう。学問で議論される正義は、英語でいうジャスティス（justice）の訳語であり、その基本的な意味は**「人々を公平に扱うこと」**である。また、ジャスティスには司法や裁判という意味もある。したがって正義とは、利害や価値観、主張が異なる人々を公平に扱うとはどういうことかという社会秩序にかかわる問題なのだ。

正義が社会にかかわる問題である以上、法はどうあるべきかという議論とも直結している。たとえば、どれだけ貧しくても物を盗めば、法に照らして窃盗の罪に問われ、相応の罰を受ける。これも、正義の一側面である。

だが、ここからさらに思考を掘り下げて、**極端な貧富の差がある状況は正義と言えるか**と問うことも可能だろう。貧富の差は本人の努力だけで決まるものではない。そもそも人は、平等な境遇で生きるわけではない。こうした**スタート時点での格差や不平等をどう考えるか**は、現代的な正義論の大きなテーマとなっている。

ポイント
・正義＝利害や価値観が異なる人々を公平に扱うこと

■ロールズの正義論

たとえば、アメリカの政治哲学者ジョン・ロールズ（一九二一〜二〇〇二）は、一種の**社会契約**的な発想を用いて、正義の原理を導き出した。彼はまず、原初状態という架空の話し合いの場を設定する。そこでは、誰もが自分の地位や財産、才能や所属集団などの個人情報をすべて剝《は》ぎ取られ、**「無知のヴェール」**をかけられた状態にあると想定する。いわば突然、記憶喪失に陥った人たちが集まったと想定するのだ。

このとき、人々はどのような社会のルールに合意するか。ロールズによれば、基本的**自由**を平等に分かち合うというルールに加えて、公正な競争の結果として不遇に陥った人々の生活を改善する不平等は是認されるというルールにも合意するという。

難しい言い方をしているが、嚙《か》み砕いて言えば、富裕層から多くの税金を徴収して、貧しい人に分配するような富の**再分配**は、不平等ではあるけれど、貧しい人の生活を改善するから認められるということだ。

ロールズの正義論は、自由権や平等権、生存権といった基本的人権を保障する、近代的な**憲法**の内容をあらためて基礎づける議論だと考えることもできるだろう。

ポイント
・ロールズの正義論
無知のヴェール
◀自由を平等に分かち合う
◀公正な競争によって不平等が生じる
◀「最も恵まれない人々」の生活を改善するための不平等は容認

民主主義と資本主義の緊張関係

しかし現実社会を見たとき、ロールズの考えた正義は十分に実現できているとは言い難い。むしろ多くの先進諸国では、二十一世紀に入って貧富の格差は拡大してしまっている。

フランスの経済学者トマ・ピケティは、世界的なベストセラーとなった『21世紀の資本』という本で、**資本主義は必然的に所得格差をもたらす**ことを実証した。格差があまりに拡大しすぎると、貧しい人々は政治に絶望し、**民主主義**が機能不全に陥ってしまう。

ここに、**自由と平等という二つの近代理念の緊張関係**を看取することもできるだろう。というのも**資本主義は自由を主たる原理とするのに対して、民主主義は平等を原理とする**ものだからだ。

戦後から二十世紀中盤にかけて、資本主義と民主主義は両立が可能だった。その時代は、現在に比べてはるかに累進課税（所得が高くなるにつれて税率が高くなること）の傾斜が強く、累進課税による再分配を通じて、厚みのある中間層（中産階級）を生み出していた。同時に、**国家は国民の生活や福祉向上のために、積極的に手を差しのべるべきだという福祉国家という考え方**が広まり、充実した**社会保障**制度が整備されていった。

だが東西冷戦が終焉《しゅうえん》し、二十一世紀に入ると、グローバル化した資本主義が加速し、多くの先進国で中間層が解体されていくことになった。もちろんその反面、発展途上国では新しい富裕層や中間層が誕生しているが、そういった国々でも格差は拡大している。つまり**二十一世紀の資本主義は、グローバルな規模で格差を拡大している**といえるだろう。

> **ポイント**
> - **資本主義のグローバル化**
> - **⬅中間層の解体・没落**
> - **⬅民主主義の機能不全**

■公衆衛生と功利主義——自由か、それとも健康か

自由と平等という二つの正義を秤《はかり》にかけたとき、自由に大きく傾きすぎた弊害が目立ってきたのが二十一世紀だったが、二〇二〇年に世界中で感染が拡大した新型コロナウイルスは、**自由と健康、あるいは自由と安全という、また別の緊張関係を顕在化させることになった。**

感染拡大を予防するために、各国政府は一時的にではあれ、ロックダウン（都市封鎖）を宣言し、移動の自由や営業の自由、集会の自由といった基本的な人権を制約する強制措置を採ったことは周知のとおりだ。

人々の健康を守る**公衆衛生**は、思想的には**功利主義**という考え方と相性がいい。功利主義は利己主義と混同されやすい思想だが、そのポイントは**「最大多数の最大幸福」**を目指すことにある。すなわち、**できるだけ大勢の人の幸福を高めることを正義と考えるのが功利主義**である。

感染症が拡大している時期、公衆衛生に携わる人々は、できるだけ大勢の人の命を守ることを政策の目的とする。

それは、公衆衛生にとっての「最大多数の最大幸福」といえる。しかし感染予防のためとはいえ、**国家がさまざまな自由を強制的に禁じることはどのように正当化できるのか。**そこに民主的な意思決定を組み込むことができるのか。新型コロナウイルスは、法・政治・経済に対して多くの難題を突きつけている。

ポイント

- **公衆衛生＝集団の健康を守るために個人の生活に介入**

↔

- **個人の自由**

164 自然法

反 実定法

時間や場所を超えて、人類に普遍的にあてはまる法。

165 実定法

反 自然法

人為的に定められた法。

解説　法とは何かという問いは、伝統的には**自然法**という考え方から説明されてきた。たとえば古代ギリシアでは、人間も自然の一部である以上、人間は自然の秩序である自然法に従わなくてはならないと考えられた。さらに中世ヨーロッパでは、自然法は神の定めた秩序のことだと理解されるようになった。近代になると、神を持ち出すことなく、**人間の自然的な本性にもとづく法**として自然法は説明された。このように、**時代や場所を問わず、人間ならば誰にでもあてはまる法があるという考え方を自然法思想や自然法論と呼ぶ。**

それに対して**実定法**は、制定法や慣習法など、**人間が作り出した法**のことをいう。人間が作り出した実定法は、自然法とは異なり、**一定の時代や社会のなかで有効**とされるのが特徴だ。なお、人間に認識できるのは実定法だけであり、自然法の存在や認識の可能性を否定する立場を**法実証主義**という。

例文　「初めに暴力ありき」という形の議論は典型的なリアリズム的論法である。その典型が、自然状態を「万人の万人に対する戦い」であったとするホッブズ的な社会の理解とされているが、実は、ホッブズ自身は、平和主義的理想主義の対極としてのリアリズムの論客ではなく、むしろ「平和を求めることが根本的な**自然法**である」と考えた平和主義者であったことには、注意を払ってもよいかもしれない。

（土佐弘之『境界と暴力の政治学』）

166 義務

人が道徳的、または法的に果たさなければならないこと。

反 権利

167 権利

①自分の意思によって物事を自由に行うことのできる資格や力。
②個人や団体の利益を保護するために、法が与える手段や力の範囲。

反 義務

解説　フランス語やドイツ語では、法を意味する単語が権利という意味も持つことが示すように、**権利という考え方は、法と密接不可分の関係にある。**

ここでは権利と義務との関係を考えてみよう。一般に、ある個人や団体が権利をもつ場合、それとは別の個人や団体が義務を負うという関係が成立する。たとえば他人からクルマを買うことを契約したとき、あなたがクルマを受け取る権利は、相手がお金と引き替えに商品を渡す義務を負うことと一対になっている（同時に相手はお金を請求できる権利を持ち、あなたがお金を支払う義務を負う）。その意味で、法の体系は権利と義務の体系でもあるのだ。

例文　そもそも**権利**とは、人が保有し、主張し行使することが正当であると公に見なされるものである。したがって、その主張されることを果たさねばならない義務を持つ具体的な他人が存在する必要がある。当然、「私にはイケメンに愛される権利がある！」と喚《わめ》いても、そんなもん成り立つはずがない。

（住吉雅美『あぶない法哲学』）

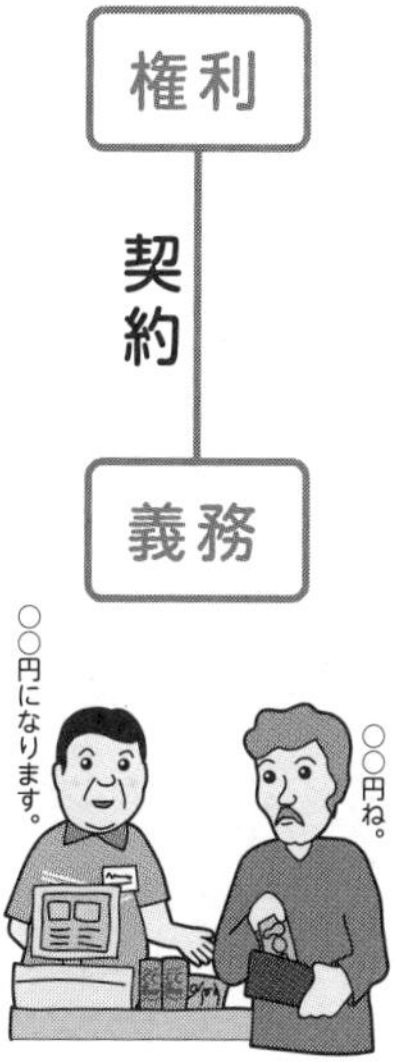

人権思想は「自然法」から生まれた——橋爪大三郎『人間にとって法とは何か』

1 [208]**啓蒙思想**の時代は、国家が教会の支配を脱し、[203]**世俗**のものとなって、「神の法」がなくなってしまったのです。神の法→[164]**自然法**→[165]**実定法**の最初がなくなってしまったのだから、「自然法」が究極の根拠ということになります。そして人間の[51]**理性**が、神の代わりに人間が、従うべき規準になります。

2 フランス革命のときにも、理性崇拝という考え方があったでしょう。神を追い出して、その代わりに理性を拝んだのです。理性を中心に社会を組織しようという運動が、フランス革命でした。理性が生み出した「自然法」によって、実定法すなわち国王の法を、たとえば、フランス国王が発布した法律を批判する、ということが起こったのです。へんな法律だから、やめてしまう。ついでにフランス国王にも辞めてもらう。これがフランス革命です。フランス革命が可能になるためには、「自然法」の考え方が必要なのです。そしてこれは、キリスト教徒だから可能なアイデアなのです。

3 これがうまくゆき、時間がたって、啓蒙思想は古くなったのですが、啓蒙思想のうち「自然法」の考え方は、いまも残っています。「人権」ですね。「人権」ということばは、日本国[168]**憲法**でも中心になる考え方ですが、「自然法」からきています。

読解のポイント

1 啓蒙思想の時代に神の法がなくなり、自然法が究極の根拠になった

⬅

2 「自然法」はキリスト教徒だから可能なアイデア

⬅

3 「自然法」の考え方は人権に残っている

5 4 **法の理性説**
理性の認識対象として「人権」や「正義」は客観的に実在する

⇔

8～6 **法のルール説**
「人権」や「正義」は近代法のルールであり、実在しない

4 こうした「人権」とか「[201]**正義**」とかは、[74]**実在**するのだろうか。

5 法の理性説によれば、理性が認識する対象として、「人権」とか「正義」とかは、[50]**客観**的に実在します。それは神がつくったものであり、神は存在し、ゆえに「人権」や「正義」も存在する。

6 法のルール説から考えると、そうではない。これは近代法のルールであり、近代法のゲームなのです。古代法や中世法や、別の宗教は、別な法律の考え方をとっているし、それは可能である。

7 ある特定の宗教の、法律に関する考え方のなかで、ある特定のバージョンが出てきた。そのルールに従っている人にとっては、そのルールの前提である、「人権」や「正義」が実在するように見えている。しかしそれは、近代というゲームをしているからそう見えるだけであり、一歩外に出て見ると、そんなものはどこにも実在しません。——これが一番リアルな、現実に即した社会科学的な認識なのではないだろうか。

8 これが法のルール説です。

設問 第五～八段落の内容を九〇字以内で要約しなさい。

着眼 「法の理性説」と「法のルール説」の違いを中心に要約する。

解答例 法の理性説では、理性が認識する対象として「人権」や「正義」が客観的に実在すると考えるが、法のルール説では、「正義」や「人権」は近代のルールやゲームであり、実在しないと考える。（八七字）

168 憲法

関 立憲主義

国民の権利や国家の統治体制などを定めた根本法。

解説 憲法と法律の違いを理解しておこう。一般に**法律は、社会秩序を維持するために、国家が国民に強制する性質をもつ**。そして立法権をもつのは、国民の代表で構成される国会だ。

それに対して、基本的人権の保障や権力分立などの統治体制を規定している憲法は、**国家権力が好き勝手なことをしないように制約を課す**ものだ。

どんな政治勢力であっても、自分たちに都合のよい統治の仕組みに作り変えたり、少数者の人権を侵害してはならない。だから憲法を、他の法律や命令で変えることはできず、憲法改正には高いハードルを設けるのである。

169 立憲主義

関 憲法
民主主義

憲法にもとづいて政治を行うこと。

解説 **立憲主義**を理解するには、人権や近代憲法が成立する経緯を知っておく必要がある。人権はもともと、**自然権思想**に端を発する。自然権思想とは、人間は人間らしく生きる権利を平等に持っているという考え方のことだ。

十七世紀から十八世紀にかけて、西洋では自然権を守るために、人々が互いに社会契約を結んで国家を創設するという**社会契約説**（219頁参照）が唱えられ、それが民主的な近代憲法として結実した。

市民は政府に対して憲法を守ることを命じ、政府は憲法を守って政治を行わねばならない。こうした考え方を（近代）立憲主義と呼び、国民主権、基本的人権の尊重、権力分立、法の支配といった原則から成り立っている。

170 公的領域（公共圏）

特定の集団に限られることなく、社会一般の正義や利害にかかわる領域。

反 私的領域

171 私的領域

個々人がそれぞれの価値観に沿って生きる領域。

反 公的領域

解説 公的領域とは、簡単に言うと**〈社会のみんなの利害に関する領域や事柄〉**ということだ。たとえば公園や図書館は、誰か特定の集団ではなく、一般の人々みんなに利用されるという意味で、公共的な場所、すなわち公的領域である。また、政府がおこなう道路の整備や社会福祉なども、国民全体の利害にかかわるため、公的領域と考えられる。日本国憲法でいえば「公共の福祉」と呼ばれる領域が、公的領域に当たる。

それに対して**私的領域**とは、**人々が自分の価値観にもとづいて生きる領域**のことをいう。たとえば信仰や趣味、ライフスタイルなどは、個々それぞれで違う私的領域に関する事柄である。

ただし論者によっては、公的領域と私的領域に独特の意味を与えて使う場合もあるので注意しよう。たとえば、ドイツ出身でのちにアメリカに亡命した政治哲学者ハンナ・アーレント（一九〇六〜七五）は、複数の他者がそれぞれ自分の言葉で意見を語り合う政治的な領域を公的領域とし、家族生活を営む私的領域と対比させている。

例文 古典古代的な共和主義の想定する政治社会においては、一人ひとりの市民は、私有財産にその自由と独立の基盤を置いている。市民たちの私有財産＝**私的領域**は、公道や広場など、誰の私有財産でもなく、誰でもそこを自由に利用できるが、占有はできない**公的領域**＝公共圏によってつながれている。

（稲葉振一郎『政治の理論』）

立憲主義はなぜ必要か——長谷部恭男『憲法とは何か』

1 異なる価値観・世界観は、宗教が典型的にそうであるように、互いに比較不能である。しかも、各人にとって自分の宗教は、自らの生きる意味、宇宙の存在する意味を与えてくれる、かけがえのないものである。かけがえのないものを信奉する人々が対立すれば、ことは深刻な争いとなる。人生の意味、宇宙の意味がかかっている以上、ヨーロッパの宗教戦争がそうであったように、簡単に譲歩するわけにはいかず、対立は血なまぐさいものとなりがちである。

2 こうした比較不能な価値観の対立による紛争は、二十一世紀初頭の今も、いまだに世界各地で発生している。

3 しかし、人間らしい生活を送るためには、各自が大切だと思う価値観・世界観の相違にもかかわらず、それでもお互いの存在を認め合い、社会生活の便宜とコストを公平に分かち合う、そうした枠組みが必要である。[169]**立憲主義**は、こうした社会生活の枠組みとして、近代のヨーロッパに生れた。

4 そのために立憲主義がまず用意する手立ては、人々の生活領域を[171]**私的な領域**と[170]**公的な領域**とに区分することである。私的な生活領域では、各自がそれぞれの信奉する価値観・世界観に沿って生きる[172]**自由**が保障される。他方、公的な領域では、そうした考え方の違いにかかわらず、社会のすべてのメンバーに共通

読解のポイント

2 1 比較不能な価値観の対立
⬅ 血なまぐさい紛争に発展

3 ⬅ 各自の価値観の違いを認め合い、社会の便宜とコストを公平に分かち合う枠組みの必要性

4 ⬅ **立憲主義**の成立
= 公的な領域と私的な領域の区分

5 = 人々に無理を強いる枠組み
【理由】自分にとって大切な価値観・世界観は、社会全体に押し及ぼそうと考えるのが自然だから

6 ⬅ 多元化した近代世界で、公平な社会生活の枠組みを構築するには、立憲主義の考え方に頼らざるをえない

する利益を発見し、それを実現する方途を冷静に話し合い、決定することが必要となる。

5 このように、立憲主義は、多様な考え方を抱く人々の公平な共存をはかるために、生活領域を公と私の二つに区分しようとする。これは、人々に無理を強いる枠組みである。自分にとって本当に大切な価値観・世界観であれば、自分や仲間だけではなく、社会全体にそれを押し及ぼそうと考えるのが、むしろ自然であろう。しかし、それを認めると血みどろの紛争を再現することになる。**多元**[38]化した世界で、自分が本当に大事だと思うことを、政治の仕組みや国家の独占する物理的な力を使って社会全体に押し及ぼそうとすることは、大きな危険を伴う。

6 価値の多元化した近代世界で、人々の立場の違いにかかわらず、公平な社会生活の枠組みを構築しようとするならば、立憲主義の考え方に頼らざるをえない。

（福井県立大学）

設問 傍線部のように言えるのはなぜか、わかりやすく説明しなさい。

着眼 価値の多元化した近代世界で、なぜ生活領域を公的な領域と私的な領域とに区分する立憲主義が必要なのかを説明する。

解答例 価値の多元化した近代世界で、人々が自分の信奉する価値観や世界観を社会全体に押し及ぼそうとする自然な性向を放置したままでは紛争に発展する危険があり、その危険を防ぐためには、立憲主義にもとづいて、生活領域を、各自の価値観・世界観に従って生きる自由が保障される私的な領域と、社会のすべてのメンバーに共通する利益を議論して決定する公的な領域とに区分する必要があるから。

172 自由

関 自由主義
リベラリズム
ネオリベラリズム
リバタリアニズム

他から強制されることなく、自分の意思で行為できること。

173 平等

関 民主主義

あらゆる人を差別することなく扱うこと。

解説 自由と平等は、決して折り合いのいい関係ではない。たとえば自由な経済競争をよしとすれば、格差（不平等）が生まれてしまう。逆に平等を優先すれば、自由に何らかの制約がかかるだろう。

両者のジレンマは、**資本主義と民主主義の緊張関係として考えることもできる。資本主義は自由競争を基調とするのに対して、民主主義は法の下の平等を旨とするか**らだ。

いかに法の下の平等が保障されようとも、経済的な格差が開きすぎると、人々の平等意識を維持することは難しくなり、国内に分断が生じてしまう。資本主義のもたらす不平等を是正するためには、再分配政策を実施して、自由と平等のバランスを取る必要がある。

例文 ときに**自由**と鋭い対立関係にある「**平等**」もひとつの価値である。「平等」を徹底するうちに自由が侵食される社会でも、民主主義を高らかに標榜《ひょうぼう》することがある。社会主義国の多くが「民主主義」を国名に織り込んでいることにもそのことは現れている。他方、自由民主主義（リベラル・デモクラシー）の政治体制は、自由を優先しつつ、自由がもたらす歪《ゆが》みを「平等」という価値の視点から補正するという政策を展開する。

（猪木武徳『自由の思想史』）

174 自由主義

関リベラリズム
リバタリアニズム

国家の干渉を排除し、個人の自由を尊重する思想。

解説 近代的な**自由主義**を定式化した原理としては、イギリスの社会哲学者ジョン・スチュアート・ミル（一八〇六〜七三）の**「他人に危害を加えない限り、何をしてもよい」**が有名だ。そして、自由主義の具体的な内容としては、政治的な自由と経済的な自由という二つの側面がある。

政治的には、専制政治に反対し、自由な議会制度や参政権、思想の自由、言論の自由、信教の自由を求める思想のことであり、近代の民主主義の基盤となった。一方、経済面では、私有財産の保護や市場での取引の自由、自由貿易を要求する。すなわち資本主義を求める思想が経済的な自由主義である。

175 民主主義（デモクラシー）

関市民社会

国民の意思に従って政治を行う体制。

解説 **民主主義**は身分の差別なく、**自由で平等な個人が政治に参加する政治体制**のことをいう。広い意味での民主主義（民主制）は、古代ギリシアにも存在したが、古代ギリシアで民主制に参加できるのは、戦士の男子のみであり、しかも社会は奴隷制度に立脚していた。

近代の民主主義は、人権の尊重、権力分立、法の支配、国民主権を原則とした間接民主主義であり、成人男女全員に平等な参政権が保障されている。

しかし民主主義にも、**多数派の専制**（少数意見の排除）、**ポピュリズム**（301頁参照）、**国民の政治的無関心**といった課題があり、とりわけ現代社会では国民の政治離れが問題視されている。

民主主義と自由主義の関係——森政稔『変貌する民主主義』

❶[174]**自由主義**と[175]**民主主義**とはそれぞれ独自の領域を背後に持っていて、両者が重なる問題領域は[72]**偶然**的であって安定していない。その重なりのひとつは、たとえば[210]**個人**の[172]**自由**と公共的な観点からする公権力の介入のいずれを優先するかという問題であるが、ここでは自由主義と民主主義のあいだで協力よりも対立が生じるのはごく日常的である。個人決定の領域と公的決定の領域とのあいだで、どこに線を引くのかということが一般的に決まらず、事例によって線の引き方が揺らぐことになる。

❷たとえば、卑近な例をあげれば、見たいテレビの番組を決めるのは個人の決定の問題であって公的決定とは関係がない。しかし私の子ども時代、小学校のクラスで、教員が子どもたちの多数決で見てよい番組とそうでない番組を決めさせようとしたことがあった。公的決定にふさわしい範囲の限定という意味での民主主義の限界を知らないケースであるといえよう。ただし、テレビ番組の視聴がどんな場合にも私事かというと、そうとはいえない場合がありうる。たとえばポルノグラフィーであることが疑われる映像などについて、子どもに見せてよいかということには、公的決定が必要とされることがありえよう。

❸ここで問題は、公的決定の内容をどうするかということだけでなく、どこまで

読解のポイント

❷❶ 個人の自由と公共的な観点からの公権力の介入のいずれを優先するか

⬅ 自由主義と民主主義の対立

❸ どこまでが公的決定になじむのか

＝ （民主主義の限界）

❹ 個人的決定と公的決定のあいだを定める決定（どういう性格の決定で、誰が決定するか）

❺ どちらにも属しにくい領域についての決定は、政治の外にくくり出すことによって対処

⬅ ＝ 基本的人権

が公的決定になじむものか、という公的なものの領分を定めるものであることがひとつ。民主主義は、現在では政治の原理として否定するものがいないといわれるが、このことから民主主義は何でもできる万能の原理だと受け取られるならば、これは明らかに有害な誤解である。民主主義は政治の原理であるゆえに、政治の限界は民主主義の限界を画す。

4 さらに、つぎの問題は、個人的決定と公的決定のあいだを定める決定は、いったいどういう性格の決定であって、誰がこれを決定するのか、ということである。この線引きも民主主義によって決められるということであれば、結局のところ民主主義は何でも決められることになって、政治を限界づけることがむずかしくなってしまう。逆に境界設定を個人的決定の問題としてしまえば、事の性質から公的決定そのものが無意味ということになるだろう。

5 現実にはこのようなどちらにも属しにくい境界についての決定はどのように行われてきたか。168 **憲法**を例にとると、合意（民主主義）によっても奪うことのできないものを、政治の外にくくり出すことによって対処がなされてきた。その最も重要なものは、言うまでもなく基本的人権である。（成蹊大学　経済・文・法学部）

設問　傍線部のように言えるのはなぜか、わかりやすく説明しなさい。

着眼　筆者は、2でも例を挙げて説明しているように、「公的決定にふさわしい範囲の限定」が必要だと考えているが、民主主義を万能の原理だと考えると、公的決定の領分を無制限に広げてしまうおそれがある。それがなぜ「有害」なのかを説明すればよい。

解答例　民主主義を万能の原理だと考えると、公的決定にふさわしい範囲の限定が無視され、個人の自由が脅かされるから。

176 資本

関 資本主義

生産活動に利用される資金や工場・設備。

177 労働力

関 疎外

生産のために費やされる、仕事をする能力。資本主義のもとでは、商品として扱われる。

解説 **資本**は分野によって定義の異なる言葉だが、評論文を読む上では、**〈利益を生む元手〉**と考えてさしつかえない。現金はもちろんそうだが、工場や設備も資本のうちに数えられる。

経済学者のマルクスは、**資本主義を資本が自己増殖するプロセスとして捉えている**。すなわち、資本家が資本を投下して利益を上げ、この利益を再び資本として再投下して……という具合に、資本が雪だるま式に増殖していく過程がマルクスの捉えた資本主義だった。

ではなぜ、利益というものが生まれるのか。マルクスの答えは、資本家が**労働力**という商品を安く買い叩いているから、というものだ。

現在の資本主義にもこうした一面があるのは確かだが、それだけでは説明できない部分もある。というのは、買い手（消費者）がいなければ、どんなに生産をしても利益は増えないからだ。そこで資本主義の原動力を人間の欲望に求める議論も、現代では目立つようになっている。

例文 資本主義とは、無論、**資本**が、つまり変態しつつ回転する貨幣の価値増殖が、正則的なものとして認められ、一般化している社会である。

（大澤真幸『文明の内なる衝突』）

178 市場

関 資本主義
社会主義

商品の交換や売買や、交換が行われる場所やシステム。

解説 交換や売買を行う市場そのものは古くからあるが、近代は市場経済が全面化していった時代だ。その背景には、**〈経済（たとえば価格）は国家が介入することなく、市場システムに任せておくのが最も効率的である〉**という考え方がある。

売る側も買う側も、自分の望む条件で売ったり買ったりするのだから、双方に利益がある。よって個々の人間や企業が私益追求のために市場で自由に取引することが、社会や国家全体にとっても最善の利益をもたらすと考えるわけだ。

こうした自由市場に信頼を置くかどうかが、資本主義と共産主義（社会主義）とを分けていく。

179 貨幣

商品やサービスと交換できる価値があるものとして、社会に流通しているもの。

解説 評論文では「**貨幣とは何か**」という主題の文章が時折出題されている。たとえば、貨幣の本質を**「欲望の二重の一致」**から解説する考え方がある。物々交換では、Aさんの欲しいものをBさんが持っていて、Bさんの欲しいものをAさんが持っている必要がある。しかしこういう状況は一般にはなかなか起きない。そこで、この「欲望の二重の一致」という困難を解決したのが、いつ何にでも交換のできる貨幣だ、というわけである。

だが、そのためには**貨幣に価値があることを共同体のメンバーが受け入れなくてはならない**。なぜ、そのようなものとして貨幣は生まれたのか。こうした根源的な疑問に対して、まだ学問は決定的な答えを出していない。

利潤はどこから生まれるか――岩井克人『ヴェニスの商人の資本論』

1 [176]**資本**の絶えざる自己増殖、それが[180]**資本主義**の[6]**絶対**的な目的にほかならない。蓄積のためにはもちろん利潤が必要だ。だが、この利潤は一体どこから生まれてくるのか。（中略）

2 遠隔地、と重商主義者は答えたであろうし、労働者階級と、古典派経済学者やマルクスは答えたであろう。（中略）二つの地域の間の価格体系の[238]**差異**を搾取し、一方で安いものを他方で高く売ること、それが重商主義者が明らかにした商業資本にとっての利潤創出の秘密である。また、[177]**労働力**の価値と労働の生産物の価値の差異を搾取すること（すなわち、万人に開かれている[178]**市場**における労働力と生活必需品との交換比率と、生産手段を所有している資本家のみに開かれている生産過程における労働力とその生産物との変換比率との差異を搾取すること）、それがリカードやマルクスの明らかにした産業資本にとっての利潤創出の秘密である。いずれの場合も、利潤は資本が二つの価値体系の間の差異を仲介することから創り出される。利潤はすなわち差異から生まれる。

3 しかしながら、遠隔地貿易の拡大発展は地域間の価格体系の差異を縮め、商業資本そのものの存立基盤を切り崩す。産業資本の規模拡大と、それに伴う過剰労働人口の[7]**相対**的な減少は、労働力の価値と労働生産物の価値との差異を縮め、

読解のポイント

1 資本主義の絶対的な目的
＝資本の絶えざる自己増殖
⬅
利潤はどこから生まれてくるのか
⬅

3 2
商業資本の利潤
＝地域間の価格体系の差異
⬅
遠隔地貿易の拡大発展
⬅
商業資本の存立基盤を切り崩す
⬅
産業資本の利潤
＝労働力の価値と労働生産物の価値との差異
⬅
産業資本の規模拡大と、それに伴う過剰労働人口の相対的な減少
⬅
産業資本の存立基盤を切り崩す
⬅

産業資本そのものの存立基盤を切り崩す。差異を搾取するとは、すなわち差異そのものを解消することなのである。

4 それゆえ、もはや搾取すべき遠隔地も労働者階級も失いつつある資本主義にとって、残された道はただひとつ――[19]内在的に差異を創造するよりほかはない。もちろん、資本は全体としてみずからを差異化することはできない。それは、したがって、個別企業の間の相対的差異を通して創造されるよりほかはない。革新（イノヴェイション）――それがこの内在的な差異の創造の別名にほかならない。革新とは、他の企業とは異なったモノを売ること、他の企業より安くモノを作ること、他の企業より早くモノを運ぶこと……であり、革新に成功した企業はこのような他の企業に対する相対的な優位性（プラスの差異）を搾取することによって利潤を獲得することになる。（すなわち、革新とは未来の価格体系の先取りであり、革新企業はこの未来の価格体系と現実の価格体系との差異から利潤を獲得するのである。）実際、この利潤の可能性こそ馬の鼻の先のニンジンであり、それを求めて企業はおのおの革新の機会をうかがっているのである。

（関西学院大学　文学部）

設問　傍線部を具体的に説明している箇所を文中から五〇字以内で抜き出し、最初と最後の五字を書きなさい。

差異を搾取するとは、すなわち差異そのものを解消すること

⬅

4 残された道は内在的に差異を創造すること＝革新

＝

他の企業に対する相対的な優位性（プラスの差異）を搾取すること

着眼　「革新（イノヴェイション）――それがこの内在的な差異の創造の別名にほかならない」とあるので、「革新」を具体的に説明している「他の企業とは異なったモノを売ること、他の企業より安くモノを作ること、他の企業より早くモノを運ぶこと」が正解箇所。

解答　最初＝他の企業と
最後＝を運ぶこと

180 資本主義

反 社会主義

私有財産制・経済活動の自由・利潤追求の自由を原則とする経済体制。

解説 産業革命によって近代資本主義は確立したと言われている。すなわち、機械設備による大工場が成立したことで、**生産手段（人を雇うお金・土地・工場など）を持つ資本家（ブルジョワジー）が、生産手段を持たない労働者（プロレタリアート）を雇って、利益追求のために商品を生産することが一般的になった**。そして、村落共同体の解体によって、農村から都市へと流入した人々が労働者となって資本家に労働力を売る。

資本主義社会では、市場での自由な経済活動を基盤とするため、貧富の差が放任されやすい。こうした格差の拡大は、現代社会ではますます顕著になっており、資本主義の限界を指摘する議論も多い。

181 社会主義（共産主義）

反 資本主義

生産手段を社会で共有することで、社会の平等を実現しようとする理論・体制。

解説 格差や貧困化を生み出す資本主義経済を批判し、平等な社会を実現するために生まれた理論が**社会主義**である。**社会主義では、自由な経済活動は否定され、国家が計画的に経済をコントロールすることで、人々に平等に富を分配する**。

旧ソ連やかつての中国は、こうした社会主義にもとづいて運営されたが、市場経済を否定する計画経済のもとでは労働のモチベーションを維持することが難しく、資本主義に比べて著しく非効率な生産になってしまうことが明らかになった。なお、この社会主義の最終形態がマルクスが提唱した**共産主義**であり、国家は廃棄され、完全な自由と平等にもとづく理想社会が実現するとされる。

182 産業革命

関 資本主義

十八世紀のイギリスで起きた産業・経済体制の大変革。

解説 中世から近代初期にかけて、商品生産は、労働者が一箇所に集まって、手仕事で生産をするマニュファクチュア（工場制手工業）によるものが中心だった。しかし十八世紀のイギリスで起きた**産業革命**によって、機械を用いた大工場での大量生産が可能となり、社会の工業化・産業化を一気に推し進めていった。さらに十九世紀以降は、ヨーロッパ諸国や日本にも波及し、世界の産業の中心は軽工業から重工業へと移行していった。

産業革命は、近代資本主義を確立させたが、その一方で、長時間の労働、資本家による労働者の搾取など、さまざまな社会問題も生み出すことになった。

183 帝国主義

関 西欧中心主義 オリエンタリズム

国家が軍事力で他の民族や国家を侵略し、自国の領土・勢力の拡大をはかろうとする政策や動向。

解説 一般に**帝国主義**とは、十九世紀末から、欧米列強が軍備を拡大させ、世界各地を自らの植民地や勢力圏として支配していった動きのことをいう。**植民地主義**もほぼ同義である。

帝国主義と密接に関係するのが、西欧中心主義という概念だ。ヨーロッパこそ文化的に最も進んだ地域だとする西欧中心主義は、非西洋への軍事的な侵略を正当化し、人種差別や植民地支配をもたらすことになった。

例文 **帝国主義**的ノスタルジーは、つねに西欧近代社会が非西欧的後進地域を文明世界に引き上げようとする一種の社会的使命感に寄り添うようにして現れる。

（今福龍太『クレオール主義』）

資本主義と社会主義の違い——佐伯啓思『「欲望」と資本主義』

1 六〇年代には[180]**資本主義**経済と[181]**社会主義**経済の差はそれほど大きなものではなかった。六〇年代とは、軍事産業を別として、自動車、電化製品、住宅といった製造業が中心の時代である。それも、いかに規格化された製品を能率的に大量生産するか、という課題が与えられた時代であった。この点では社会主義国も資本主義の先進国も大差はなかったのであり、計画経済も、この課題にはそれなりに応えることができた。だから、六〇年代には、レーモン・アロンやダニエル・ベルといった社会学者が、資本主義と社会主義の区別はあまり重要なものではなく、両方とも「産業社会」という同じ[15]**概念**でくくってしまうことができる、と論じたのである。

2 ところが、七〇年代以降、エレクトロニクス技術の発展と[262]**情報化**の進展とともに、こうした規格品の大量生産という「産業社会」のありかたは大きく修正されることになる。コンピューター技術の発展は、いわゆる「多品種少量生産」を、かつては考えられもしなかったぐらい効率的に行う技術を提供した。また情報化は、[237]**消費**者の好みをいち早く生産者に知らせることを可能にした。

3 こういう、テクノロジーの進歩と情報化によって、「消費者」という概念が、決定的な重要性をもって登場してきたのである。

読解のポイント

1
六〇年代＝大量生産の時代
⬅ 資本主義経済と社会主義経済に大差はなかった

⬌

3 2
七〇年代以降＝テクノロジーの進歩と情報化
⬅ 「消費者」という概念が決定的な重要性をもって登場
＝
5 4
「消費者」というカテゴリーが存在しない社会主義は、決定的に後れをとった

4同じようなものをいかに効率的に大量生産するか、という生産の場が企業の利潤の発生の場なのではなく、いかに消費者の欲望に寄り添うかが、利潤の発生の場になっていったということである。「生産の場」から「消費の場」への転換、ということが七〇年代以降の趨勢《すうせい》なのであり、この点で社会主義は、決定的に後れをとったというべきだろう。

5社会主義においては、厳密な意味では「消費者」という概念は成立しない。その結果、実際問題として、人々の日常製品や、消費物資の生産は、軍事産業の付録のような地位におかれる。これは、計画当局の計画の失敗だともいえるが、そのような失敗をチェックするメカニズムがどこにもない、ということが問題なのである。「消費者」というカテゴリーが存在しないため、計画当局は、消費財に対してたいした重要性を付与する必要がない。

設問 問題文の要旨を一五〇字以内で書きなさい。

着眼 六〇年代と七〇年代以降との対比を中心にまとめる。

解答例 規格化された製品を能率的に大量生産することが課題だった六〇年代には、資本主義経済と社会主義経済の間に大きな差はなかったが、七〇年代以降、テクノロジーの進歩と情報化によって、消費者の欲望を満たす多品種少量生産が利潤の源泉になると、「消費者」というカテゴリーが存在しない社会主義は決定的に後れをとった。（一四九字）

184 社会保障

関 再分配
セーフティネット

国民の生存権を守ることを目的とする保障。

解説　日本国憲法第二十五条では**「すべて国民は、健康で文化的な最低限度の生活を営む権利を有する」**と定められている。これが生存権と呼ばれるものであり、**社会保障は生存権を守ること**を目的としている。

けがや病気、突然の失業、退職後の生活など、私たちの人生はさまざまなリスクに直面する可能性があるが、それを個人の力だけで備えることには限界がある。こうした**リスクを、個人の力だけで対処するのではなく、社会全体で支え合う制度**が社会保障である。

近年、入試評論文や小論文では、社会保障をテーマにした文章が増えつつある。その背景には、少子高齢化の進展により、社会保障費が増大の一途をたどり、これまでと同水準の社会保障を維持することが難しくなっているという状況がある。

例文　**社会保障**の規模縮小がなかなか進まないと、どのような事態になるだろうか。高齢層向けの給付水準を維持するためには、現役層の負担を引き上げるしかない。そうすると、現役層の経済的な体力が更に弱まってしまうし、負担の引き上げもまた政治的な抵抗を受ける。負担の引き上げを現役層が受け入れなければ、つぎの世代にその負担を先送りするしか方法はない。しかし、人口減少が進むと、付け回された負担は次第に支払いきれなくなり、社会保障はやはりどこかの時点で維持できなくなる。

（小塩隆士『18歳からの社会保障読本』）

185 （所得）再分配

関 社会保障
セーフティネット

政府が社会保障制度などを通じて、高所得者から低所得者や社会的弱者へ所得や富を分配すること。

解説 （所得）**再分配**とは、**高所得者や高所得の企業に税や保険料を多く負担してもらい、それを社会保障などを通じて低所得者に分配することだ。**

自由な経済活動に任せるだけでは、個人間、世代間、地域間に格差が生じやすい。所得の再分配は、こうした**格差を緩和する役割**を果たす。具体的には、所得の高い人ほど税率が高くなる所得税の累進課税制度、低所得者に対する医療や年金などの社会保障、相続税による財産所得の平等化などが、所得再分配の主な手段である。

例文 福祉国家とは**所得再分配**国家である。つまり、福祉国家とは市場の外側で政府が所得を再分配して、国民の生活を保証する国家といってよい。（神野直彦『「分かち合い」の経済学』）

186 セーフティネット

関 社会保障
再分配

損害の発生に備えて、被害を最小限に抑える制度や仕組み。

解説 **セーフティネット**は、日本語に訳すと「安全網」となる。元々、サーカスなどで転落事故を防止する網のことを意味したが、そこから**病気やけが、失業などで困窮したときに、失業保険や生活保護などによって生活を保障する仕組み**のことをセーフティネットと呼ぶようになった。

近年のセーフティネット論では、単にアクシデントに備えるだけでなく、**「失敗を恐れずに勇気を持った行動がとれるようにする」**（橘木俊詔『セーフティ・ネットの経済学』）機能があることも指摘されている。たとえば手厚いセーフティネットが整備されていれば、リスクを恐れず起業をすることができる。このようにセーフティネットには、チャレンジ精神を促進する機能もあるのだ。

財産所有のデモクラシー——齋藤純一『不平等を考える』

1 社会的・経済的[173]**不平等**に[184]**社会保障**というルートを通じてどのように対処しうるかについては、「財産所有の[175]**デモクラシー**」(property owning democracy) に関するロールズの議論が有益な示唆を与えてくれる。

2 ロールズは、既存の福祉国家に、資源の保有における深刻な不平等を許容しながら、最低限度の保障を事後的に提供することにとどまっている、という根本的な難点を見出《い》だす。彼が指摘するように、既存の福祉国家は、人々が（人生の早い時期に）いだくことのできる「生の見通し」(prospect of life) にすでに大きな格差があることには手を触れない。それは、社会的協働に参加するための確かな足場をもつことができず、それゆえ予め排除されやすい人々が存在することを許容してしまっている。そのような格差を許容するために、自己尊重の社会的基盤が損なわれ、慢性的に社会保障に依存するような社会層が再生産される、という悪循環がつくりだされてきた。

3 ロールズによれば、既存の福祉国家においては「社会的・経済的不平等を規制すべき相互性の原理」がはたらいていない。それは、[186]**セーフティネット**を張ることによって貧困からの救済を可能にするとしても、不平等が人々の生活とその展望に及ぼす効果を真剣には受けとめていない。ロールズが重視する不平等は

読解のポイント

1 社会的・経済的不平等に社会保障というルートを通じてどのように対処しうるか

↑

「財産所有のデモクラシー」に関するロールズの議論

2 **3** 既存の福祉国家
・「生の見通し」の格差を許容

↑

・慢性的に社会保障に依存する社会層の再生産

↑

4 事前に資源を広く分散する社会保障の必要性

＝

5 社会的・経済的不平等を規制し、広義の生産手段を広く分散する分配／再分配の制度

「生の見通し」におけるそれであり、不利な条件のもとにおかれるがゆえに展望を自ら閉ざす――たとえば学業の継続を断念する――ことを余儀なくされるような事態こそが問題なのである。

4 貧困が貧困を、不平等が不平等を再生産する悪循環を断ち切っていくためには、社会保障は、事後的な保護に終始するのではなく、事前に資源（生産手段）を広く分散することによって、すべての人々が将来への希望を断念することなく社会的協働に参加しうる条件をつくりだしていかなければならない。

5 ロールズの構想する「財産所有のデモクラシー」は、社会的・経済的不平等を規制し、広義の生産手段を広く分散する――教育機会へのアクセスを広範にひらくことを含む――ことによって、それが一部の人々の手に集中するのを避ける分配／[185]**再分配**の制度を指している。

（明治大学　経営学部）

設問　傍線部「根本的な難点」と言えるのはなぜか、七〇字以内で説明しなさい。

着眼　傍線部直前にある「資源の保有における深刻な不平等を許容」することがまねく問題点を説明する。

解答例　人生の展望における格差を許容することで、社会的協働に参加するための足場をもてず、社会保障に依存する階層を再生産する悪循環をつくりだすから。（六九字）

187 封建制

関 中世
共同体

① 領主と家臣の主従関係を基盤とした政治制度。領主は家臣に土地を与え、家臣は領主に対して軍役の義務を持つ。
② 領主が農民を土地に縛りつけ支配する土地所有の制度。

188 封建的

個人の自由・権利よりも身分の上下関係を重視するさま。

解説 封建制は、学問分野によってさまざまな定義があるが、評論文を読むうえでは**〈中世に特徴的な、土地を媒介にした身分制度〉**と理解しておけばいいだろう。

中世ヨーロッパの封建制のもとでは、領主はそれぞれが所有している土地の主であり、国王もその土地に課税したり役人を派遣したりすることはできない。これは近代国家の核をなす官僚制が未発達であることを意味している。そして、領主や騎士たちは特権階級として土地と領民を支配し、政治権力を独占した。これに対して農民などの民衆は自由を認められず、働いて領主に年貢を納める隷属的な身分であった。

したがって、**〈個人の自由や権利よりも、身分関係を重視する〉**という**「封建的」**の意味も、このような中世の封建制に由来している。単に「古臭い」という意味ではないので注意しよう。

例文 いまさらいうまでもないが、宗教者には俗世の身分はない。出家すればすべて**封建的**身分制度を超えることができた。

（熊倉功夫「茶室空間の特異性」）

189 社会契約説（社会契約論）

関 個人
民主主義
機械論的自然観

社会・国家は平等な個人の契約によって成立するという思想。

解説 **社会契約説**は、国王の権力は神から授けられたとする王権神授説に対抗して、十七世紀から十八世紀に出てきた思想で、市民革命にも大きな影響を与えている。評論文にはそれほど多く登場しないが、近代的な個人観を理解するうえでは非常に重要な用語である。

社会契約説では、まず国家成立以前の自然状態というものを考える。そこで想定される最小単位が個人であるが、これは近代科学の自然観と相似形をなしている。すなわち**近代科学が、自然を原子にまで分解して理解するように、社会契約説も、社会を地域性や歴史性を剝ぎ取った自由な個人に分解して考える**のだ。そして、機械の部品のような個人が相互に契約をすることで人工的な国家が設立されたとする。このような近代科学の方法に模した個人の見方を**「原子論的個人主義」**という。

近代の過渡期である十六世紀から十八世紀中葉で主流であった絶対王政は、そもそも人民は王に服従して当然であった。しかし、社会契約説はこの自明な考え方に異を唱え、自由で平等な個人の権利を守るために国家は設立されたとする。こうした新しい国家論が、市民革命を経て、近代の民主主義として結実したのである。

例文 暴力を受けたくないから、他人に暴力をなすこともしない約束をするというのが、大雑把に言って**社会契約説**の理屈である。この約束がどのようにして維持できるかは、たしかに難問であるとしても、誰でもこのような相互取引が合理的であることは理解することができるだろう。

（田島正樹『愛と暴力』）

190 リベラリズム

反 コミュニタリアニズム
ネオリベラリズム
関 自由主義
自己決定

① 自由主義（→203頁）
② 経済的な弱者を救済し、福祉国家的施策を支持する立場。

191 ネオリベラリズム（新自由主義）

反 リベラリズム
関 自己責任

政府の規制を撤廃して、市場経済での自由競争を支持する立場。

解説 リベラリズムをそのまま訳せば「自由主義」であるが、評論文の世界では自由主義とリベラリズムは区別して使われることが多い。

古典的な自由主義は、203頁で解説したように、国家の干渉を排除し、個人の自由を尊重する思想のことをいう。だが、**現代のアメリカでは、富の再分配などを通じて経済的な弱者を救済し、福祉国家的な政策を支持する立場をリベラリズムと呼んでおり、この用法が現代の日本でも定着している。**

これがなぜリベラリズムなのかというと、経済的な弱者を救済することで、多数の人間が自由に行動できるようになるからである。

リベラリズムを哲学的に根拠付けた思想家としては、ジョン・ロールズ（一九二一〜二〇〇二）が有名であり、ロールズは、「公正」という理念から平等主義的なリベラリズムを提唱した。

一方、**ネオリベラリズム**は、リベラリズムとは逆に、**政府による社会保障や再分配は極力排し、企業や個人の自由競争を推進する立場をいう。**一九八〇年代は、イギリスのサッチャー政権、アメリカのレーガン政権、日本の中曽根政権など、新自由主義的な政権が次々と誕生した時代として知られている。

192 コミュニタリアニズム（共同体主義）

反リベラリズム
関共同体

共同体の道徳や価値を尊重する立場。

解説　共同体（248頁参照）の価値を重視する**コミュニタリアニズム**は、リベラリズムに対しても、リバタリアニズムに対しても批判の矢を向けている。

リベラリズムという思想の根本には、個人の権利を共同体による束縛よりも重視するという発想がある。これは古典的な自由主義でも同じで、単位はあくまで個人なのだ。

それに対してコミュニタリアニズムは、**人間は個人単独で生きることはできず、自分を包み込む共同体に多くを負っている、と考える。**よって、個の自由よりも共同体が培う徳や価値を尊重するような生き方を求めるべきと説くわけだ。

193 リバタリアニズム

個人の精神的自由や経済的自由を至上のものとして尊重する立場。

解説　**リバタリアニズム**は「自由尊重主義」「自由至上主義」などと訳される政治思想の用語だ。ネオリベラリズムとも重なる部分も多いが、ネオリベラリズムが経済政策のスタンスにフォーカスした概念であるのに対して、**リバタリアニズムは個人の自由を最大限尊重する立場を指す**。また、リバタリアニズムを信奉する人々のことを「リバタリアン」という。

リバタリアニズムもリベラリズムに対しては当然批判的であり、政府による富の再配分や銃規制のような法的な規制に対しては徹底的に反対する立場をとる。

194 功利主義

関 公衆衛生
トリアージ
正義

社会全体の幸福が増えるか減るかによって善悪を判断する考え方。

解説 **功利主義**は、利己的な損得勘定のことだと誤解されやすい言葉だ。しかし一般通念とは逆に、**社会全体の幸福から行動の善悪を考えていく**のが功利主義の思想である。

具体的な特徴としては、まず、**動機ではなく結果（帰結）にもとづいて行動のよし悪しを判断する**点が挙げられる。これを帰結主義という。たとえば伝統的な功利主義では、嘘《うそ》をつくことは絶対に許されないとは考えない。人のためになる嘘であれば、道徳的によい行動とみなすのだ。

では、よい結果と悪い結果を判断する基準は何か。それは幸福をもたらすかどうかである。たとえば運動会での組み体操によって、多くの骨折事故が起きている。それは児童や生徒の幸福を増進しないため、功利主義としては望ましくない取り組みと判断されるわけだ。

もちろん、組み体操が楽しかったという人もいるだろう。しかし功利主義は**「最大多数の最大幸福」**、つまり、できるだけ多くの人にできるだけ多くの幸福をもたらす行動をよい行動と考える。さらに、誰かの快楽を特別視せず、万人を平等に扱うべきであることを強調する。その意味で功利主義は、**個人の平等を尊重する民主主義の思想**でもある。

ただし、功利主義にも弱点はある。それは多数の幸福のために、少数の幸福を犠牲にする可能性を含んでいることだ。

例文 たとえば**功利主義**の場合、幸福だけがそれ自体で望ましいとされる、つまり内在的価値を持つ。お金も他のあらゆるものも、だれかを幸福にする役に立つかぎりにおいてのみ価値があるので、道具的価値しか持たない。

（伊勢田哲治『動物からの倫理学入門』）

195 公衆衛生

関 功利主義
トリアージ

人々の健康を守るための公的な取り組み。

解説　上下水道の整備、公害対策といった環境衛生、感染症予防や成人病予防、栄養改善などの対人衛生など、**公衆衛生**活動がカバーする範囲は多岐にわたる。

そして二〇二〇年に起きた新型コロナウイルスの感染拡大によって、公衆衛生に関する倫理的な問題があらためて問われるようになっている。

たとえば、感染者の隔離措置や接触者の追跡調査など、**個人の自由を制限する施策をどこまでおこなっていいのか**。また、感染を防ぐための外出禁止は正当化できるのか。**集団全体の健康と個人の自由は時に衝突する**関係にある。両者の適切なバランスを考えることは簡単ではない。

196 トリアージ

関 功利主義
公衆衛生

災害などにより多数の傷病者が発生した際、傷病の緊急度や重症度に応じて治療優先度を決めること。

解説　トリアージの目的は、限られた医療スタッフや医薬品のなかで、**一人でも多くの傷病者に最善の治療を行うこと**にある。そのために、傷病の緊急度によって、搬送や治療の優先順位を決める必要がある。

具体的には、直ちに治療しないと命にかかわる患者は赤色タグ、多少の時間的猶予はあるが、早期に治療が必要な患者は黄色タグ、治療を最後におこなっても命に別状はない患者は緑色タグ、治療を施しても生存の可能性がない患者は黒色タグをつける。

このように、最大多数の人を救助することを目的とするトリアージは、**功利主義的な思想にもとづいているる**ということができるだろう。

197 契約

関 権利 義務

法的な拘束力を持った合意。

解説 二〇二一年から始まる大学入学共通テストのモデル問題例には、**契約**書を読解する問題が挙げられている。契約書とは、契約が成立したことを証明する書類であり、契約で合意した内容、期間、条件などが記されている。

契約書では、冒頭に契約当事者の表記を記すのが一般的だ。表記の仕方に決まったルールはないが、伝統的に「甲」「乙」という表記がよく見られるので、甲と乙が誰を指しているかをしっかり確認するようにしよう。

契約書を読み解く場合、漠然と読むのではなく、**契約の目的**（売買か、賃貸か、業務の委託かなど）、**契約内容**、**契約期間**、**契約解除**や**不履行**（実行しないこと）**の条件**がどういうものかを整理しながら読み進めることが重要だ。

198 ガイドライン

政策、施策などに関する指針。

解説 ガイドラインとは、**国や自治体、業界団体などが政策の関係者に示す基本指針**のことをいう。一般的に、法的な拘束力はなく、**取り組むことが望ましいという推奨や努力目標にとどまる**が、近年では遵守すべき基準を実質的に示すようなガイドラインもある。

新型コロナウイルスに関しても、飲食店、百貨店、文化施設、公共交通機関、ホテルや旅館など、多くの業界ごとに「感染拡大予防ガイドライン」が策定された。

例文 要介護状態に入らないようにするための予防の方法として、公的な**ガイドライン**でも「話をする」ことが挙げられている。

（石黒浩『アンドロイドは人間になれるか』）

199 ステークホルダー

利害関係をもつ人や組織。

解説　ステークホルダーとは、一言でいうと**利害関係者**のことだ。たとえば企業には、株主、取引先、顧客、従業員、地域社会、行政機関など、さまざまな利害関係者が存在する。アメリカの経営学では、株主の利益を追求する株主偏重の経営が主流であり、一九九〇年代以降、日本の企業もその影響を強く受けるようになった。

しかし近年では、株主だけでなく、自社にかかわるさまざまなステークホルダーと協働しながら問題解決にあたったり、付加価値を創造したりする経営の必要性を求める声が強くなっている。

200 トレードオフ

関ジレンマ

一方を追求すると、他方が犠牲になるという関係。

解説　トレードオフは、**「あちらを立てれば、こちらが立たず」**という二律背反に近い意味であり、経済や経営分野で用いられることが多い。

たとえば、品質の高さと価格の安さは典型的なトレードオフの構造をもつ。また、地球環境問題でも、環境保護を追求すれば経済活動が停滞し、経済活動を追求すれば環境保護が疎《おろそ》かになるというトレードオフが生じやすい。

例文　経済効率を高めるためには、貧富の格差が拡大するのはやむをえないという考え方は、「効率性と公平性の**トレードオフ**」と言い換えることができます。

（橘木俊詔『格差社会』）

201 正義

関 平等
社会保障

① 人が行うべき正しい道筋。
② 社会全体の公正さ。

解説 **正義**については、古今東西の哲学者や思想家がさまざまな議論を重ねてきているが、主に二つの用法があることを知っておこう。

①は、**人としての正しい行動**を論じる場合の用法だ。たとえば入試会場に向かう途中、道端で倒れている高齢者と出くわした場合にどうすればいいいか。友人が傷つくかもしれない事実を告げるべきか、隠しておくべきか。こうした場面では、個々人にとっての正しい行動が問われることになる。

一方で②の用法は、英語では「ジャスティス（justice）」にあたり、**社会全体の成員にとってフェアであること**を意味する。たとえば、財をどのように分配するのが公正といえるのか、先進国と発展途上国との間にある不平等をどのように是正すればいいのか、といった問題を議論するのが、②の意味での正義論である。

日本語で正義というと、①の用法を思い浮かべがちだが、**政治思想や社会思想の分野の場合は、もっぱら②の意味で用いられる**ことに注意しよう。

例文 **正義**とは、等しいものを等しく扱うという意味での公平性や平等性を意味する。それは、自己と他者を同格の存在として等しく扱うことである。他方、善とは、ある人が価値を認めるものを指す（ここでは、個々人にとっての人生の目的や価値としての「善」と、道徳的価値一般としての「道徳的善」を区別したい。正義は、前者の「善」からは区別されるが、後者の「道徳的善」の一部をなしている）。現代のリベラルな哲学においては、正義は共通に守られるべきであるが、善は各人が自律的に追求すべきものであり、他者から強制されるべきものではないと考えられている。

（河野哲也『道徳を問いなおす』）

第6章　近代

ナビゲーション

科学技術にせよ、民主主義にせよ、資本主義にせよ、**私たちの社会を支えているシステムのほとんどは、近代という時代につくられたもの**である。したがって、評論文で現代社会の問題点が論じられる場合でも、その筆者は、近代の価値観やシステムまでさかのぼって論旨を展開することが多い。たとえば、自然破壊をまねいた要因を近代科学の機械論的自然観に求めたり、他者への無関心の背後に近代の**個人主義**があることを論じたりするような評論文がその典型である。

したがって、近代とそれ以前の時代との違いや、近代を特徴づける概念や思想を理解しておくことは、評論文の読解にはきわめて有効だ。とくに**「個人」**や**「市民社会」**など、なんとなく知ってはいても曖昧に理解してしまっている言葉によく注意して、本章を読んでもらいたい。

■近代という時代区分

「近代」（モダン）がいつからいつまでを指すかという時代区分については、学問的に諸説あるが、ここでは、**ルネサンス**（十四～十六世紀）、**宗教改革**（十六世紀）、市民革命（十七～十八世紀）、産業革命（十八～十九世紀）を通じて成立し、おおむね一九六〇年代あたりまでを指す時代と捉えることにする。

ただし**「古代／中世／近代」という時代区分じたい、ヨーロッパの進歩主義的な歴史観の産物であること**は頭に留めておいてもらいたい。「近代」という言葉には、〈宗教的価値観に縛られていた非合理な中世を抜け出し、合理的な精神が花開いていった時代〉という意味合いが込められている。

■神中心主義から人間中心主義へ

近代の出発点に、ルネサンスを置くのは、そこに近代の特徴である**「人間中心主義」**の萌芽を見てとることができるからだ。近代以前のヨーロッパは、キリスト教の神が支配する社会であり、人間は他の自然や生物と同様、神の被造物でしかなかった。

だが古代ギリシア・ローマの文化を範としたルネサンスは、人間性や個性を肯定した点で「人間中心主義」の出発点と位置づけられている。

たとえば評論文でも、中世から近代への移行については次のように説明されている。

「ヨーロッパ中世では、なんでも神が中心であります。神が、世界を作り、采配しているからであります。造られた世界のなかで、人間は、他の生きものと同じくひとつの被造的存在でしかありません。それが、近代になると、キリスト教文明圏でありながら、神を離れて人間の都合だけが、表に出てきたのです。自然の認識においても、工業技術の分野でも、市民社会の仕組みや運営においても、神は、無用とされてきたのです。」（西川富雄『環境哲学への招待』）

自然開発や環境破壊の問題点を論じるような評論文では、こうした**近代の人間中心主義が、人間による自然支配の態度につながっていった**、と論を展開するものが多いことも押さえておこう。

■近代市民社会の理念

この人間中心主義を押さえておくと、次のような他の近代的な価値観も理解しやすくなる。

・人間中心主義
＋理性＝近代合理主義
＋個人＝個人主義
＋自由＝自由主義

近代の理念や特徴とされるこれらの価値観も、その背景には、宗教の時代から人間の時代への転換がある。そしてこうした価値観が合流して生まれた社会が、**〈理性を備えた自由な個人（＝市民）〉**が、市民革命を経てつくりあげる**「市民社会」**と呼ばれるものである。

この市民社会という言葉は、**共同体**と対比するような文脈で用いられやすい。すなわち、前近代的な共同体は土地に縛られ閉鎖的ではあるが、その成員が血縁・地縁で密接に結びついているのに対し、近代的な市民社会は、匿名の個人が契約や利害によって結びついている社会だとされる。同じような意味で、共同体と**都市**とを対比する評論文もよく登場する。

■日本においての近代化

封建制から脱した市民社会を基盤として、政治的には民主主義が、経済的には資本主義がそれぞれ成立していくプロセスが「近代化」であるが、**日本などのヨーロッパ以外の国々にとっては、西欧化イコール近代化であり、法制度や議会制度・教育制度・産業技術を取り込むことを通じて、西欧に追いつくことが目標とされた。**

ただし、ヨーロッパでは、（近代的）自我の確立・個人主義・自由主義といった精神的価値を伴いながら近代化が進行したのに対して、日本はもっぱら制度や技術の輸入による近代化であったため、西欧的な個人意識や市民意識が根付いていない、という議論も多い。そこから、西欧の自律した個人をモデルとしてさらに近代化を遂げるべきか、ヨーロッパとは異なる日本独自の価値観や社会を構築していくべきかは、論者によって意見の分かれるところである。

ポイント

- **ヨーロッパの近代化＝精神的価値＋制度・技術**

⟷

- **日本の近代化＝西欧化（制度・技術のみ）**

■均質化批判

近代を批判的に検討する評論文のなかでは**「均質化」**

を近代の負の側面として指摘する文章が頻出している。代表的な論点を以下に挙げておこう。

- **国民国家**→出自も文化も習慣も異なる人々を「均質な国民」につくりかえる。
- **資本主義**→人間の労働力を均質的な賃金に還元する。
- **近代科学**→自然を均質な空間としてコントロールする。

近代という時代が均質性と結びついてしまうのは、近代の理性中心主義が影響している。近代のヨーロッパは**〈理性を正しく用いれば、物事を正しく認識できる〉**と考えた。つまり理性は、誰であれ等しく備えている能力のようなものと考えられたのだ。逆に感性や感覚は、個人差があるものとして、物事を認識する上では価値のないものとされた。

社会哲学者の今村仁司が「近代の知性、近代人の精神の構え方は、世界を、人間と環境を、「物」として捉えることが宿命になっている。」（『近代の思想構造』）と述べるように、**近代的な理性や合理主義はどんな対象であれ、計算可能なものとして扱ってしまう**。次も実際に入試に出題された評論文の一節だ。

「近代合理主義の精神は、思考の過程、あるいはものを考える過程で、さまざまな夾雑物《きょうざつぶつ》、余計な要素を取り除き、いくつかの単純な原理にしたがって論理を進めようとする思考法をとる。」（山本雅男『ヨーロッパ「近代」の終《しゅう》焉《えん》』）

こうしたあらゆるものを単純な原理や要素にしてしまう理性に対する批判が、近代を批判的に捉える評論文に共通する問題意識といえるだろう。

ポイント

- **近代的理性（万人に備わる、物事を正しく認識する能力）。**
- **あらゆるものを計算可能に扱う。**
- **人間・環境・世界の均質化。**

202 近代合理主義

関 機械論的自然観
物心二元論

理性による判断を絶対視する態度。

解説 近代合理主義は、近代の精神的態度を特徴づけるキーワードだ。一般に、理性を尊重する立場を**「合理主義」**というが、近代合理主義の場合、**〈理性の絶対視・万能視〉**というニュアンスが含まれる。

たとえば、最短の時間やエネルギーで最大の効果を得ようとする**能率主義**、具体的なデータにもとづいて物事を証明する**実証主義**などは、近代合理主義がもたらした考え方であり、現代社会にまでその影響は及んでいる。環境破壊、核兵器をはじめとした大量殺戮兵器の開発、非人間的な労働環境など、現代社会が抱えている問題点は、近代合理主義の帰結といえるだろう。

こうした近代合理主義を象徴するのが、近代科学の**機械論的自然観**であり、近代哲学の**物心二元論**だ。すなわち前近代的な自然観や世界観では、人間と自然（物）の間に明確な境界はなかったが、近代は精神と物体を峻別することで、自然（＝物体）は理性によってコントロールされる対象になった。たとえば、「自然開発」という言い方は、**自然を対象化**する近代合理主義的な態度を象徴している。

評論文で、近代合理主義が登場した場合、そのほとんどは近代合理主義に対して批判的な論を展開する。だが、現実の社会を見たとき、近代合理主義に取って代わるような有力な思想はいまだ現れていないのが実情だ。それほど近代合理主義が現代社会に与えている影響は圧倒的なのだ。

例文 人びとはいま、大きな懐疑の中に揺られている。それは近代をさしつらぬき、人びとの全生活過程、全生活空間を規定している**近代合理主義**に対する疑問であり、深い反省である。

（藤本敏夫『農的幸福論』）

203 世俗化

類 脱呪術化

社会が宗教的価値観から離れていくこと。

解説 「世俗」は「俗世間」の意だが、**世俗化**は、〈社会や文化を支配していた宗教的な価値観が薄れていくこと〉をいう。また、世俗化と近い意味を持つ語句として**「魔術（呪術）からの解放」「脱魔術化（脱呪術化）」**もある。これらも、呪術的な性格が強い宗教的な信仰から人々が解放されることである。

中世のヨーロッパではキリスト教（教会）の影響力が圧倒的であり、人々の生活の中心にはキリスト教の教えがあった。だが近代に入り、合理主義的な考えが浸透していくことにより、教会の支配力は弱まっていき、**政治と宗教とを分離する政教分離が実現していく**ことになる。

注意したいのは、世俗化といっても宗教の意味がまったくなくなったわけではないということだ。近代社会でも多くの人々は信仰を持ち続けている。しかし、**社会と宗教の結びつきが弱くなり、もっぱら宗教は個人的な問題とされる**のが近代社会の特徴である。

なお、近代社会は世俗化を遂げたとされる一方で、ドイツの哲学者ユルゲン・ハーバーマス（一九二九〜）は、現代でも世界のさまざまな地域で宗教の復興が見られることを指摘し、そうした傾向を**「ポスト世俗化」**と呼んだ。ポスト世俗化の議論によって、宗教と国家、あるいは宗教と公的領域との関係があらためて問い直されている。

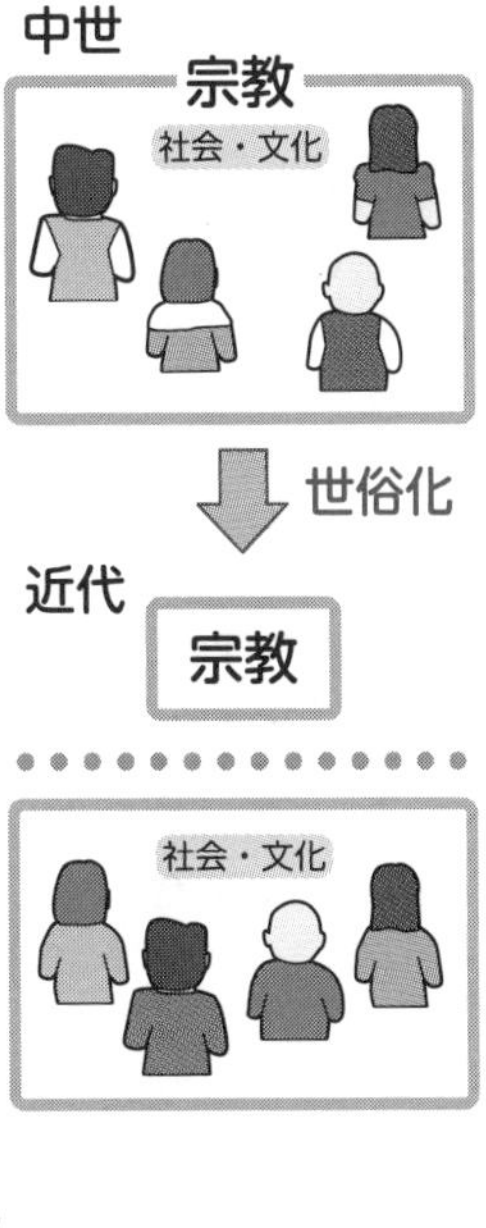

近代合理主義の逆説——真木悠介『気流の鳴る音』

❶冷静で理知的な〈脱色の精神〉は近代の科学と産業を生みだしてきた。たとえばフロイトはわれわれの「心」の深奥に近代科学のメスを入れようと試みたパイオニアである。そして科学と産業の勝利的前進とともに、この〈脱色の精神〉は全世界の人びとの心をとらえ、その生きる世界を脱色していった。

❷森の妖精や木霊《こだま》のむれは進撃するブルドーザーのひびきのまえに姿を没し、谷川や木石にひそむ魑魅魍魎《ちみもうりょう》は、スモッグや有機水銀の廃水にむせて影をひそめた。すみずみまで科学によって照明され、技術によって開発しつくされたこの世界の中で、現代人はさてそのかげりのなさに退屈し、「なにか面白いことないか」といったうそ寒いあいさつを交わす。

❸世界の諸事物の帯電する固有の意味の一つ一つは剝奪され解体されて、相互に交換可能な価値として[2]**抽象**され計量化される。

❹個々の行為や関係のうちに[19]**内在**する意味への[64]**感覚**の喪失として特色づけられるこれらの過程は、日常的な実践への埋没によって虚無から逃れでるのでないならば、生のたしかさの外的な支えとしての、なんらかの〈人生の目的〉を必要とする。

❺それが近代の実践[51]**理性**の要請としての「神」(プロテスタンティズム!)であれ、

読解のポイント

1 冷静で理知的な**〈脱色の精神〉**

⬇

近代の科学と産業

⬇

生きる世界を脱色

＝

2 具体例

＝

3 固有の意味の剝奪・解体
交換可能な価値として計量化

⬇

4 人生の目的を必要とする

⬇

5 合理主義は生の意味を支える価値体系の根拠を求めるが、それには答えられないというジレンマ

＝

6 幻想を排するがゆえに幻想を必要とし、その幻想を解体してゆかざるをえない

＝

近代合理主義の逆説

その不全なる等価としての「天皇」（立身出世主義！）であれ、またはむきだしの富や権力や名声（各種アニマル！）であれ、心まずしき近代人の生の意味への感覚を外部から支えようとするこれらいっさいの価値体系は、精神が明晰《めいせき》であればあるほど、それ自体の根拠への問いにさらされざるをえず、しかもこの問いが合理主義自体によっては答えられぬという[29]**ジレンマ**に直面せずにはいないから、このような価値体系は、[47]**主体**が明晰であればあるほど、根源的に不吉な[229]**ニヒリズム**の影におびやかされざるをえない。

6 ここにはいっさいの幻想を排するがゆえに、逆に幻想なくしては存立しえず、しかもこのみずからを存立せしめる幻想を、みずから解体してゆかざるをえない、[202]**近代合理主義**の[27]**逆説**をみることができる。

7 われわれはこの荒廃から、幻想のための幻想といった自己欺《ぎ》瞞《まん》に後退するのでなしに、どこに出口を見出《い》だすことができるだろうか。（中央大学　経営学部）

設問 傍線部「〈脱色の精神〉」が実現された状態をもっとも端的に説明している一文を文中から抜き出し、最初の五字を書きなさい。

---

7 ⬅ どこに出口を見出だせるか

着眼 1 段落の末尾に「この〈脱色の精神〉は全世界の人びとの心をとらえ、その生きる世界を脱色していった」とあるが、この箇所は「脱色」が具体的にどういうことを意味するのかがわからない。ここを手がかりとして、「生きる世界を脱色」することを具体的に説明している箇所を探す。

解答 世界の諸事

204 ルネサンス

関 ヒューマニズム

十四〜十六世紀に、イタリアを中心にヨーロッパで起きた芸術・文化の革新運動。「ルネッサンス」とも。

解説 **ルネサンス**は「再生」を意味するフランス語。すなわちルネサンスとは、西欧人が「古典」とみなしているギリシア・ローマ文化の再生を目指した運動のことだ。

中世のイタリアでは早くから自治都市が発達し、金融業が盛んだった。こうした社会状況を背景に、文芸・造形芸術の方面では、教会中心主義的な世界観から離れて、人間らしさや個性の重視をモチーフとする作品が次々に生み出された。

個人の感性的な価値観を宗教的な束縛から解き放ったという意味で、ルネサンスもまた**世俗化**に大きな役割を果したということができる。

205 宗教改革

十六世紀のヨーロッパに起こった宗教運動。ローマ・カトリック教会の腐敗を批判し、聖書中心主義を説いた。

解説 十六世紀に、当時のローマ・カトリック教会の教皇が贖宥状《しょくゆう》（罪の償いを軽減する証明書）を販売したのに対して、ルター（一四八三〜一五四六）は贖宥状を買うだけで神の罰が解消されるはずはない、と批判。聖書を拠《よ》り所にした信仰の重要性を説いた。

このルターの批判に始まったカトリック教会への批判運動を**宗教改革**と呼び、カトリックと対立するプロテスタントを生み出した。**個人が聖書と向きあうことを信仰の第一義とした宗教改革は、ルネサンスとともに、近代的な個人の自覚を高める原動力となった。**

206 ヒューマニズム

関 人文主義

人間性を尊重する思想。

207 人間中心主義

神に代わって、人間の理性を世界の中心とする態度。

解説 現代でも**ヒューマニズム**という言葉は〈人間性を大切にする〉という意味でよく使われる。だが、評論文では文脈によってさまざまな意味で用いられるので、注意が必要だ。

近代の特徴としてヒューマニズムを挙げる場合には、ルネサンス以降、**中世キリスト教の支配から人間性を解放する精神的態度**のことをいう。とくにルネサンス期は、中世の禁欲主義から脱して、ありのままの人間の姿を肯定する作品が数多く生まれており、この時期のヒューマニズムは日本語で**「人文主義」**と訳される。

近代的なヒューマニズムは、神中心の世界観から人間中心の世界観へと人々の見方を変えていった。そこでヒューマニズムを**人間中心主義**として解釈する立場もある。人間中心主義という言葉には、**〈人間こそが世界の中心である〉**というニュアンスが強く含まれ、評論文で否定的な意味合いで用いられることが多い。

例文 **ヒューマニズム**というのは、人間性を尊重し、人間的なものを拡大する近代思想の有力なひとつであります。そのヒューマニズムが、近代工業技術文明とともに、勝手な人間本位の思想、思いあがった人間主義へと転化してきたのではないでしょうか。それを、私は、**「人間中心主義」**（anthropo-centricism）と呼んで、近代化の過程において真剣に反省さるべきイデオロギーではないかと思うのです。

（西川富雄『環境哲学への招待』）

ルネサンス／宗教改革／ヒューマニズム／人間中心主義

機能の文明としての近代文明――今田高俊『意味の文明学序説』

❶構造の[109]**文明**とは規則による支配が優先する文明である。この文明のもとでは、機能や意味の発想は構造の発想に従属し、その「植民地支配」を受ける。しかし、それは人間社会を運営するノウハウが未熟な時代の産物であり、当然その限界が訪れて社会は大きく揺らぐことになる。

❷構造の文明が抱える限界を突破したのが機能の文明、すなわち近代文明である。近代文明とは「神殺し」の過程であり、[203]**世俗**の論理が聖なる論理からの自立を勝ち取る過程である。それは神の摂理を進歩思想に置き換える試みであった。この試みは[204]**ルネサンス**と[205]**宗教改革**が先陣をきって始まった。

❸ルネサンス期の[207]**人間中心主義**では、神の摂理に支えられた[187]**封建制**度の重圧から人間を解放し、人間性の復興が唱えられた。それは、当初、古代ギリシア[108]**文化**の再評価のかたちをとったが、単なる古代文化の再生ではなく、新しい人間性の探究と発見であった。神の摂理のもとに生きる[210]**個人**ではなく、生に対する肯定的態度と個性の尊重を基調とした人間性の回復であった。また、ルネサンスに続く宗教改革では、[188]**封建的**政治勢力との癒着が進むとともに形式主義への堕落が進んだ教会権力への反抗が、宗教教義を大きく変えることになった。なかでも、教会権力と癒着した神の摂理を否定し、禁欲[44]**倫理**と営利追求を基礎とする

読解のポイント

構造の文明＝規則による支配＝聖なる論理＝神の摂理

←

ルネサンス（人間中心主義）
宗教改革（禁欲倫理と「天職」）

←

機能の文明＝近代文明＝世俗の論理＝進歩思想

「天職 Beruf」をまっとうすることが、神の栄光に応えることであるとする、プロテスタンティズムの倫理が近代社会の形成に与えた影響は大きい。マックス・ウェーバーは、この価値倫理から[180]**資本主義**の精神が形成されたことを分析したが、このことは俗なる論理の聖なる論理に対する勝利を[97]**象徴**する。天職という[16]**観念**は、ほんらい聖なる論理と俗なる論理の融合をめざしたものであるが、時代の進展とともに禁欲倫理が陰をひそめるようになり、個性と自己肯定に裏打ちされた俗の論理が中心になっていった。それは機能の発想が社会に浸透したことの[71]**必然**の結果である。

（神田外語大学　外国語学部）

設問　問題文の内容と合致しないものを、次の中から一つ選びなさい。

ア　構造の文明は、神の摂理による支配が優先する文明であり、機能の文明は人間中心的な近代文明を意味する。

イ　機能の文明は、世俗の論理が聖なる論理から自立していく過程として捉えられる。

ウ　ルネサンスと宗教改革によって構造の文明が進化した結果、機能の文明である近代文明が成立した。

エ　宗教改革に見られる禁欲倫理は、機能の文明の精神形成に大きな影響を与えた。

着眼　構造の文明の原理である「神の摂理」を否定することで、機能の文明に移行していくのであって、構造の文明の進化した姿が機能の文明ではない。よって**ウ**が誤り。

解答　**ウ**

208 啓蒙《けいもう》主義（啓蒙思想）

反 ロマン主義
関 近代合理主義

十七〜十八世紀のヨーロッパで起きた思想運動。理性にもとづいて、伝統的偏見・迷信・慣習・不合理な社会制度を打破しようとした。

解説 啓蒙の「蒙」は「くらい」、「啓」は「ひらく」という意味がある。つまり啓蒙とは、理性の光によって、無知の暗闇にまどろむ人々に正しい知識を与え教え導くことをいう。もともとは英語の〝enlightment〟を訳した言葉である。

十七世紀後半のヨーロッパでは、近代科学の確立とあいまって、合理性を重んじる思考や思想が他の学問分野にも浸透していった。**啓蒙主義**の学者たちは、**理性に絶対的な信頼を置いて、教会や絶対主義国家を支える権威や思想・制度・習慣を批判し、新たな社会秩序を構想した。**啓蒙主義のピークとなる十八世紀は「啓蒙の世紀」と呼ばれている。

209 ロマン主義（ロマンティシズム）

反 啓蒙主義
関 リアリズム

十八世紀末〜十九世紀にヨーロッパで広がった、人間の個性と感情を重視する芸術・文化の運動。

解説 **ロマン主義**は、理性を絶対視する**啓蒙主義**への反発から生まれた思想である。人間を理性的個人と見る啓蒙主義は、個人の自由な感性や想像力を非合理的なものとして退けてしまう。**ロマン主義はそれに反して、個性の尊重や自我の解放を唱えた。**

ロマン主義的な作品は、文学・芸術方面で数多く生み出されたが、十九世紀後半になると、奔放な想像力を肯定するロマン主義に反して、自然や現実をありのままに見つめる**リアリズム**（**現実主義・写実主義**）が提唱された。

210 個人

関 個人主義
市民社会

社会を構成する、自律的に行動する主体。

解説 個人にあたる英語"individual"の原義には、**「分けられないもの」**という意味がある。つまり、社会を分割していって、もうそれ以上分けることができない最小単位が個人という概念だ。

西欧的な個人の概念は、一神教であるキリスト教と密接な関係がある。人間は、一神教の神とは一人で向き合わなければならないし、神の前では真実の自分をさらさなければいけない。したがって、**キリスト教的世界観が支配する中世において、すでに「内面をもつ個人」は生まれていた**。

しかし同時に、中世の人々は土地に縛られ、共同体に厚く包まれていたため、さまざまな面で個人の自由は束縛されていた。それが近代に入り、人々に自由が与えられるようになったことで、あらためて個人の意義が問い直されるようになる。

啓蒙主義は、個人を、自由で平等な主体と位置づけ、そうした個人が契約によって築く市民社会のあり方を構想し、その後の市民革命に大きな影響を与えた。**ロマン主義**もまた、啓蒙主義とは異なる意味で、個人の個性を尊重した。

だが、**西欧的な「自律的な個人」という概念もまた、一種のフィクションにすぎない**。人間はあらゆる問題に対して、合理的に判断することなどできないからだ。

現代の政治制度や法体系は、近代の「自律的な個人」にもとづいて作られている。しかし、個人という概念がフィクションである以上、それを前提に作られた制度にも軋《きし》みが生まれるのは当然だろう。評論文でも、西欧的な個人の概念は、批判的に検討される対象であることが多い。

「自由な個人」は可能か？――大屋雄裕『自由とは何か』

❶「[25]**自律**的に自己決定する[172]**自由**な[210]**個人**」という近代の人間像には、多くの問題点が指摘されてきた。たとえば心理学は我々人間の行為が無意識に大きく影響されていることを解明したし、言語哲学・言語学は言葉の意味というものが[50]**客観**的ではないこと、つまり我々の判断の基礎になるはずの情報の意味がそれ自体として文脈依存的なものであり、その客観性や[8]**合理**性を簡単には前提できないということを、繰り返し主張してきた。合理的な個人という[211]**近代的自我**像への疑問のいわば集大成を、[232]**ポストモダニズム**の中に見出《い》だすこともできるだろう。我々が[108]**文化**や環境に依存し決定される「[49]**客体**」であるとするなら、我々の「[47]**主体**」性を前提にしてきた近代の社会システムは根底から問い直されるべきだというわけだ。「自由な個人」など[104]**虚構**である、フィクションに過ぎない、そう言われるべきなのだろうか。

❷だがここで我々は、近代的自我の批判が何を生み出し、あるいはそれ自体として何を前提していたのかを、冷静に振り返る必要があるだろう。[262]**情報化**に伴う監視技術と情報処理技術の進歩によって、我々を操作の対象とする科学は果てしなく強化されることになった。我々の行動を監視し、記録し、[138]**分析**し、先取りすることによって、それは何かを予防したり（たとえばテロ防止のための入国管理

読解のポイント

❶ **近代的自我**への疑問
↓
「自由な個人」は虚構にすぎないと言われるべきか？
〈しかし〉

❷ 監視技術・情報処理技術の進歩
↓
我々を操作の対象とする科学の強化
↓
危機に瀕している「主体」の重要性を再認識

❸ 客体化を批判しても実益に乏しい
↓
【理由】監視システムが便利であり快適であり親切であり安全であるという認識を批判者が持っていないから

のように）、あるいはむしろ積極的に提供しようとする（たとえば我々の欲しがりそうな品物を推薦してくれるamazon.comのシステムのように）。もちろんこのようなシステムは過去から存在していたのだが、それが現在のように強化されたとき、はたして我々が決定し得る自由な領域なるものがまだ残っているのかどうかが、次第に疑われるようになってきている。[264]**監視社会**において対象として扱われる私の姿に満足せず、かつてそうであった（と信じられている）ような全人格的な主体としての我々を取り戻すべきだという批判もまた、よく聞かれるところである。ポストモダニズムの指摘してきた我々の客体性が実際のものになるにつれて、むしろそこで危機に瀕《ひん》している「主体」の重要さが認識されるようになったといってもよいだろう。

3 だが、これに対する「揺り戻し」として、単に客体化を批判してみせても実益は乏しい。我々を「個人」という能動的な主体から操作の客体へと解体していく力に対して抵抗を呼びかける[129]**言説**は勇ましいが、決定的な有効性を欠いている。それは、監視のシステムの提供するものが便利であり快適であり親切であり安全であるという事態への認識を、それらの批判者が持っていないからではないだろうか。

（青山学院大学　法学部）

設問　傍線部の指す内容を、五〇字以内で説明しなさい。

着眼　**2** や傍線部を含む一文から、「これ」は我々が操作の対象として客体化されることだと理解するのが第一歩。あとは「情報化に伴う監視技術と情報処理技術の進歩によって、我々を操作の対象とする科学は果てしなく強化されることになった」などの表現を用いて、解答文を作ればいい。

解答例　情報化に伴う監視技術と情報処理技術の進歩により、我々が操作の対象として扱われるようになっていること。（五〇字）

211 自我（近代的自我）

類 自己
関 他者
独我論

他者と区別して意識される自分。

解説 自我とは、**〈他者とは異なる自分〉**として意識されるときの内面的な自分のことである。そして、この自我が目覚めるのは、一般的に近代以降とされている。

近代以前は、農民の子は農民、武士の子は武士という具合に、身分は固定化されていた。しかし近代になると、身分制度がなくなり、人々は自由な生き方を選べるようになる。そうなると、人間は**〈自分とはどのような存在か〉〈自分はどのように生きるべきか〉**ということを考えざるをえない。このように、**近代社会の自由を背景にして、自分の存在意義や生き方を問い直すような自我のあり方を指して、近代的自我という。**

もともと、（近代的）自我は西欧の哲学や思想から生まれた概念だ。近代的自我に目覚めた西欧人は、不合理な伝統や因習を否定して、自らの理性に照らした正しさを追求する。そのような理性を尊重する個人が、自由で平等な市民社会をつくりだしていくことにもなる。

一方、日本の明治期においては、制度や技術の近代化は急激に進んだが、人々の価値観は旧来の身分社会をひきずったままだった。その現実と向き合い葛藤しながら、**いかに近代的自我を確立するか**が当時の知識人や作家の大きな課題とされた。たとえば、夏目《なつめ》漱石《そうせき》の『こころ』や森鷗外《もりおうがい》の『舞姫』などは、近代的自我に目覚めた人間の葛藤を描いた小説として知られている。

例文 西洋近代の啓蒙思想、科学、民主主義等を受容した後の、とくに戦後の日本で教育されたわれわれは、「**自我**」を確立すべきだとか、他人も自分と同じようにそれぞれの自我を持っているに違いないと容易に信じてしまう。学校教育の場でも「主体性のある人間」が目標に掲げられる。「自らの意志で考え、行動を選択し、決定する」生き方こそ、あるべき「自我」の姿だとされる。

（酒井潔『自我の哲学史』）

212 アイデンティティ（自己同一性）

①自分が自分であると確信すること。
②帰属意識。
③他と区別された自己の独自性。

解説 **アイデンティティ**とは自我の中核にあるものだ。精神分析家のエリクソン（一九〇二～九四）は、自分が何者であるかを認識する**「アイデンティティの確立」**を青年期の発達課題とする一方、この時期に自分の生きる意味を見失い**「アイデンティティ・クライシス**（アイデンティティの危機）**」**に陥る可能性を指摘した。嚙《か》み砕いていえば、**自分らしさ**や「自分はいまの自分でいいのだ」という**自己肯定感**を感じられることが**アイデンティティの確立**ということができるだろう。

ただし、アイデンティティは多様な意味で使われることにも注意しよう。たとえば「関西人としてのアイデンティティ」といった場合には、②の**帰属意識**という意味であり、「国民的（ナショナル）アイデンティティ」「コーポレート（企業）アイデンティティ」というように、集団に対して用いられる場合には、③の**「他と区別された独自の性質」**という意味合いが強い。

アイデンティティというものは、それが希薄に感じられるときに、強く求められるという性質を持っている。そしてアイデンティティを強く求めすぎることは、他者を排除することにもつながりやすい。その点で、**〈一貫したアイデンティティが必要である〉**という視点そのものを見直す評論文もよく出題されている。

例文 本来的に非一義的な**アイデンティティ**概念のなかで、現代日本社会において最も日常的な了解となっているのは、おそらく、アイデンティティとは主観的な自己確信であるというとらえ方だろう。

（景井充「アイデンティティの行方」）

僕らしさって何?

アイデンティティの多様化——上野千鶴子『増補〈私〉探しゲーム』

1 [212]**アイデンティティ**が多様化し、非一貫的なものになったということは、アイデンティティがなくなった、ということを意味しない。アイデンティティのオプションが増えた、ということを意味する。同時に、「このわたし」と「あのわたし」との間に同一性（アイデンティティ）がないということを意味する。「このわたし」と「あのわたし」に「わたしはわたし」なぞという鈍重な「同一性」などなくていっこうにかまわないが、しかし「このわたし」と「あのわたし」の間を泳ぎわたる[210]**個人**は、それだけ個性化・[172]**自由**化したのだろうか？

2「あのわたし」「このわたし」になりたい人は、ほんとうに「他の誰でもないわたし」になりたいのだろうか。近代の「個人」という[15]**概念**は「他の誰でもないわたし」という悪夢を生み出した。ほんとうのところ、「他の誰でもないわたし」は、人々の存在を保証するどころか、存在の根拠を脅かす。

3「他の誰にも似ていない」ことは、不安のタネになる。「わたしはわたし」という一貫性のある「[211]**近代的自我**」は、どこでも同じ顔をした鈍重な自我だが、逆に言えば状況[18]**超越**的な骨のある自我でもある。脱近代人は、この強迫神経症的な「近代的自我」概念からスルリと逃げるが、代わりに万華鏡のような状況の迷路に入る。どの鏡に映るのが「ほんとうのボク」だろうか？　イッキ呑みのコン

読解のポイント

1 アイデンティティの多様化・非一貫化
⬅ 個性化・自由化したのか？

2「あのわたし」「このわたし」
＝ 近代の「個人」
＝「他の誰でもないわたし」
⬅ 存在の根拠を脅かす

⇔

3 脱近代人
＝ 万華鏡のような状況の迷路

4 ⬅ そろそろ「近代」的な思いこみから自由になってもいい

パでノラないのはダサイし、またフォーマルウェア着用のパーティにジーンズであらわれるのはクサイ。「ボクって何?」という問いに答える前に、とっくに状況を生きてしまっている。こういう個人はとらえどころがないが、それはたんに観察者にとってだけだろうか? 脱近代人は「ボクって何?」という問いに悩まなくなったが、その代わりその答えも失ってしまった。

4「アイデンティティ」が「近代人」のキイワードだとしたら、「脱近代人」のキイワードは何だろう? 〈私〉というものが、それを容れる社会ごと、これまでの概念ではとらえられないようなしかたで、急速に変容していっているように見える。だがアイデンティティを回復しようなんていうアナクロなかけ声はやめてほしい。むしろ時代の変動をクールな眼で見すえながら、時代にサバイバルする方策を考えよう。そろそろ「近代」的な思いこみから自由になってもいい頃じゃないだろうか。終わりつつある「近代」もろとも淘汰されないために。時代に内属しながら、時代の水位からアタマ一つ抜け出した見通しのいい知性で、時代の野辺送りをやってやりたい。

(滋賀大学)

設問 傍線部「「このわたし」と「あのわたし」の間を泳ぎわたる個人」とは、どのような個人のことをいっているか。簡潔に説明せよ。

着眼 3段落に具体例が書かれているので、それを簡潔な表現でまとめる。

解答例 状況に応じてアイデンティティを使い分けるような個人。

213 共同体（コミュニティ）

関 都市

①土地や生活基盤を共有する村落集団。
②血縁や地縁、感情的なつながりを基盤とした集団。

解説 **共同体**には大きく二通りの意味がある。一つは、前近代社会の特徴として挙げられる共同体である。すなわち、土地を共有し、日常生活ではメンバーが相互に助け合っていくような**「村落共同体」**という意味だ。このような共同体は、非常に感情的な結びつきが強い一方、個人は共同体のルールに束縛される。

しかし**近代的な都市が成立し、自由を求める人々が都市に流入するようになることで、伝統的な共同体は解体されていく**。また、産業革命によって資本主義が成立したことで、農村を離れても仕事を得られるようになったことも、共同体の解体を促進したといえるだろう。

共同体のもう一つの意味は、**血縁**（血のつながり）、**地縁**（地域的なつながり）、友情などによって自然発生的に生まれる集団であり、現代では**コミュニティ**という用語もよく用いられている。こちらは①のように、土地を共有するような強いつながりではなく、「私たちは仲間だ」と感じられる集団のことだ。よって、家族や町内会・会社・インターネット上の集団もメンバーがみな仲間意識を抱いていれば、共同体ということができる。

だが**現代社会は、人々の流動性が高く、とくに地域的な共同体は成立しづらくなっている**。また共同体は人々に安定した拠り所を与える一方で、閉鎖性や排他性を持ちやすい。こうした問題意識から、新しい共同体のあり方を模索する研究や実践も最近は増えている。

例文 伝統社会では、絆はイエやムラ、親族などの**共同体**が提供し、宗教が下支えしていた。日本では、明治時代までは、死亡率や離婚率が高く、親子や夫婦は、長期的に安定した関係と言えなかった。それゆえ、家族を包み込む共同体が生活を保障し、安心できる心の拠り所として機能していたのである。

（山田昌弘『家族というリスク』）

214 市民社会

関 個人
共同体

自由で平等な個人によって成り立つ近代社会。

解説 現代の私たちにとって、一人ひとりの人間が自由であり平等である**市民社会**は自明のことに思える。だが、西欧で市民革命が起こるまでは、人々は絶対王政のもと、封建的な身分制度に縛られていたため、自由でも平等でもなかった。

十七世紀から十八世紀にかけて、イギリスやフランスでは、市民が先導した革命が勃発し、絶対王政と特権階級を打ち倒す。その結果、万人の自由と平等を基礎とする市民社会が成立した。

注意してほしいのは、**近代初期において「市民」とは、財産と教養をもち、自律的に行動する資本家（ブルジョワジー）を指していた**ということだ。たとえば十八世紀前半のフランスは商工業が発展し、豊かな資本家が増えていった。ところが当時の絶対王政は、彼らの自由な経済活動を圧迫し、せっかく得た富を貢がせて、戦争や豪《ごう》奢《しゃ》な生活に乱費していた。このような不平等に対して資本家の不満が爆発したのがフランス革命だった。

評論文では、**市民社会は前近代的な共同体と対比されやすい**。たとえば、共同体の解体とともに、自由や平等を求める**「個人」**が生まれ、その「個人」が集う社会が市民社会だとされる。だが、あくまで初期の市民社会とは、老若男女誰もが「個人」や「市民」であったわけではなく、経済的にも豊かで、独立自尊の気風をもつような新興資本家が中心であったことは頭に入れておこう。

近代的市民社会の時間感覚――内山節『時間についての十二章』

1 どうやら現代人たちは、自分の一生も経営感覚でつくりだしていかなければならなくなったようだ、と感じたのは一九八〇年代に入った頃であった。仮に私の寿命が八十年とすれば、私はその八十年を破綻させないように、うまく、[8]**合理**的に経営していかなければならないであろう。

2 それを経営だと感じたのは、ここには[220]**時間**の管理、時間の合理的配分という考え方があるからである。

3 単純に労働生産物をつくることと、経営として商品をつくることとの間には、時間に対する考え方の違いがある。前者はものを作ること自体が目的になっているけれど、後者は合理的な時間管理によってものを作らなければならない。どんなによいものを作っても、その商品にとって適切な時間以上を費してそれがつくられたのでは、経営は破綻するのである。経営とは時間とともに生みだされる価値の展開であり、時計の時間を[18]**超越**してものを作ったのでは、経営は成り立たない。

4 そう考えてみると、私たちの一生も経営感覚のなかにまきこまれている。私たちは時間を管理しなければならない。未来の時間を破綻させないためにである。そのためには現在の時間が、未来の時間を安定させるだけの価値を生まなければ

読解のポイント

5～1 **現代人（＝近代的市民）**
＝経営感覚で一生を管理
← 自分の責任で時間を管理

⟷

6 **近代以前**
＝関係のなかに時間が成立

7 共同体の崩壊 ← 個人の時間が確立 ← 近代的市民社会 ←

8 時間世界はひとつの基準に集約

ならない。

5 もしかすると、自分の一生を経営感覚でとらえることのできる人々を、近代的市民というのではないかとも私は思った。自立した市民とは、自分の[67]**責任**で時間管理のできる人々のことである。

6 近代的な[214]**市民社会**がつくられる以前の人々と時間の関係はそうではなかった。時間は独立した市民一人一人とともにあるのではなく、多くの場合関係のなかに成立していた。（中略）

7 [213]**共同体**社会がこわれ、近代的市民社会がつくられていく過程は、共同的な関係によって時間がつくられていく時代から、[210]**個人**の時間が確立していく時代への転換であった。このときから私たちは、自分だけの固有の時間を確立した。時間は自分の責任において管理していくものへと変容したのである。（中略）

8 ところがそうなればなるほどに、私たちの存在とともにある時間世界は[38]**多元**化せず、ひとつの基準に集約されていったのである。

（龍谷大学　文・経済・経営・法・社会・国際文化学部）

設問「共同体社会」と「近代的市民社会」の違いを、七〇字以内で説明しなさい。

着眼 **7** 段落に着目。共同体社会の時間と近代的市民社会の時間の違いがわかるようにまとめる。

解答例 共同体社会では、人々の共同的な関係によって時間がつくられるのに対して、近代的市民社会では、時間は個人の責任において管理しなければならない。（六九字）

215 国民国家

関 ナショナリズム

一つの国民（民族）から形成されている国家。

解説 国民国家とは、国民（民族）としての一体感、さらに国民を統合する政治的・経済的・軍事的な制度を基盤として成立した近代国家のことだ。近代に入って、国家同士の経済的・軍事的な争いが激しくなると、それぞれの国家は領域内の住民を統合して、軍事力や経済力を強化する必要性に迫られる。なぜなら、領域内からより大勢の兵士を集めることができれば、巨大な軍隊を作ることができるし、より多くの住民から税を徴収できれば国の財政は安定するからだ。

そのためには、住民に**「国民」**という意識を持たせなければならない。というのも、国民国家成立以前は、同じ国家のなかであっても、人々はそれぞれの共同体で、それぞれ異なる文化や習慣をもって生きていた。このように出自も文化も習慣も異なる人々を国家と直接結びつけるために、**国家は国民皆兵制、国語の制定、義務教育の実施などを通じて、人々に「国民」意識を持たせようとした**わけだ。

こうして成立した国民国家は、一方では国民主権のもとで民主主義的な国家を創出していくが、他方では自国内の先住民族や少数民族の文化を差別・排除するというネガティブな面も認められる。

評論文では、**〈国民国家あるいは国民というものは、自然に存在していたものではなく、人為的な制度とともに創られたフィクションにすぎない〉**という文脈がよく登場する。日本人もまた、江戸期までは「日本人」ではなかった。人々のアイデンティティは、もっぱら藩や村落共同体が基盤となっていたからだ。それがどのような制度によって均質的な「国民」にさせられていったのか、という点を論じた評論文も多い。

216 ナショナリズム

関 エスニシティ
国民国家

国家・民族の統一・独立・発展を推し進めようとする思想や運動。

解説 ナショナリズムは、**「民族主義」「国民主義」「国家主義」**など、文脈によって複数の訳語があてられるため、理解するのがなかなか難しい概念だ。実際、学問の最前線でも「ナショナリズムとは何か」という問題は大きな論点となっている。

だが評論文を読む上では、**〈国家・民族の統一・独立・発展を目指す思想や運動〉**といった理解をしておけばよい。その上で、ナショナリズムがなぜ多義的なのかを考えておこう。

そもそもナショナリズムは、フランス革命が起きた十八世紀末から十九世紀にかけて、「国民国家の建設」という形でヨーロッパにまず現れた。そこではたとえばフランス国民（民族）、ドイツ国民（民族）など、民族としての国家の統一を推し進める思想がナショナリズムだった。こうした国民意識を高めるために、国民国家を象徴する旗や歌・彫像などが盛んに用いられた。

一方、戦前のドイツや日本のように、自民族の優越性を唱えるようなナショナリズムは「国家主義」の側面が強く、全体主義のイデオロギーともなった。

他に、抑圧されていた少数民族が独立を求める場合にも、ナショナリズムは民族統合の重要な役割を果たす。

注意したいのは、ナショナリズムも国民国家同様、フィクションの側面が強いということだ。その点で、自然的な感情に根ざす故郷愛（パトリオティズム）とは異なる概念とされている。

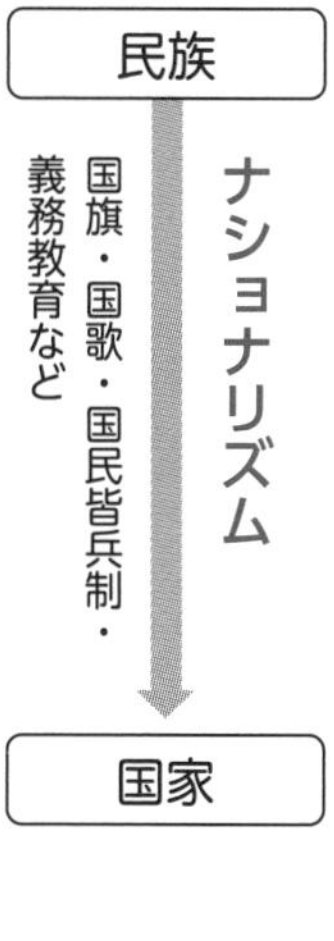

現代のナショナリズム――伊豫谷登士翁『グローバリゼーションとは何か』

1 われわれという集団が、最初から、共通した帰属意識を共有してきたわけではありません。近代という時代においては、共通の言語・国旗や国歌・モニュメントや[103]**神話**、[68]**歴史**や[108]**文化**などの、帰属意識を作りだす装置が、大きな意味を持つようになったということです。移民は、こうした帰属意識が生まれる一つの事例です。移民は、しばしば外国に渡って初めて、お互いに同郷の出身者としての帰属意識を持ったといいます。そして同郷出身者の集団が相互扶助的な[213]**コミュニティ**を形成し、そのことが、今度は母国のナショナルな[212]**アイデンティティ**を構築するのに大きな役割を果たしたのです。

2 さらにいえば、ある集団が、固定的に厳密に範囲を設定できるわけではなかった。むしろ、曖昧な領域に多くの人々が存在したのです。こうした曖昧な領域に境界を設けて、「われわれ」の範囲を暴力的に画定したのが近代国家です。しかも「われわれ」の範囲は、必ずしも、言語や習慣や宗教などの共通性によるものではありません。むしろ、境界の画定の過程で、共通の言語や共通の祖先などの神話が創りだされたのです。明示的であれ[24]**潜在**的であれ、外からの恐怖によって生みだされた共通の敵に対して、集団意識が強化されてきたのです。こうした「われわれ」は、ネーション（国民）と呼ばれます。

読解のポイント

2 **1**

われわれという集団

＝最初から、共通した帰属意識を共有してきたわけではない

＝曖昧な領域に多くの人々が存在

⬇

帰属意識を作りだす装置

（共通の言語・国旗や国歌・モニュメントや神話、歴史や文化）

⬇

近代国家による「「われわれ」の範囲」の画定

⬇

ネーション（国民）

4 **3**

⬇

他者との差異化

⬇

想像の産物ゆえの柔軟性・再帰性

⬇

「われわれ」と他者とを分離し続ける想像の共同体

＝

国民国家

3 その意味で、近代こそが、それ以前のさまざまな制度や[43]**規範**を押しつぶし、組み替えて、[46]**他者**との[238]**差異**化を導入したのです。あるいは共通経験を共有してきたと想像され、創造されるのです。

4 しかしながら、ネーションが想像の産物だからといって、それが権力を持たないといっているのではありません。むしろ想像であるがゆえに、そして日々想像され続けることによって、柔軟に変化し、権力は維持され強化されてきたのです。現代の[216]**ナショナリズム**を理解する鍵はこの点にあります。[236]**グローバリゼーション**の時代において、ネーションの柔軟性（フレキシビリティ）や[244]**再帰性**（リフレキシビリティ）は、明確になったと考えられます。すなわち時代の変化に適合するように変化するとともに、時代の要請を取り込んできたのです。それゆえに、[215]**国民国家**が想像であるといっただけでは、ナショナリズムを批判したり、克服したことにはならないのです。「われわれ」と他者とを分離し続ける、それが[219]**想像の共同体**としての国民国家であるわけです。

（中央大学　文学部）

設問　傍線部のように言えるのはなぜか。その理由を説明している一文を文中から抜き出し、最初の五字を書きなさい。

着眼　国民国家に関する知識があれば、たやすい問題。「共通の言語や共通の祖先などの神話が創りだされた」と同様の内容が **1** 段落の二文目にあることに着目し、その理由を説明した箇所が直前の一文「われわれという集団が、最初から、共通した帰属意識を共有してきたわけではありません」になっているという論理構造を見抜く。

解答　われわれと

217 国語

一つの独立国家において公に認められた言語。

218 標準語

ある国の国語において規範となる言語。学校・放送・新聞などで広く用いられる。

解説 国民国家の成立と**国語**の制定は非常に密接な関係がある。なぜなら、地理的にも文化的にも隔てられている人々を**「国民」「民族」**という形で統合する主要な制度の一つが国語の制定だからである。

国民国家とは、国家の領域内の人々が「自分たちは○○国の国民だ」と思うような国家のことだ。しかし、このような国民意識はあらかじめ存在するものではない。同じムラや共同体であれば顔見知りだから、同胞意識はあるが、見知らぬ他人に対してはそうではないだろう。**そうした見知らぬ人々が同胞意識をもつためには、共通の言語、共通の文化をもつことが不可欠となる。**

そこで、複数の言語が使われている国では、国語＝公用語を定めて、人々に同胞意識を持たせていく。また、国語の規範として**標準語**を定め、新聞や出版物に用いることで、「同じ言葉を読んでいる」という意識を生み出すわけである。

例文 民族意識とは、会ったこともない人々が、同じ共同体に帰属すると考えることである。このような社会意識が生まれるためには、伝統的共同体としてのムラの変化、労働力移動と社会流動性の増大、出版・メディアの拡大、**国語**教育と国民軍など、他人が仲間だと思い込むことを可能とするような、すぐれて近代の現象が必要となる。

（藤原帰一『戦争を記憶する』）

219 想像の共同体

関 国民国家
ナショナリズム

> 国民国家は虚構（フィクション）によって創られた共同体であるという理論。

解説 国民国家やナショナリズムに関する学問的な議論のなかで、最も有名な用語が政治学者のベネディクト・アンダーソン（一九三六〜二〇一五）の著作名ともなっている**「想像の共同体」**だ。

「想像の共同体」とは、**〈フィクションによって創られた共同体〉**ということであり、アンダーソンによれば、**「国民」や「国民国家」の起源は共通言語の使用に求められる**という。つまり、同じ言語を使うことが「国民」が生まれる条件であるということだ。そして、この共通言語の使用を可能にした歴史的条件として、印刷・出版の拡大に着目する。たとえばドイツでは、宗教改革の際に、ルターがそれまでラテン語で書かれていた聖書をドイツ語に訳し、このドイツ語訳の聖書が普及したことで、標準的なドイツ語を読み書きする空間が生み出されるようになった。このように、出版メディアが発達することで、書籍や新聞・教科書などを通じて人々が同じ言語を読み書きできるようになることが、国民意識が生み出される基盤になったというのが「想像の共同体」の骨子である。

「想像の共同体」そのものを扱った評論文はそれほど多くないが、この考え方を応用した文章は近代の国民国家論の定番となっている。

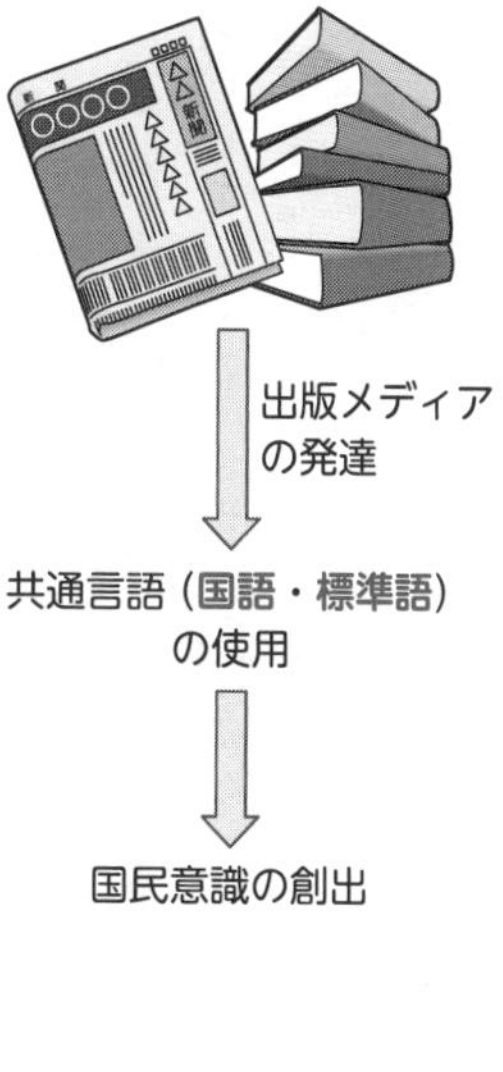

国語が国民を生み出す —— 梅森直之『ベネディクト・アンダーソン グローバリゼーションを語る』

1 たしかに正しい文法と発音とイントネーションによって構成された「標準語[218]」なるものも存在する。しかし、いったいどれだけの日本人が、それを実際に話しているのだろう。厳密に言ってそれは、アナウンサーなどの、職業柄不特定多数の人間に向けて話しかけなければならない人たちによって、特定の場面で話されているにすぎないのではなかろうか。日本の領土に住んでいる人々が、実際の日常生活で使用しているのは、単一の「日本語」ではなく、ローカルにもしくはパーソナルに規定された雑多な言葉の集合である。アンダーソンは、このローカルで雑多な日常の言葉を、「俗語」という用語で示している。そしてかれは、この「俗語」と「標準語」をめぐるビミョーな関係に、「国民」の誕生を解明する鍵があるというのである。

2「標準語」が日常生活の話し言葉でないとすれば、それはいったい何なのだろう。それは「出版語」であるというのがアンダーソンの答えだ。すなわちそれは、出版業が産業として確立する時期に、そこで用いられる「書き言葉」として登場した新しい言葉であるというのである。

3 では、なぜこの時期に、こうした新しい「書き言葉」が誕生することになったのだろう。それは**資本主義**[180]の力だというのがアンダーソンの答えだ。

読解のポイント

2 **1** 標準語≠日常生活の話し言葉
=出版語
=出版業が産業として確立する時期に、そこで用いられる「書き言葉」として登場した新しい言葉

3 ➡ なぜこの時期に、こうした新しい「書き言葉」が誕生することになったのか?
➡ 資本主義の力
=

4 統一的な市場の必要
➡ 「国語」という新しいシステム

5 ➡ 日本人が日本語を話すのではなく、むしろ日本語を使うことで日本人になる

4 出版が産業として成り立つためには、[178]**市場**を十分に拡大させる必要がある。ラテン語や古典漢文といった一握りの知識人しか読めないような正統な「[4]**普遍語**」は、この意味で失格だ。では、「俗語」をそのまま「書き言葉」として利用してみたらどうだろう。[94]**イメージ**としては、広島弁で書かれた新聞や、女子高生言葉で記された小説などはどうだろう。たしかにそれは、広島の人や女子高生にはわかりやすいかもしれない。しかし、「俗語」の種類に応じて、異なった新聞や小説を準備しなければならないとしたら、市場はあまりにも細分化され、出版は産業として立ちゆかなくなってしまう。産業としての出版は、雑多に存在する「俗語」の境界を超えたより広い統一的な市場を求める。この統一的な市場の必要に応じて作り上げられたものが、「[217]**国語**」という新しい言葉のシステムだったとアンダーソンは言うのである。

5 このテーゼが意味するところは、すがすがしいほど常識に反している。先ほど見たように僕たちは、日本人が使う言葉が日本語なのだと固く信じている。しかしアンダーソンは、日本人が日本語を話すのではなく、むしろ日本語を使うことで日本人になるのだと主張しているのである。

（亜細亜大学　経営・経済・国際関係・法学部）

設問　傍線部の内容を、八〇字以内で具体的に説明しなさい。

着眼　「資本主義の力」は、「市場を十分に拡大させる必要」と理解する。したがって傍線部は、〈出版が産業として確立する時期に、新しい「書き言葉」が誕生したのは、市場を十分に拡大させる必要による〉と言い換えられる。これを出発点として、**4**段落の内容を盛り込んでまとめればよい。

解答例　出版が産業として成り立つには「俗語」の境界を超えた統一的な市場が必要であり、そのために「国語」という新しい「書き言葉」のシステムが作り上げられたということ。（七八字）

220 均質な時間（抽象時間）

時計によって計測される客観的な時間。

関 均質な空間
反 円環時間

一方、近代の時間は、**時計によって計測される均質な時間であり、〈誰にとっても時間は同じように流れている〉という意味で客観的な時間である。**こうした均質な時間の推移は「直線の時間」としてイメージされると同時に、過去から未来に向かって人類は直線的に進歩をしているという**進歩史観**（進歩的な歴史観）とも結びつくことになった。

例文 「**均質**で空虚な**時間**」とは、僕たちが日常生活で用いているふつうの時間のことである。二月二五日、三時四五分、いま東京の研究室で、このような文章をつづっている僕は、北海道でも沖縄でも、いまが二月二五日の三時四五分であることを無意識のうちに知っている。

（梅森直之『ベネディクト・アンダーソン グローバリゼーションを語る』）

221 円環時間

太陽の運行や季節の循環をベースにつくられた時間意識。

反 均質な時間

解説 **近代以前は農業中心の社会だったため、太陽の運行や季節の循環をベースにした時間意識によって、人々は生活を営んでいた。**太陽の動きも季節の変化も、〈時間をかけて巡ってくるもの〉〈去っていっても再び戻ってくるもの〉という意味では、「円」のイメージに近いことから、前近代の時間意識は**円環時間**と呼ばれている。

222 均質な空間

関 均質な時間
反 トポス

座標軸によって計測される客観的な空間。

223 トポス

反 均質な空間

意味を帯びている場所。

解説 空間もまた、時間と同様、近代化とともに均質化していった。近代以前、空間は均質なものではなく、たとえば、山頂や森の中は聖なる空間として世俗的な空間から区別されていた。また、人々は自らの経験にもとづいて、空間にさまざまな意味を付与していた。つまり近代以前においては、固有の質や意味に満ちた場所として空間は捉えられていたのである。このように、さまざまな意味を帯びている場所を**トポス**という。

しかし近代になると、空間から意味が剝ぎ取られていく。**均質な空間**を促したものの一つとして、座標軸の発明を挙げることができる。**デカルトが生み出した座標軸は、多様な意味に満ちた空間を、縦・横・高さという数値的・抽象的な空間に変えてしまった**。

こうした均質な空間は、近代建築の大きなテーマともなった。たとえばオフィスビルのように、どのような用途にも使えるような空間の設計は、近代の建築が実現したものだ。

例文 深さは、空間的には水平方向における深さをあらわしている。幅に対する奥行である。しかし、均質化された近代の空間にはこの奥行が存在しない。なぜなら、**均質空間**はどの場所も無性格で取り換え可能だから、奥行は横から見られた幅であり、奥行と幅は相対化された距離に還元されてしまうからだ。

（狩野敏次「住居空間の心身論」）

円環時間から直線時間へ——今村仁司『近代性の構造』

❶ヨーロッパで十二世紀以降活躍するようになった商人には、**都市**[224]内部の商人、都市と都市をつなぐ遠隔地商人の二種類の商人がいるが、商人の時間という観点ではとくに遠隔地商人の行動が大切である。何となれば、先取り意識を自覚するのは遠隔地商人の行為だからである。狭いパリやロンドンのなかだけなら危険も少なく、先取り意識をそう先鋭化させる必要はないが、ロンドンとベネチアの交易など海外貿易を行うユダヤ商人を中心とする遠隔地商人は、不確定要素の計算を相当力を込めてやらないと没落する。商人の時間の形成において遠隔地商人の役割が大きいことは十分予測されるが、いずれにしても、十二世紀以降、ヨーロッパでは商人の経験がどんどん蓄積されるとともに、抽象的な時間計算が発展していく。

❷十四世紀ごろ教会の鐘と都市の時計の争いが勃発する。時計の原理は十三世紀にはほぼわかっていて、十四世紀ごろになると、その原理を応用して多くの時計がつくられ、都市の市庁舎に大時計が置かれるようになった。当時の典型例としてフランドル*の時計がよく知られている。

❸教会の鐘は朝、昼、晩という自然のリズムを表現するが、都市の時計は手工業と商業の時間を体現する。商人が先取り計算をするだけではなくて、初期マニュ

読解のポイント

❶ 遠隔地商人の経験の蓄積
⇦ 抽象的な時間計算の発展

❷❸ 教会の鐘と都市の時計の争い
教会の鐘＝自然のリズム ⇔ 都市の時計＝手工業と商業

❹ ⇦ 都市の時計の勝利

＊フランドル＝ベルギー西部を中心に、オランダ南西部からフランス北東部にまたがる地方。フランダース。

ファクチャーもまた生産リズム、労働リズムを正確に計算しなくてはならない。正確さが要求される時代が来たことを物体として表現するには時計がまったく適当であった。

4 十四世紀以降の西洋の都市では大時計がつくられ、都市のセンターに据えつけられていく。これは産業リズムの計算の先駆であった。したがって、鐘と時計の争いは[221]**円環時間**と[220]**抽象時間**の争いであり、ついには鐘の時間が敗北して時計の時間が勝利する。これは農村に対する都市の勝利ともいえる。その意味で、商人や職人は、彼ら自身の頭のなかやエートスはかならずしも近代人にはなっていないが、すくなくとも時間の意識を円環時間から直線時間に切りかえていく役割を果たしたという意味で、時間意識における近代の先駆者として位置づけられるだろう。

設問 傍線部の「円環時間」と「抽象時間」とはそれぞれどのようなものか。文中の語句を用いて説明しなさい。

着眼 円環時間＝教会の鐘、抽象時間＝都市の時計という対比から考える。

解答例 円環時間は朝、昼、晩という自然のリズムであり、抽象時間は正確さが要求される産業のリズムである。

224 都市

異質な人々が大規模に密集している地域。

関 共同体

解説 近代化の大きな特徴として、都市化という点が挙げられる。**近代化が進み、伝統的な共同体が解体すると、共同体からあぶれた人々は都市へと流入し、工場労働者となっていく**。

伝統的な共同体はみな顔見知りで気心が知れているが、その分、束縛も強く、個人のプライバシーや自由はない。一方、**都市は匿名の人々の集まりであり、孤独と隣り合わせであるが、自由な生き方をすることができる**。また、都市の住民は固定化せずに、どんどん入れ替わっていく。こうした人々の入れ替わりが激しいことを「流動性が高い」と表現することも覚えておこう。

評論文で都市が論じられる場合、このような近代化の特徴という点とともに、**都市を記号として読み解く**ものも多い。たとえば秋葉原を「オタクの街」と捉えるのは、秋葉原を「オタク」の記号として見ているということだ。現代的な都市については、**「ディズニーランド化」**というキーワードで分析するという評論もある。これは都市をディズニーランドのようなテーマ性のある物語空間として読み解くというものだ。

このように、「都市」はさまざまな角度から論じられるテーマであるが、それは都市が時代の特徴や文化が凝縮された空間であり、都市を読み解くことは時代や社会を読み解くことにつながるからである。

例文 「自由な個人」とは、彼／彼女が帰属する社会的なコンテクストから自由な個人ということだ。そして**都市**への大量の人口流入とともに、それら血縁とか地縁といった生活上のコンテクストがしだいに弱体化し、家族生活も夫婦を中心とする核家族が基本となって世代のコンテクストが崩れていった。

（鷲田清一『感覚の幽い風景』）

225 風景

関 共同体

人間によって生み出される景色。

解説 **風景**は入試評論文でしばしば登場するテーマである。取り上げ方は筆者によってさまざまだが、**風景を論じる文章が出題される背景には、私たちの生活から風景が失われていることがある**ようだ。

たとえば評論家の三浦展は、地方の郊外化の波によって日本の風景が均一化し、地域の独自性が失われていくことを、ファストフードになぞらえて**「ファスト風土」**と呼び、注目を集めた。どの土地でも同じような風景しか見ることができないのであれば、風景や土地への愛着も生まれない。それは生まれ育った場所を、心の拠り所とすることができなくなることを意味する。

こうした議論がある一方、**「風景」という概念の誕生そのものを問う**ような評論文もある。こうした評論文では、たとえば〈美しい自然の風景を愛《め》でる〉という発想が決して普遍的なものではなく、風景画や絵葉書などを通じて、近代になって成立したことを説き明かすわけだ。その延長線上に、整然とした町並みを計画的に作り、美しい風景を生み出そうとする**〈風景の生産〉**という考え方も生まれてくる。「景観法」という法律も、そのような意図のもとに制定されている。

このように論点が多岐にわたる風景論だが、いずれにも共通しているのは、**風景は手つかずの自然のようなものではなく、人間の働きかけや関わりによって成立している**ということだ。この点を意識しておくと、風景を論じた文章は理解しやすくなるはずである。

例文 **風景**とは、通常考えられるような視覚に限られた感覚対象ではなく、私たちが全感覚で周囲の世界に関わるあり方なのである。「印象」として現われる風景は、そのような感覚が記憶として蓄積されて成り立っている。

（納富信留「哲学的風景論の可能性」）

「遭遇可能性」から「検索可能性」へ――南後由和『ひとり空間の都市論』

❶インターネット草創期は、性別、年齢、居住地などの属性を明らかにすることなく、匿名で[253]**コミュニケーション**できることが魅力とされてきた。しかし、[255]**SNS**では「匿名性」をもつ情報空間は縮小傾向にあり、「異質性」も減退していった。SNSは、物理的な近接性を超えて不特定多数の[46]**他者**とコミュニケーションする開放的な「異質性」を備えてはいるが、趣味や信条の合う者同士が出会い、コミュニケーションする閉鎖的な「同質性」も育むからである。

❷このように、SNSでは、趣味・嗜好《しこう》を共有した同質的な他者と居心地のよいコミュニケーションをはかり、浅く広い連帯感を感じとることができる。ただし、SNSを通じた他者とのコミュニケーションは情報空間に閉じられたものではなく、物理的な[224]**都市**空間での出来事とも連動したものである。では、SNSが普及する以前と以後で、都市空間における他者との出会い方はどのように変化したといえるだろうか。

❸都市とは、出身地、階層、世代、趣味・嗜好などが異なる他者たちが集まってくる場であった。そのような異質な他者たちが集い、趣味・嗜好を共有する場として、都市には「たまり場」が形成されてきた。だが、それらのたまり場は、とりあえず足を運んでみる必要があったし、どのような人がいるかわからないとい

読解のポイント

❶ SNSの「匿名性」「異質性」の減退

⬇

❷ SNS普及の以前・以後で、都市空間での他者との出会い方はどのように変化したか

⬇

❸ 都市＝**「遭遇可能性」**に満ちた場
〈SNSの普及〉

⬇

❹ **「検索可能性」**が高められた空間

⬇

❺ 他者との出会い方
＝**「とりあえず」**から**「あらかじめ」**へ変化
＝**遭遇可能性の減退**

う「遭遇可能性」に満ちた場所であった。このことは、都市のたまり場に足を運ぶからこそ得られる高揚感をもたらした。ただし、そこで交遊を深めるには、足繁く通いつめ、顔を覚えてもらうなど、時間と手間を要した。

4 それに対し、SNSが普及して以降のたまり場は、あらかじめたまり場の様子を画像などで確認できるうえ、興味関心のあるキーワード検索に引っかかり、趣味・嗜好を共有した人びと同士が集まる「検索可能性」が高められた空間となっている。また従来の都市のたまり場において顔を覚えてもらうという慣習は、SNSを介した「フォロー」や告知の機能に取って代わられ、時間と手間のかからない効率のよい交遊ができるようになった。

5 このようにSNSのネットワークが都市空間に組み込まれることで、他者との出会い方は、「とりあえず」から「あらかじめ」へ変化し、他者との出会いの場は、「遭遇可能性」が高められた空間から「検索可能性」が高められた空間へ変化するようになった。SNSは、趣味・嗜好を共有した「ひとり」同士が効率よく出会うことのできる「マッチング精度」を上げたといえる。その一方で、SNSは、そのネットワークの外側にいる人びととの出会いを難しくし、都市空間における遭遇可能性を減退させた。

設問 問題文の要旨を一二〇字以内で書きなさい。

着眼 SNSの普及以前・以後で都市空間での他者との出会い方がどのように変化したのかを中心にまとめる。

解答例 都市とは異質な他者たちが集い、趣味・嗜好を共有する「遭遇可能性」に満ちた場であったが、SNSが普及して以降、遭遇可能性は減退し、あらかじめ検索を通じて趣味・嗜好を共有した人々同士が効率よく集まる「検索可能性」が高められた空間となっている。（一一九字）

226 個人主義

反 全体主義
関 個人

個人の自由や権利を尊重する考え方。

解説 **個人主義**は近代市民社会の基礎となる概念である。近代以前の社会では、人は封建的な制度に縛られ、自由に生きることはできなかった。そのように個人の自由がない時代には、個人主義は積極的な理念として人々に受け入れられ、**自由主義や民主主義の基本原理**となった。しかし、自由に生きることが当たり前のようになっている現代社会では、個人主義という理念は決して輝かしいものではなくなっている。たとえば近代化が進むにつれ、「束縛からの解放」よりも「個人の孤立」が問題とされるようになった。そのため最近では、個人を包み込む共同体やコミュニティといった中間集団の重要性を説く評論文も多い。

227 全体主義

反 個人主義

国家の利益を最優先し、個人の自由や利益を否定する政治思想や政治体制。

解説 自民族や自国を美化する独裁的な体制が**全体主義**であり、そこでは**個人の人権や言論の自由は否定される**。歴史的には、第一次世界大戦後のドイツのナチズム、イタリアのファシズム、日本の軍国主義が典型的だが、共産党による一党独裁を実質とする旧ソ連のような社会主義国家も全体主義とする見方もある。

また、たとえ民主主義国家といえども、扇動的な政治やメディアによる世論操作などによって、全体主義的な体制へと転じる危険性は孕《はら》んでいる。

228 疎外

① よそよそしくすること。
② 人間が作り出したものに、人間が支配されること。

解説　**疎外**の一般的な意味は、除《の》け者や仲間はずれにすることだ。しかし哲学・思想の評論文を読み解く場合には、②の用法を知っておきたい。

たとえば、貨幣や市場というものは人間が作り出したものであるにもかかわらず、不況やバブル、金融危機といった現象に、人間は振り回されてしまう。あるいは、工場労働者があたかも部品のように特定の労働を強制されることも、**〈人間が生み出した工場労働に、人間が支配される〉**という意味で疎外といえるだろう。

例文　人間がだれかに蝕《むしば》まれるのではなく、人間が自分で自分を蝕むのが消費社会における**疎外**であるのだ。

（國分功一郎『暇と退屈の倫理学』）

229 ニヒリズム（虚無主義）

関 個人主義
自由主義

既成の秩序や価値を否定し、あらゆるものを無意味とする考え方。

解説　あらゆる価値や規範を否定し、人生を無意味だとする**ニヒリズム**は、近代になって生まれた考え方だ。というのは、**近代以前であれば、たとえばキリスト教的な価値観が生きる意味を与えてくれた**からである。

近代に入ると、キリスト教的価値観は否定され、かわって個人の自由を尊重する自由主義が定着していった。自由であることは同時に、人生の価値を自分で見いださなければならないことを意味するが、それにつまずいてしまうと、生きる意味を見失い、あらゆる価値を否定する態度につながってしまう。こうしたニヒリズムは、現代社会にまで続く問題として論じる評論文も多い。

230 フォーディズム

関 ポストフォーディズム

T型フォードを大量生産するシステム。

解説 フォーディズム、すなわちフォード主義のフォードとは、一九一〇年代にアメリカで、T型フォードという車の大量生産に成功したヘンリー・フォード（フォード社の創始者）のことをいう。かつての自動車は高価であり、買えるのは富裕層に限られていた。それを大きく変えたのがフォードの生産方式である。フォードは、分業やベルトコンベヤーを用いた流れ作業など、T型フォードを**大量生産できるシステム**を作り上げた。

大量生産により価格は下がり、労働者でも車を購入できるようになった。しかしその働き方は画一的で、機械的な労働を人々に強いることから、二十世紀後半になると批判されるようになった。

231 近代家族

近代になって成立した、愛情による結婚や子ども中心主義を特徴とする家族のあり方。

解説 入試評論文では時折、家族論と呼ばれる分野の文章が出題される。**近代家族**には、愛情で結ばれたプライベート（私的）な領域になったこと、**夫が稼ぎ、妻が家事・育児を担うという性別役割分業が標準**となったこと、子育てが家族の中心的な役割になったことといった特徴がある。

だがこうした家族のあり方は、**近代という時代に成立した特殊な形態であり、歴史的には多様な形態の家族が存在した**ことが実証されている。そして現在も、家族のあり方は大きく変容しつつあり、新しい家族像が模索されている。

第7章 現代

ナビゲーション

「現代」とは〈私たちがいま生きている時代〉のことだ。だが同時に、現代は近代の延長上にある時代でもある。なのに、なぜ近代と現代を分ける必要があるのだろうか。その理由は、**現代の世界では、近代を通じて自明とされてきたさまざまな価値や原理が通用しなくなっているから**である。

　たとえば近代は、時代が進むほど人類も進歩していくと信じることができた時代だった。つまり、科学や経済の発展は豊かさを約束するものだったのだ。しかし現代では、科学や経済の発展を無邪気に信じることはできなくなっている。

　このように、近代的なモデルが解体している時代が現代であり、その変化に対してさまざまな学問的な考察も行われている。この章に収録したのは、そんな現代を論じる上で欠かすことのできないキーワードである。

■多様化と個人化

　現代（社会）を論じる評論文の多くは、現代を「近代の曲がり角」や**「ポストモダン（脱近代）」**として捉えている。世界史の教科書で現代史というと、第一次世界大戦あたりからのことを指すが、**ポストモダンという語が広く用いられるようになったのは一九七〇年代になってから**だ。このような捉え方の背後には、〈近代的な価値観が通用しなくなり、現代は新たな段階に入っている〉という問題意識がある。

　近代と異なる現代世界の特徴を大づかみにいえば、**「多様化」**ということになるだろう。**消費社会**に象徴される消費スタイルの多様化、インターネットに代表される**メディア**の多様化なども含め、現代はあらゆる事象で多様化が進んでいる時代であり、**〈価値観の多様化につれて、人々を結びつける共通の基盤が失われていった〉**という論点は評論文では頻出している。現代思想の用語として有名な**「大きな物語の終焉」**も、簡単にいえば価値観の多様化のことだ。

価値観の多様化は、同時に**「個人化」**を推し進めていくことになる。中世から近代になって、たしかに身分制はなくなったが、それでも近代では仕事や家族などには決まった型のようなものがあった。しかし、現代では仕事も家族も多様化したため、かつてに比べて選択肢も増えた分、**自己の責任で人生を選んでいかなければならなくなる**。このような事情について、政治思想の研究者・宇野重規は次のように述べている。

「人々がものごとを決めるにあたって、絶対的な価値基準やモデルとすべき人やものはなくなり、すべてを〈私〉が決めなければなりません。」（『〈私〉時代のデモクラシー』）

ポイント

・ポストモダン＝大きな物語の終焉
＝価値観が多様化する時代

■過剰な近代化が近代を掘り崩す

このような価値観の多様化は、政治・経済・社会の変化とも無関係ではない。米ソの**冷戦**終結によって、資本主義対社会主義というイデオロギー対立がなくなったこと、経済成長が行き詰まり、豊かな未来が保障されなくなったこと、科学技術が公害や環境問題を引き起こしたことなど、近代的な理念と現実とが乖離《かいり》していったことが、価値観の多様化を加速させた面も大きい。

ただし、同時に押さえておきたいのは、価値観の多様化や個人化の加速は、近代化の結果でもあるということだ。つまり、**近代という時代は近代化を推し進めることによって、自らの理念や価値観を掘り崩してしまっているということになる。**

市民社会から**大衆社会**への変化、民主主義の**ポピュリズム化**、**グローバリゼーション**による異文化間の衝突、資本主義が引き起こすバブルとその崩壊なども、そういった文脈に位置づけることができるだろう。

ドイツの社会学者ウルリヒ・ベック（一九四四〜二〇一

五）は、産業や科学技術が精緻になるほど、社会全体が予測不可能な**リスク**で覆われるようになることを**「リスク社会」**という概念を用いて分析した。さらにベックは、極端な個人化が引き起こすリスクについても指摘している。これは、企業やコミュニティと個人の結びつきが弱くなったことで、個人が貧困や失業・離婚といったリスクにさらされやすくなっているということである。このような「リスク社会」もまた、近代化によってもたらされた問題と言える。

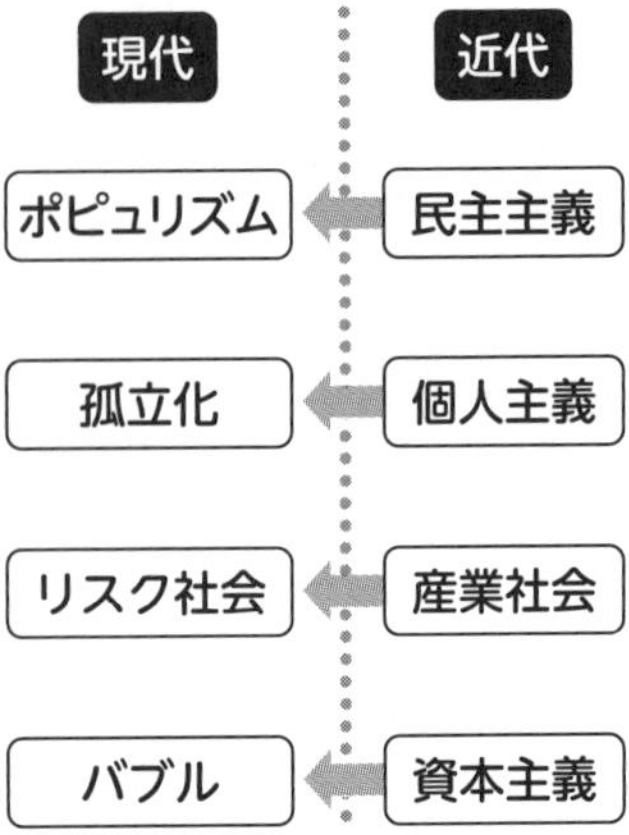

■「作りもの」としての近代の発見

ここまでは、過剰な近代化が生み出す問題を中心に解説してきたが、ポストモダンの思想や評論では、近代的な価値観や概念を相対化する論旨の文章も目立っている。その典型的な形式は、**普遍的だと思われている概念や価値観の自明性を疑い、それが近代という時代が作り出したものにすぎないことを論証していく**というものだ。

一例を挙げよう。これは社会学者・河原和枝の『子ども観の近代』という本の一節だ。

「子どもがしだいに無知で無垢な存在とみなされて大人と区別され、学校や家庭に隔離されるようになっていったのは、十七世紀から十八世紀のことである。」

このように、**〈「子ども」という概念は近代になって発見された〉**というタイプの文章が非常に多く登場した。本書ですでに解説した「（近代的）自我」「個人」「国民」といったものも同様に、近代になって生まれた（発見された）概念だ。

こうした思考を学問的に洗練させたのが、社会学の

「社会構築主義」と呼ばれる理論であり、一九九〇年代以降の有力な思想の一つとして知られている。とりわけ「男らしさ」「女らしさ」といったイメージが社会的・文化的に作られてきたことを明らかにした**ジェンダー**研究において、社会構築主義は強力な学問ツールとなった。

> **ポイント**
> **・近代の相対化＝普遍的だと思われている概念や価値観を、近代特有のものだと捉えること。**

■デジタル革命の進展

二十世紀末から現在にかけて、とりわけ社会に大きな影響を与えているのが情報技術の進展だ。インターネット、スマートフォン、**ソーシャル・メディア**、**人工知能（AI）**など、新たな情報技術が登場するたび、私たちの社会は大きく変化してきた。

だが、現実の**情報社会**は、インターネットの黎明《れいめい》期に期待された未来像とは大きく異なっている。

インターネットが普及していけば、国境を越えた**コミュニケーション**が日常的に行われるようになり、世界的な民主主義が実現するかもしれない。今まで**マス・メディア**が独占していた情報流通が刷新され、さまざまな個人が主体的に情報を発信するようになるかもしれない。――二十世紀末から二十一世紀の初頭にかけてしきりに叫ばれた**「IT革命」の論者たちは、情報技術によって個と個がグローバルに連帯する社会を夢見ていた。**

たしかに情報技術で便利になったことは数多くある。しかしコミュニケーション面に注目すれば、現実にネット空間で起きているのは、グローバルな連帯どころか、毎日のように飛び交う**フェイクニュース**や差別的発言であり、**価値観の異なる者同士の衝突や分断**である。

入試評論文では、近年はソーシャル・メディアやAI、**ビッグデータ**のもたらす社会的な影響を論じる文章が急増している。本章を読んで、情報社会にかかわるさまざまなキーワードやテーマを理解してもらいたい。

232 ポストモダン

関 近代 理性

近代の理性中心主義を批判し、多様な価値観の共存を求める思想の傾向。

233 大きな物語

関 近代

社会全体に目標を与えるような思想やイデオロギーのこと。

解説 「ポスト」とは「〜の後」の意なので、**ポストモダン**とは「近代の後（脱近代）」ということだ。もともとポストモダンは、建築分野から出てきた用語で、単一性や合理性、機能性を志向するモダニズム（近代主義）に対して、ポストモダニズム建築は装飾性・多様性の回復を主張した。

だがこの言葉が世に広まったのは、フランスの哲学者リオタール（一九二四〜九八）の著作『ポストモダンの条件』によるところが大きい。リオタールは、社会がポストモダン化していくことを**「大きな物語」**の解体として捉えた。大きな物語とは、社会全体で共有されている価値体系のことであり、近代でいえば**〈科学や民主主義によって人類は進歩する〉**という考え方のことである。

しかし、科学技術が原爆を生み出したり、民主主義がナチズムのような独裁制をもたらしたことで、人々はもはや、そのような大きな物語を信じることができなくなった。こうした近代の失敗をふまえて、**近代的な理性中心主義を批判し、多様な価値観の共存を求める思想や文化のことをポストモダンという**。

現代も近代の延長線上にある。だが、近代が限界に突き当たっているという見方は、一九八〇年代以降、非常に強くなっている。評論文でも近代批判や近代の限界を指摘する文章は頻出しているが、そうした文章の背景にはポストモダンの考え方があることを知っておこう。

234 脱構築（ディコンストラクション）

二項対立的な発想に隠れた自己矛盾を暴くこと。

解説 脱構築は、フランスの哲学者ジャック・デリダ（一九三〇～二〇〇四）が創ったことで知られる概念だ。**脱構築とは、階層秩序にひそむ矛盾を解体すること**であり、ここでいう階層秩序とは、たとえば「精神／身体」「男／女」「オリジナル／コピー」という**二項対立**のことをいう。近代的な思考は、こうした二項対立を立てながら、前者を優位なもの、後者を劣位にあるものとして位置づけてきた。

ここには、前者（精神・男・オリジナル）を本物とみなし、後者（身体・女・コピー）を偽物とみなす考え方がひそんでいる。たとえばまず最初に、オリジナルという本物が確固として存在し、その偽物、劣ったものとしてコピーがあるというふうに考えてしまうということだ。

脱構築はこの考え方を解体する。つまり、〈オリジナルという考え方が生まれるのはコピーがあるから〉と考えて、二項対立の境界を無効にするのだ。「精神／身体」「男／女」も同様であり、この考え方を「自分」に適用すれば、他者がいるから自分がいる、ということになるだろう。

このようなデリダの脱構築という考え方は、その後、さまざまな哲学者や思想家が応用し、西欧中心主義や男性中心主義を批判する武器となった。

例文 **脱構築**批評の主眼は、作品には中心的な意味がないということを証明することにある。そのため、テクストをめぐる異なった解釈が互いに矛盾し合い、どちらが正しいか決定不可能であることを示すという方法がとられる。

（廣野由美子『批評理論入門』）

オタクの行動様式はポストモダンを反映している

――東浩紀『動物化するポストモダン』

❶十八世紀末より二十世紀半ばまで、近代国家では、成員をひとつにまとめあげるためのさまざまなシステムが整備され、その働きを前提として社会が運営されてきた。そのシステムはたとえば、思想的には人間や[51]**理性**の[17]**理念**として、政治的には[215]**国民国家**や革命の[84]**イデオロギー**として、経済的には生産の優位として現れてきた。「[233]**大きな物語**」とはそれらシステムの総称である。

❷近代は大きな物語で支配された時代だった。それに対して[232]**ポストモダン**では、大きな物語があちこちで機能不全を起こし、社会全体のまとまりが急速に弱体化する。日本ではその弱体化は、高度経済成長と「政治の季節」が終わり、石油ショックと連合赤軍事件を経た七〇年代に加速した。オタクたちが出現したのは、まさにその時期である。そのような観点で見ると、ジャンクなサブカルチャーを材料として神経症的に「[211]**自我**の殻」を作り上げるオタクたちの振る舞いは、まさに、大きな物語の失墜を背景として、その空白を埋めるために登場した行動様式であることがよく分かる。

❸この点でもうひとり参考になるオタク論を展開しているのが、社会学者の大澤真幸である。彼は九五年の「オタク論」で、オタクたちにおいては[19]**内在**的な[46]**他**

読解のポイント

❶ **近代国家（十八世紀末〜二十世紀半ば）**
→大きな物語を前提として社会が運営されてきた

⇔

❷ **ポストモダン**
→大きな物語があちこちで機能不全を起こし、社会全体のまとまりが急速に弱体化

⬇

オタクたちの出現

⬇

❸ 「社会」や「神」の大きさをうまく捉えることができず、その空白を近くのサブカルチャーで埋めようとする

⬇

ポストモダンの特徴を反映

者と[18]**超越**的な他者の区別が「失調」しており、そのため彼らはオカルトや神秘思想に強く惹《ひ》かれるのだ、と分析している。ここで「内在的な他者と超越的な他者の区別」というのは、平たく言えば、自分の身の回りにある他人の世界（経験的世界）と、それらを超えた神の世界（超越的世界）の区別を意味する。オタクたちはその両者を区別できず、その結果、サブカルチャーを題材とした疑似宗教にたやすく引っかかってしまう。そのような失調は、かつての近代社会では[210]**個人**の未成熟として切り捨てることができただろうが、ポストモダン社会ではそう簡単にはいかない。というのも、私たちが生きているこの社会そのものが、いまや大きな物語の失調によって特徴づけられるものだからだ。伝統に支えられた「社会」や「神」の大きさをうまく捉えることができず、その空白を近くのサブカルチャーで埋めようとするオタクたちの行動様式は、ポストモダンのそのような特徴をよく反映している。

設問 傍線部「大きな物語の失墜」とはどのようなことか。五〇字以内で具体的に説明しなさい。

着眼 傍線部と同じ段落にある「ポストモダンでは、大きな物語があちこちで機能不全を起こし、社会全体のまとまりが急速に弱体化する」が解答の骨子だが、「大きな物語」は1段落の説明を参考に言い換える必要がある。

解答例 成員をひとつにまとめあげる近代国家のシステムが機能不全を起こし、社会全体のまとまりが弱体化すること。（五〇字）

235 冷戦

関 資本主義
社会主義

第二次世界大戦後、アメリカ中心の資本主義陣営と旧ソ連中心の社会主義陣営との間で続いた対立関係。

解説 第二次世界大戦後、アメリカ合衆国を中心とする**資本主義**（**自由主義**）**陣営**と、旧ソビエト連邦を中心とする**社会主義陣営**との対立構造が形成されていった。米ソの覇権争いは、直接的な武力衝突のない争いだったため、**冷戦**と呼ばれる。また一般的に、西欧諸国が資本主義であるのに対して、東欧が社会主義陣営に属していたことから、前者は「西側」、後者は「東側」と呼ばれていた。冷戦は四十年以上にわたって続いたが、一九八九年の「ベルリンの壁」崩壊による東西ドイツの統一、九一年のソ連解体によって終結した。

冷戦終結によって、アメリカが唯一の超大国になるとともに、世界のほとんどが資本主義経済となることで、**グローバリゼーションが加速していった**。

それに伴って戦争や紛争のあり方も変わっていった。冷戦中に起きた戦争（朝鮮戦争・ベトナム戦争など）は、資本主義と社会主義という対立軸が明確であり、国家単位の戦争が中心だった。しかし冷戦後は、二分法的なイデオロギー対立が解消された結果、民族や宗教が紛争の火種となるとともに、内戦やテロ戦争など、**戦争の主体も多元化していった**。

例文 あえて**冷戦**中と冷戦後の違いを言うなら、冷戦中はどの紛争も体制選択の争い、つまり資本主義か共産主義かの争いになりがちだったのに対し、冷戦後はそれがなくなったため、アメリカもソ連（のちロシア）も本気でそれらを封じ込めようとしなくなった、ということが言えるかもしれません。

（最上敏樹『いま平和とは』）

236 グローバリゼーション（グローバル化）

ヒト・モノ・カネ・情報が国境を超えて、世界規模で一体化していくこと。

解説 **グローバリゼーション**は、現代社会の特質を理解するための最重要キーワードだ。

グローバリゼーションという言葉は、九〇年代以降から使用されることが多くなった。その背景には、冷戦終結によって資本主義・自由貿易体制が世界規模に拡大したことや、情報技術やインターネットの普及によって情報もまた国境を超えやすくなったことが挙げられる。

グローバリゼーションの評価には二つの側面がある。肯定的な点としては、グローバリゼーションによって、**国家という枠組みが乗り越えられ**、戦争や環境問題など世界規模の問題解決を進展させたり、国境にとらわれないコミュニケーションが学問や文化・技術を発展させることなどが指摘されている。一方、否定的な論者は、**現在のグローバリゼーションはあくまで欧米化にすぎず、地域の独自性を圧殺し、文化の均質性を押し付けることにつながる**ことに危機感を表明している。評論文でも、グローバリゼーションがもたらす影響を考察したものが多い。

例文 **グローバル化**の時代である。アメリカという「帝国」を基準とした、均質化の暴力が、世界をかぎりなく金太郎アメ化してゆく。それはある側面では、避けがたい流れであるのかもしれない、しかし、その負の側面が大きくせり出しつつある。グローバル化なるものが、さまざまな民族・国家・地域がもっている個性や、内発的な力を削ぎ落とす方向へと働くことは、否定すべくもない現実である。

（赤坂憲雄「地域遺産とは何か」）

冷戦終焉後に顕在化した差異——加藤節『政治学を問いなおす』

❶[235]**冷戦**終焉後に[23]**顕在**化した要素のうち、政治の暴力化との関連でもっとも深刻なのは、人間を分かつさまざまな[238]**差異**性であると言ってよい。その中で特に目につくのは、言うまでもなく、[215]**国民国家**の基礎をなす[216]**ナショナリティ**とは区別される[115]**エスニシティ**という意味での民族の差、それと結びついた宗教や[108]**文化**の差異にほかならない。その場合、民族や宗教や文化の差異について、二つの特質を指摘することができるであろう。

❷特質の一つは、多くの国民国家において、それらの差異が、ナショナル・[212]**アイデンティティ**には解消できない集団的アイデンティティの根拠をなすものとして強く自覚され始めていることである。この特質は、次の点で、通常の政治の成立条件を奪い、政治の暴力化への道を開くものであると言わなければならない。

❸排他的な民族的、宗教的、文化的アイデンティティを主張する集団間に、ナショナリティの同一性を共通の[16]**観念**的基盤とする政治的公共性が成り立つことは困難である。したがって、そうした集団間に直接的な紛争が生じた場合はもとより、一般的な紛争が集団間の対立にまで凝集された場合にも、その紛争は、政治的な解決の範囲を超えて、集団固有のアイデンティティを賭した暴力的形態を帯びる傾向を避けられないであろう。（中略）

読解のポイント

❶ 冷戦終焉後に顕在化した民族や宗教や文化の差異
⬅
二つの特質
＝
❷ 民族や宗教や文化の差異が、ナショナル・アイデンティティに解消できない集団的アイデンティティの根拠として強く自覚され始めている
⬅
❸ 政治の暴力化

＋

❹〜❻ グローバリゼーションの圧力（中央から周辺への構造的暴力）への反発として、民族や宗教や文化の差異に固執しようとする衝動が国際的にも強まっている

4 もう一つの特質は、現代世界を覆う[236]**グローバリゼーション**の圧力への反発として、そうした差異に固執しようとする衝動が国際的にも強まっていることに求められよう。

5 もとより、グローバリゼーションは多様性をもった[11]**現象**であって、それを[33]**一義**的に定義することは難しい。（中略）グローバリゼーションは、七〇年代に流通した[15]**概念**を用いれば、中央が周辺を経済的に[228]**疎外**し、政治的に非対称化し、文化的に[36]**一元**化しようとする「構造的暴力」を秘めていると言わなければならない。

6 しかも、その場合、中央―周辺関係は多層的である点に特徴をもつ。その関係は、世界大では欧米や日本を中心とする先進国と多くのイスラム諸国を含む途上国との間に、地域的には、グローバリゼーションを支える教育制度やインフラ・ストラクチャーの整備が進んだ部分とそれが遅れた部分との間に、一国内でも、グローバリゼーションの恩恵に浴しうる富裕層とそれから[6]**絶対**的に排除される貧困層との間に成り立つからである。

（小樽商科大学）

設問 傍線部を具体的に言い換えている箇所を文中から抜き出し、最初と最後の五字を書きなさい。

着眼 5段落でのグローバリゼーションの説明に着目できれば平易な設問。

解答 最初＝中央が周辺
最後＝造的暴力」

237 消費社会

関 記号 差異

高度に産業が発達し、文化的・社会的欲求を満たすための消費が広範に行われる社会。

解説 消費社会という語には、〈物を大量に消費する社会〉という意味も含まれるが、評論文で論点となりやすいのは、**〈物を記号として消費する社会〉**という意味のほうだ。

たとえば私たちは、同じような機能の靴を何足も買う。こうした消費は、単に機能のために買うのではなく、違う欲求にもとづいているということができるだろう。では、どういう欲求か。一例を挙げれば、それは〈オシャレな自分〉〈かわいい自分〉を演出したいという欲求だろう。大人が高級車を買うのも、その自動車の機能を求めてというより、高級車を買うことで〈豊かな自分〉をアピールしているのである。

このとき、私たちは、**服や自動車の物質的な機能ではなく、その文化的な意味や社会的な意味を消費している**といえる。これを別の言葉でいえば、服や自動車を記号として消費していることになるわけだ。だから、新商品に飛びつく人は、その商品を、〈新しさ〉を表す記号として買っているということができる。

このような消費への欲求は、必要以上のものを消費することにつながるため、経済を成長させたり、文化を活性化させる原動力になる一方、資源の無駄遣いや大量廃棄を生み出すことにもなってしまう。

ただ、消費社会批判は、一時期は評論文に頻出のテーマだったが、最近は下火になっている。それは、九〇年代後半からの日本経済の低迷、本格的な情報社会の到来などによって、消費活動そのものが冷え込んでいるせいかもしれない。

238 差異

関 記号 消費社会

他と比較しての違い。

解説 差異は、「消費社会」の特徴を読み解く重要なキーワードだが、同時に「記号」を理解するためのキーワードでもある。

記号は〈意味を指し示すもの〉であり、たとえば信号機の青色は「進め」を意味する記号である。ではその意味はどのようにして生まれるのか。現代的な言語論の創始者であるソシュールは、**〈「差異の体系」が意味を生み出す〉**と主張した。つまり、信号の青色そのものが意味を持つのではなく、赤色・黄色との差異（違い）によって意味（の連関）が形成されるということだ。

これを消費に応用すると次のように説明できる。たとえばブランド物のカバンAを〈都会的でハイセンス〉という意味を示す記号として消費する場合、〈都会的でハイセンス〉という意味は、他のカバンB・C・D……との差異によって決まるということになる。ピンと来ない人は、こんなふうに考えてみよう。もし、世の中のすべてのカバンがAであれば、Aが〈都会的でハイセンス〉という意味を指し示すはずがない。**別のカバンとの差異があるから、Aは〈都会的でハイセンス〉という個性的な価値を指し示すのだ。**

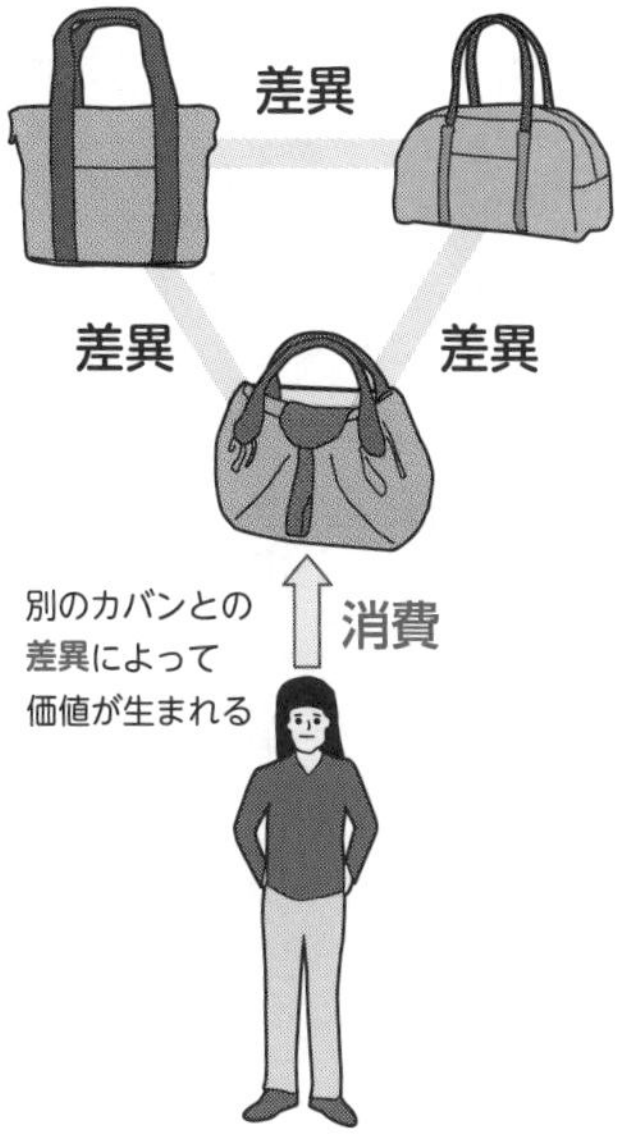

消費と浪費の違い――國分功一郎『民主主義を直感するために』

1 記号[90]を消費するとはどういうことだろうか？　たとえばどんな食事でも食べられる量は限られている。しばしば腹八分が勧められるがたまには腹一杯、十二分に食べたいものだ。これが浪費である。浪費は生活に豊かさをもたらし、そして必ずどこかでストップする。

2 では消費とは何か？　グルメブームというものを思い起こして欲しい。ある店が美味しいとか、有名人が利用しているなどと宣伝されると、その店に人が殺到する。もちろん「あの店、行ったことがあるよ」と他の人に言うためである。そして、もちろん、次に他の店が宣伝されれば、今度はそこに行かねばならないのだ。こうやって「おすすめ」の店を延々と回り続ける人々が受け取るのは、「その店に行ったことがある」という意味である。店は完全な記号になっている。そして、記号はいくらでも受け取ることができる。だから満足をもたらさない。記号の消費はいつまでも終わらない。

3 別の例を挙げよう。現代では基本的に商品はどんなにいいものであっても、モデルチェンジしないと売れない。携帯電話がいい例である。数年前の機種が今でも使えないわけがない。しかし、半年もたたないうちに「新しい」モデルが発売される。なぜだろうか？　人々はモデルなどみていないからである。「チェンジ」

読解のポイント

1 **浪費**
＝生活に豊かさをもたらし、必ずどこかでストップする

⇔

3 2 **消費**
＝意味や記号を受け取り、満足は得られない

⬇

4 満足を求めて再び消費をするという悪循環

5 ほとんどの消費社会論
＝贅沢批判
⇔ 消費社会の中に贅沢などない。
⬇ 消費社会は満足を奪う

という情報・意味だけを受け取っている。消費する人はモノ（＝モデル）を受け取っているのではない。意味や記号（＝「チェンジした」）を受け取っている。

4 消費と浪費の違いは明白である。浪費は目の前にあるモノを受け取る。消費はモノに付与された意味・**観念**[16]を受け取る。このことは**消費社会**[237]の魔法そのものを説明してくれる。消費は満足をもたらさない。しかし消費者は満足を求めて消費している。消費しても満足が得られないから、更に消費を続ける。こうして、消費と不満足との悪循環が生まれる。二十世紀に爆発的に広まった消費社会とはこの悪循環を利用したものである。消費しても満足が得られないから消費して……というサイクルをうまく利用することで、莫大《ばくだい》な量のモノを売ることができた。その結果、大量生産・大量消費・大量投棄の経済が生まれた。

5 バブル崩壊後に雨後の竹の子のように現れた「豊かさ」論、そしてまた、ほとんどの消費社会批判は、この大量生産・大量消費・大量投棄の経済を眺めながら、その「贅沢《ぜいたく》」を糾弾したものである。このような贅沢批判の問題点は明らかである。消費社会の中に贅沢などない。逆だ。消費社会とは我々から贅沢を奪うものである。浪費家であろうとする我々を消費者に仕立て上げ、満足することが決してない消費のサイクルに投げこむのが消費社会である。

（秋田大学）

設問 傍線部のように言えるのはなぜか。わかりやすく説明しなさい。

着眼 「我々から贅沢を奪う」とは、満足を得られないということ。**4**にある「消費しても満足が得られないから消費して……というサイクル」をわかりやすく説明する。

解答例 消費社会では、消費者は満足を求めて消費するが、そこで得られるのは意味や記号であり、満足は得られないため、再び消費をするという悪循環を繰り返すから。

239 フェミニズム

男性支配的な社会を批判し、女性の自己決定権を主張する思想・運動。

240 ジェンダー

関 構築主義

生物学的な性別を示すセックスに対して、社会的・文化的に形成される性別。

解説 近代民主主義は、あくまでも男性中心的な民主主義から出発した。というのも、**民主主義国家のほとんどは、当初、男性にしか参政権を認めていなかった**からだ。

このような不平等を背景に、十九世紀から二十世紀初頭にかけての初期**フェミニズム**では、女性の参政権獲得を中心に、法的・制度的な不平等の是正を求める運動が展開された。その結果、二十世紀になってようやく、多くの国で女性参政権が認められることになる（日本は一九四五年）。その後、フェミニズムは平等な労働、文化的な性差別の是正、性的な自己決定権の獲得などを求めて多様な展開をしていくとともに、**「女性学」**として学問研究の対象にもなっていった。

このフェミニズムと深く関連するのが**ジェンダー**という概念だ。生物学的な性別を意味する「セックス」に対して、ジェンダーは〈男らしさ〉〈女らしさ〉といった**社会的・文化的に作られた性差**を意味する。たとえば「家庭を守るのが女性の仕事だ」といったイメージは、社会的に作られたジェンダーにもとづく見方であり、女性はそのイメージ通りに振る舞うことを強制されてきた。

フェミニズムは、このようなジェンダーによって押し付けられる固定的な価値観を批判するとともに、社会のさまざまな分野でジェンダーを生み出すような習慣や常識があることを明らかにしてきた。

241 構築主義（社会構築主義）

関 ジェンダー

本質的だと考えられているさまざまな事象が、じつは歴史的・社会的な文脈によって作られたものだとする思想的立場。

解説　構築主義は、一九九〇年代以降の現代思想の最も強力な方法論の一つであり、その考え方は評論文のなかにも数多く表れている。

その最も典型的な例がジェンダー研究であり、**私たちが先天的で本質的だと思っている性別が、社会的・歴史的に構成されたものであること**をさまざまな例とともに示してきた。たとえば、「〜なのよ」「〜だわ」といった「女言葉」も、テレビドラマや少女漫画がつくりあげてきたものであり、先天的なものでも本質的なものでもない。同じように、一つの民族は一つの国家であるべきだとする国民国家という概念も、近代になって誕生した考え方である。

身近なところでは、日本人の歩き方も昔と今とでは違っており、現在のように右手と左足、左手と右足を同時に出し、手を振るような歩き方は、明治期の軍隊・学校・工場で強制された結果、定着したものだと論じる評論文もある（昔の日本人は、右手と右足が一緒に動き、しかも腰から上はほとんど動かしていなかったという）。

このような**構築主義的な考え方は、私たちが自明だと思っている物の見方や考え方を相対化することで、新しい思想の可能性を切り開くことを目指してきた**といえるだろう。

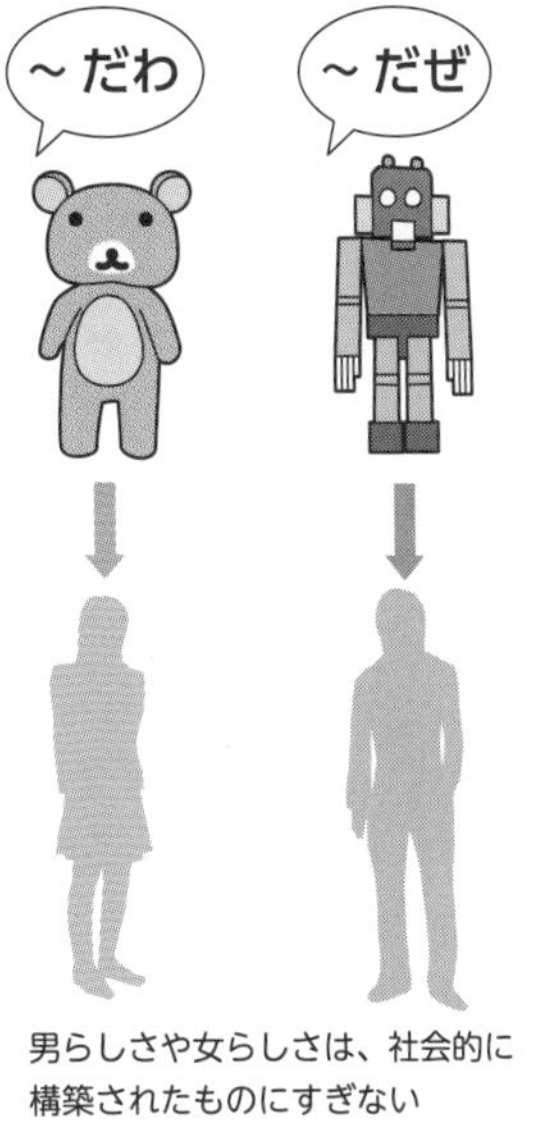

男らしさや女らしさは、社会的に構築されたものにすぎない

ジェンダーと構築主義——中村桃子『〈性〉と日本語』

1 私たちは、あらかじめ備わっている〈日本人・男・中年〉という属性にもとづいて言語行為を行うのではなく、言語行為によって自分の 212 **アイデンティティ**をつくりあげている。「私は日本人だ。」「男として恥ずかしい。」「もう中年だなあ。」などと言う行為が、その人をその時〈日本人〉〈男〉〈中年〉として表現すると考えるのである。240 **ジェンダー**でいえば、〈女／男〉というジェンダーを、その人が持っている属性とみなすのではなく、言語行為によってつくりあげるアイデンティティ、つまり、「ジェンダーする」行為の結果だとみなすのである。そして、私たちは、繰り返し習慣的に特定のアイデンティティを表現しつづけることで、そのアイデンティティが自分の「核」であるかのような幻想を持つ。（中略）このように、アイデンティティを、言語行為を通して私たちがつくりつづけるものだとみなす考え方を「241 **構築主義**」と呼ぶ。

2 それでは、私たちは、どのようにしてアイデンティティを表現するのか。何もないところから表現することはできない。材料が必要である。じつは「女ことば」や「男ことば」は、この材料の一つなのだ。私たちが言語行為の中で、自分や聞き手のアイデンティティをつくりあげる時に利用する言語資源なのである。

3 私たちは、子どものころから「女ことば」や「男ことば」を話す人物が登場す

読解のポイント

1 構築主義
＝アイデンティティを、言語行為を通して私たちがつくりつづけるものだとみなす考え方

⬅ 2 3 表現の材料
＝「女ことば」「男ことば」など、特定の集団と結びついた特定の言葉づかい

⬅ 4 服装や髪型なども広い意味での「ことば」と類似した働きをしている

る小説、テレビドラマ、映画、広告、マンガ、アニメに接することで、何が「女／男ことば」であるのかという知識を獲得している。「女／男ことば」だけではない。これらの 252**メディア** には、さまざまに異なる年齢、職業、出身地域、階級によって区別された集団のカテゴリーと結びついた言葉づかいの情報があふれている。これら特定の言葉づかいと特定の集団の結びつきは、指標性と呼ばれる。私たちは、言語行為において、これらの指標性に関する知識を使って、アイデンティティをつくりあげるのである。

4 もちろん、私たちがアイデンティティを表現する時に利用する資源は言語に限らない。服装や髪型、しぐさや行動なども重要な資源である。しかし、これらの資源が利用できるのも、言語と同じように、すでに意味と結びついているからである。「セーラー服」を、その人が〈女子高生〉であることを示すために利用できるのは、すでに「セーラー服」と〈女子高生〉のアイデンティティが結びついているからである。この意味では、服装や髪型も広い意味での「ことば」と類似した働きをしていると考えられる。

（三重大学、筑摩書房『現代文B 改訂版』「ことばがつくる女と男」）

設問 傍線部「これらの指標性に関する知識」とはどのような知識か。五〇字以内で具体的に説明しなさい。

着眼 「これらの指標性」とは、その直前の「これら特定の言葉づかいと特定の集団の結びつき」を指している。さらに「これら特定の言葉づかい」は、「さまざまに異なる年齢、職業、出身地域、階級によって区別された集団のカテゴリーと結びついた言葉づかい」のことであるから、これらを統合して解答を作成する。

解答例 特定の言葉づかいが、年齢、職業、出身地域、階級により区別された特定の集団と結びついているという知識。（五〇字）

242 リスク

危険。危険を受ける可能性。

関 リスク社会

243 リスク社会

あらゆる場所にリスクが埋め込まれている社会。

関 リスク

解説 三・一一の東日本大震災を経て、日本社会は**リスク**をどのようにコントロールするかという課題と直面している。このリスクという概念は、人間の行為や選択に関わっていることに注意しよう。たとえば自転車にカギをかければ、盗まれるリスク（危険度）は軽減できる。一方、地震や津波などの天災がもたらす危険は、人間の行為や選択とは関係なく起こりうるものであるため、リスクではなくデインジャー（danger）という概念で把握される。

社会学者のウルリヒ・ベックは、旧ソ連でチェルノブイリ原子力発電所事故が起きた後、**近代社会から現代社会への転換を、産業社会からリスク社会への移行と分析した**。この転換はリスクの生まれ方と関係している。近代的なリスクは、公害のように産業が未熟であることから起きるものだったのに対して、**現代社会では科学技術や産業の高度化が予測できない事態を引き起こし、次々とリスクを生み出している**。原発事故しかり、遺伝子組み換えしかり、地球温暖化しかりだ。さまざまな産業やテクノロジーが今後も高度化していくとすれば、それだけリスクも生まれてしまう。このように、**高度な産業化によって、社会全体がリスクで覆われていること**をベックはリスク社会と呼んだ。

244 再帰性

自分の行為や選択が、自分も含めてさまざまな物事に跳ね返っていくこと。

関 再帰的近代

245 再帰的近代

近代の生み出したものによって、近代自身が影響を受けること。

関 再帰性

解説 社会学という学問は、現代社会を**後期近代**と呼び、その特徴を**再帰性**という概念で分析している。再帰性とは、噛《か》み砕いていうと「跳ね返る」ということだ。では、なぜそれが現代社会の特徴なのか。

その理由は、社会が複雑になり、知識や情報が増大したことによって、標準的なモデルがなくなってしまったことと関係がある。たとえば近代初期は、民主主義や産業化・経済成長など、組織としても個人としても社会に共有されている目標が明確だった。しかし現代は、今挙げたような例も手放しで目標とすることはできなくなっている。「民主主義は形骸化し、産業化や経済成長は環境破壊や格差をもたらしてしまう」など、正負両側面が見えてしまうからだ。

だから、**個人であろうと組織であろうと、その行動や選択はすぐさま、いろいろな物事に跳ね返る**（影響する）**し、跳ね返ることを予想して、どう振る舞うかを考えていかねばならないのが、「再帰性」ということだ。**

このような考え方を、近代そのものに適用すると、**近代は自分が生み出したものに影響を受けてしまう**、ということになる。たとえば「豊かな社会を作ろう」という目標で産業化を進めた結果、原発事故のようなリスクを生みだしてしまう。それゆえ、**再帰的近代**社会では、**社会の予測可能性やコントロール可能性は掘り崩されていくことになる。**

リスク社会と近代――大澤真幸『不可能性の時代』

1どの視点から捉えても、「救済」や「希望」の可能性を見出《い》だすことができない社会システム、このような社会システムを[138]**分析**するための[15]**概念**が、社会学にはすでに準備されている。ウルリヒ・ベックによって提唱され、アンソニー・ギデンズやニクラス・ルーマン等によって引き継がれた、「[243]**リスク社会**」なる概念が、それである。リスク社会とは、環境問題やテロのような社会的レベルから、家族崩壊や失業のような[210]**個人**的レベルまでの、さまざまな[242]**リスク**の可能性にとりつかれた社会である。それは、[22]**外延**的には、二〇世紀末期以降の後期近代に対応している。格差社会の[10]**本質**は――すでに山田昌弘が指摘していることだが――、リスク社会にある。リスクというスクリーンを通して社会を眺めたとき、格差が――実際よりも大きな格差が――浮かび上がってくるのだ。

2リスクとは何か？　リスクは、とりたてて現代に――後期近代に――現れたものではなく、伝統社会にもあふれていたのではないか？　たとえば自然災害の脅威――それは伝統社会においてより大きかったはずである――は、リスクではないのか？　そうではない。そのことを理解するためには、リスク risk と危険 danger との相違を把握しておかなくてはならない。リスクは、選択・決定との相関でのみ現れる。リスクは、選択・決定に伴う不確実性（の認知）に関連して

読解のポイント

1 リスク社会
＝
さまざまなリスクの可能性にとりつかれた社会
＝
二十世紀末期以降の後期近代に対応

⬅

2 **リスク**
＝何事かを選択したときに、それに伴って生じると認知された不確実な損害
＝近代化以降に一般化

危険
＝地震や旱魃のような天災、突然外から襲ってくる敵、（民衆にとっての）暴政
＝伝統社会にありふれている

⬅

3 リスクの一般化は近代の本質的な特徴である「再帰性」を必要条件

いるのだ。リスクとは、何事かを選択したときに、それに伴って生じると認知された——不確実な——損害のことなのである。それゆえ、地震や旱魃《かんばつ》のような天災、突然外から襲ってくる敵、（民衆にとっての）暴政などは、リスクではない。それらは、自らの選択の帰結とは認識されていないからである。とすれば、リスクが一般化するのは、少なくとも近代以降だということになる。社会秩序を律する[43]**規範**やその環境が、人間の選択の産物であるとの自覚が確立した後でなければ、そもそも、リスクが現れようがないからである。

3 だから、リスクの一般化は、アンソニー・ギデンズが近代の本質的な特徴として挙げている「[244]**再帰性** reflexivity」を必要条件としている。どのような行為も規範を前提にしている。ギデンズによれば、近代社会においては、その規範への反省的・再帰的な態度が浸透し、常態化している。すなわち、規範を「変えることができる／変えるべきである」との自覚を前提にして、規範が不断にモニタリングされ、修正や調整がほどこされるのが、近代社会である。

（関西大学　商・政策創造・総合情報・文学部ほか、
筑摩書房『精選現代文B 改訂版』「リスク社会とその希望」に一部収録）

設問　傍線部「リスク risk と危険 danger との相違」をわかりやすく説明しなさい。

としている

着眼　「危険」という語は用いられていないが、文脈より「地震や旱魃のような天災、突然外から襲ってくる敵、（民衆にとっての）暴政など」が「危険」の例であることを見抜く。

解答例　リスクは、選択に伴って生じると認知される、不確実な損害のことで、近代以降に一般化されたものであるのに対して、危険は、天災や外から襲ってくる敵、暴政など、自らの選択の帰結とは認識されない脅威であり、時代に関係なく存在するという違い。

246 ケア（の倫理）

関 当事者

他者のニーズに寄り添い、応答すること。

解説　一般にケア労働やケアワークというと、看護や介護のことをいうが、評論文では「ケアの倫理」ということが問われるようになっている。学問的には、ケアの倫理は、**正義の倫理と対比される形で議論されてきた**。すなわち正義の倫理は、個人が自らの行動を理性や論理で正当化するのに対して、**ケアの倫理は他者の求めやニーズに寄り添うことに主眼が置かれる**のである。

ケアの倫理を提唱したアメリカの心理学者キャロル・ギリガン（一九三七〜）によれば、道徳的な行動を、男性は正義の倫理で捉えがちなのに対して、女性は状況に応じて他者を気遣うケアの倫理で捉える傾向が強いという。

論理や理性に高い価値を置く近代的な価値観からすると、身近な人間関係を気遣うような倫理は普遍性を欠くものとして劣った考えのように見なされる。しかし**現実の看護や介護という場面では、正義の倫理で答えが出ない問題も多い**。そのため、近年はケアの倫理の重要性がフェミニズムや社会学、人類学、ジャーナリズムなど、さまざまな分野で議論されるようになっている。

例文　「**ケアの倫理**」とは、人間はだれもが依存状態にある生き物であり、したがってとりわけ弱い立場に置かれている他者たちを放置しないことを社会の倫理基準の中心的課題とする。この考え方は、西欧近代における主流倫理体系であった「正義の倫理」が、個人の諸人権を尊重し、それらを侵害しないことに重点を置き、他者の存在や他者との関係構築そのものに消極的で防御的であるという姿勢とはある意味で真逆である。「ケアの倫理」は、他者へと積極的に手を差し延べ、痛みを和らげる「ケア（世話）」という概念を中心として組み立てられているために、「正義の倫理」から見るならばおせっかいな倫理とも言えよう。

（林香里「震災における「ケアのジャーナリズム」」）

247 QOL（クオリティ・オブ・ライフ）

関 生命倫理

生活の質、生命の質。

解説 QOL（quality of life）とは、単に生存するのではなく、**人間としての尊厳を保ち、自分らしい生き方をすることを重視する考え方**のことだ。伝統的に医療の分野では、生命それ自体に絶対的な価値を認める**SOL**（生命の尊厳、sanctity of life）という考え方が中心だった。しかし医療技術が発展するなかで、医療は単に延命だけを目的とするのではなく、患者が自分らしい生活を送れることを支援することの重要性が指摘されるようになり、QOLという考え方に発展していった。

なお安楽死や尊厳死を議論する場面では、**QOLとSOLでは主張が大きく異なる**ことに注意しよう。後者は安楽死や尊厳死を禁止する主張へとつながっている。

248 当事者

関 ケア

① ある事柄に関する直接の関係者。
② 何らかの苦労や困難を抱えた本人。

解説 近年、障害者や依存症患者など、苦労や困難を抱えた**「当事者」**を主題に据えた研究が注目を集めている。その背景には、障害者や女性、高齢者など、社会的に弱い立場にある当事者たちが長らく、自分の生き方は自分で決めるという**自己決定の権利を奪われてきた**歴史がある。

障害者が自立した生活を社会に求める障害者自立生活運動のような当事者による運動、あるいはアルコールや薬物の依存症患者が当事者同士で自分たちの経験を語り合う自助グループの活動などとともに、現在は、さまざまな苦労や困難を抱えた当事者たちが、自分たちの苦労のメカニズムや対処法を研究する**「当事者研究」**という営みが脚光を浴びている。

ケアは意味の外でおこなわれる——鷲田清一『「聴く」ことの力』

1 乳児のときにからだじゅうに降り注がれることばのシャワーというのは、たしかに意味以前の音のきめの経験ではある。が、意味の茫漠《ぼうばく》とした予兆のなかで触れられるこうした〈声〉は、ことばを覚えだすとともに、しだいに意味に従属させられるようになる。聴くということが皮膚の経験、からだ全体の経験であることをやめて、しだいに耳の経験となってゆく。物音やことばに耳を澄ますとき、ひとは〈声〉に触れる皮膚としての[59]**身体**を抑圧せざるをえない。ひとがこと細かに話をしていながら、いや話の内容が詳しくなればなるほど、こころが離れているようにおもわれることがあるが、このときにはわたしたちはもう他人のからだに触れてはいないのであろう。

2 患者とおしゃべりするばかりで、解釈をあえてしないという治療法がある。このときには逆に、精神科医は〈声〉の経験を〈意味〉による抑圧から解放しようとしているのだろう。お笑いがひとを癒すのは、意味の外部とまではいかなくても、ナンセンスというかたちでぜんぜん別の[126]**コンテクスト**へと、苦しみ、悲しみのなかにあるひとの意識を連れだすからであろう。

3 他人への[246]**ケア**といういとなみは、まさにこのように意味の外でおこなわれるものであるはずだ。ある効果を求めてなされるのではなく、「なんのために?」

読解のポイント

1 乳児のときに降り注がれることばのシャワー
⬅ 〈声〉が意味に従属
⬅ 他人のからだに触れていない

2 解釈をあえてしないという治療法
⬅ 〈声〉の経験を〈意味〉による抑圧から解放

3 **他人へのケア**
=意味の外でおこなわれるもの
=条件なしに、あなたがいるからというだけの理由で享ける世話

4 **存在のケア**をされるという経験はからだが憶えている
⬅ ひとの人生はそうそうかんたんに揺らぐものではない

という問いが失効するところで、ケアはなされる。こういうひとだから、あるいはこういう目的や必要があって、といった条件つきで世話をしてもらうのではなくて、条件なしに、あなたがいるからという、ただそれだけの理由で享《う》ける世話、それがケアなのではないだろうか。

4 ひとは生まれ落ちたらすぐに**他者**[46]への全面的な依存関係に入る。あやされ、声をかけられ、からだをまさぐられ、乳首をふくまされ、股ぐらを拭われ、髪を洗われといった、まさに存在のケアをされるという経験、それを幼いときにとにかく満ち足りるまで味わっておくことが、人間の成長にとって決定的な意味をもっていることは、だれもがからだで憶えている。こういう経験がじゅうぶんにあれば、ひとの人生はそうそうかんたんに揺らぐものではない。

（東京都立大学〈旧・首都大学東京〉）

設問 傍線部「こういう経験がじゅうぶんにあれば、ひとの人生はそうそうかんたんに揺らぐものではない」とはどのようなことか。六〇字以内で説明しなさい。

着眼 「こういう経験」の指示内容を的確にまとめ、それが「からだで憶えている」ことを通じて、人生を支えるという理路を説明する。

解答例 無条件に他人から存在をケアされるという経験を幼いときに享受しておくことが、からだでの記憶を通じて人生の拠《よ》り所となること。（六〇字）

249 大衆

①組織化されていない無数の人々の集団。
②他人の意見に引きずられ、感情的な判断で行動する人々。

250 大衆社会

大衆の動向が強い影響を与える社会。

関 市民社会

解説　**大衆社会**は、現代社会の大きな特質として考えられている。ここで重要なのは、**〈市民社会と大衆社会は対比的に捉えられている〉**ということだ。

近代市民社会で想定される市民は、自律的に行動し、理性的な判断力をもつ人々のことであった。しかし、十九世紀から二十世紀にかけて、身分や性別・財産によって制限されない普通選挙が実現すると、国民は誰でも一定年齢に達すれば政治参加できるようになる。そうなると、政治に参加する権利を持つのは当然のこととされ、近代初期のようにその重要性は人々に意識されなくなり、市民社会の理念も薄らいでいく。

このように、自律的に行動することがなく、他人の意見に引きずられてしまう人々が**大衆**であり、こうした大衆が大半を占める社会が大衆社会である。**他者と同調しやすい大衆は、メディアの影響を受けやすく、政治的にも操作されやすい**。

なお、日常的には、大衆は〈世間一般の人々〉や〈勤労階級の人々〉という意味でも使われる。「大衆文化」「大衆芸術」といった場合には、こちらのニュアンスのほうが強い。

251 ポピュリズム

関 大衆
大衆社会
フェイクニュース

政治家が、民衆の感情や要求を代弁することで支持を得ようとすること。

解説 二十一世紀に入ってから、**ポピュリズム**の世界的な拡大が問題視されるようになった。ポピュリズムとは、**民衆受けのする政策やメッセージを発して、支持を集めていく政治スタイル**のことをいう。

ポピュリズムの例としてよく挙げられるのは、二〇一六年に行われた、EU離脱を決めるイギリスの国民投票や、トランプ大統領が誕生したアメリカ大統領選挙だ。イギリスでは、EU離脱賛成派が「移民のせいで雇用が奪われたり、社会保障費の負担が大きくなったりしている」というメッセージを発して、イギリス人労働者の支持を集めた。トランプ大統領もメキシコからの移民に白人労働者の仕事が奪われていることを力説した。

また近年は、**SNSを利用して、虚偽の情報でエリートやメディアを批判する**ようなポピュリズム政治家や政党も目立つようになった。

ただし、ポピュリズムはすべて悪だという先入観をもつと、ポピュリズムをテーマにした評論文を誤読しやすいので注意しよう。政治が一握りのエリートに支配されている状況では、**ポピュリズムはエリートを批判し、広く人民の意思を実現する役割を果たすこともある**。その意味で、ポピュリズムは民主主義に適《かな》った現象でもあるのだ。入試評論文では、こうしたポピュリズムの肯定的な側面についても言及されている。

例文 **ポピュリズム**のもつ熱情は、本質的には宗教的な熱情と同根である。社会的な不正義の是正を求める人びとは、かつては教会や寺院などの宗教的な組織にその集団的な表現経路を見いだしていた。既成宗教が弱体化して人びとの発言を集約する機能をもたなくなった今日、その情熱の排出に代替的な手段を与えているのがポピュリズムなのである。

（森本あんり『異端の時代』）

ポピュリズムは民主主義から生まれる——水島治郎『ポピュリズムとは何か』

1 [251]**ポピュリズム**を[175]**デモクラシー**に敵対的な政治[84]**イデオロギー**とし、ポピュリズム政党を反民主主義的な政党とする見方は今も強い。ポピュリズムは「民主主義の病理」「討議ではなく喝采を優先」「カリスマ指導者の独裁」などと理解されることが多く、いわゆるデモクラシー論でも、正面から検討の対象とされないのが普通である。（中略）

2 しかしポピュリズムの主張の多くは、実はデモクラシーの[17]**理念**そのものと重なる面が多い。ポピュリズムの比較検討を行った政治学者のミュデとカルトワッセルは、少なくとも理論上は、人民主権と多数決制を擁護するポピュリズムは、「[10]**本質**的に」民主的であるとする。

3 それはなぜか。ポピュリズム政党においては、国民投票や国民発案を積極的に主張する傾向がある。オーストリア自由党は、国民投票の広範な導入、首長の直接選挙などを主張し、フランスの国民戦線も、国民投票や比例代表制導入を通じた国民の意思の反映を主張してきた。またスイス国民党は、国民投票の制度を積極的に活用し、しばしば成功を収めている。このような直接民主主義的諸制度は、まさにデモクラシーの本来のあり方に沿うものであり、「反民主主義」と一概にいうことはできないだろう。

読解のポイント

1 **ポピュリズム**

＝

デモクラシーに敵対的な政治イデオロギーとする見方は多い

⬅〈しかし〉

2 ポピュリズムの主張

＝

デモクラシーの理念そのものと重なる

3 【理由】ポピュリズム政党の主張する直接民主主義的諸制度は、デモクラシーの理念に沿うもの

⬅

4 ポピュリストの多くは「真の民主主義者」と自らを位置づけている

⬅

5 ポピュリズム政党の標的

≠民主主義そのもの

＝代表制民主主義

⬅

6 代表者＝政治エリートを批判

⬅

市民の要求を実現する回路を真剣

4現在、西欧のポピュリズムでは、右派であっても民主主義や議会主義は基本的な前提とされており、暴力行動を是認する、いわゆる極右の過激主義とは明らかに異なる。ポピュリストの多くは、少なくとも主張においては、「真の民主主義者」を自任し、人民を代表する存在と自らを位置づけている。

5そのように見ると、各国のポピュリズム政党が標的とするのは、民主主義それ自体というよりは、代表者を通じた民主主義、すなわち代表制民主主義（間接民主主義）である、ともいえる。ポピュリズム研究で名高いタガートが述べるように、代表制の枠内で議論するよりも、代表制そのものに対する反発が、ポピュリズムの根底にある。

6ポピュリズム政党は、代表者＝政治エリートが市民の要求を無視し、自己利益の追求に専念している、と批判する。そして島田幸典が的確に指摘するように、市民の要求を実現する回路をポピュリズム政党が真剣に求めていると見なされることで、むしろポピュリズム政党の主張が妥当性・正統性を獲得している面もある。ミュデたちの表現を使えば、ポピュリズムは、まさにデモクラシーの存在そのものによって生み出された存在なのである。

（弘前大学）

設問 傍線部「実はデモクラシーの理念そのものと重なる面が多い」とはどのようなことか。七〇字以内で説明しなさい。

に求めていると見なされる

↓

妥当性・正統性を獲得

↓

ポピュリズムはデモクラシーそのものによって生み出された存在

着眼 傍線部説明問題は傍線部を含む文全体から考えるのが鉄則。ポピュリズムの主張の多くがどういう点で「デモクラシーの理念そのものと重なる」のかを、3の説明を手がかりにまとめる。

解答例 ポピュリズム政党が主張する国民投票や国民発案などの直接民主主義的諸制度は、人民の意思を尊重するデモクラシー本来のあり方に沿っていること。（六八字）

252 メディア

関 マス・メディア
ソーシャル・メディア

情報伝達の媒介手段となるもの。媒体。

解説 **メディア**は、英語の「ミディアム(medium)」の複数形で、「媒体」「媒介物」を意味する言葉だ。メディアというと、テレビや新聞・書籍・雑誌といったマス・メディアやウェブ上のネット・メディアを思い浮かべる人が多いが、それだけに限られるものではない。**情報を媒介するものはすべてメディア**なので、ことばや文字・身振り、手紙や電話・CD・映画・ゲーム・さまざまな広告などもメディアということができる。

どんな時代にも、その時代を特徴付けるようなメディアがある。だが、メディアの特性と時代を結びつけて分析するようになったのは、二十世紀後半になってからであり、その意味ではメディア研究やメディア論というのは比較的新しい学問だ。

学問的にメディアの考察が重要なのは、メディアは私たちの生活習慣やコミュニケーションの仕方、リアリティの感覚などにも大きな影響を与えるからである。

たとえば全国新聞が生まれたことによって、日本中の人々が同じニュースを読むようになり、「国民」という意識を生み出していくことにつながっていった。その意味で**新聞は、人々を同じ集団にまとめあげるメディア**ということもできる（学級新聞や学校新聞にもそのような機能がある）。あるいはテレビは、それが一家に一台しかない時代には**「家族全員が居間に集まってテレビを見る」**という習慣をつくりだした。

このように、それぞれのメディアは独自の特徴をもち、その特徴がさまざまな形で人々や社会に影響を与えている。したがって、メディアを論じる評論文を読む上では、**筆者がそのメディアの特徴や影響をどのように分析しているのか**を意識するといいだろう。

253 コミュニケーション

関 メディア

ことば・文字・身振りなどによって、考えや感情・情報を伝達し合うこと。

解説 入試評論文では、メディアが人間関係や**コミュニケーション**に与える影響を考察する文章がよく登場する。コミュニケーションとメディアとの関係を歴史的に見ると、大きく、**音声（口述）メディア→文字メディア→電子メディア**という三つの段階に分けることができる。そしてそれぞれの段階で、コミュニケーションのあり方も大きく変化していることがわかる。

文字のない音声メディアの時代には、対面的なコミュニケーションが中心であり、話をしないことには伝達できないため、人々は共同的になりやすい。しかし文字メディアが発達して印刷文化が普及すると、一方では不特定多数の人々に情報を届けるマス・コミュニケーションが生まれると同時に、他方では、一人で本を読むという習慣は人々が共同体から離れ、個人化することを促進した。

電子メディアの時代とはラジオ、テレビ、コンピュータの時代のことだが、とりわけインターネットや電子メールの普及によって、個人であっても時間・空間を超えて他者とコミュニケーションすることが可能になった。

電子メディアの発達により、若者は対面的なコミュニケーションの機会が減り、コミュニケーション能力は低下したと言われるが、近年の研究ではこうした見方は覆されている。むしろ逆に、多様なメディアを人間関係に応じて使い分けているという点で、**若者は高度なコミュニケーション能力を発達させているが、そのために対人関係に過敏になっていることが問題**だという指摘も多い。

メディアの変動が人間関係に与える影響

――加藤篤志「社会学でわかる「人間関係」」

1 [252]**メディア**の発達によって遠距離間の[253]**コミュニケーション**が可能になることは、人間関係において空間的な制約が緩和されることを意味します。これは、伝統的な[213]**共同体**の枠を超えて、従来よりも広い範囲でより多くの人々と人間関係を形成することを可能にするものです。

2 また、電子メールやブログ、[255]**SNS**などを通じたコミュニケーションは、人間関係を時間的な制約から解放することになります。例えばメールを送る際には、人々は必ずしも相手の時間的な都合を考慮する必要はありません。時間があるときに読んでくれればよいのですから、送る側も自分の都合のよいときにメールを送ればよいわけです。このように時間的な制約が緩和されることによって、人々は互いの都合に配慮することが従来よりも容易になります。すなわち、互いを「[210]**個人**」として尊重しつつ、人間関係を形成することができるようになるわけです。

3 さらに、空間的・時間的な制約が緩和され、「いつでも、どこでも」[46]**他者**と連絡をとることが可能になるということは、周囲との人間関係をたえず[244]**再帰的**にチェックすることを可能にします。

読解のポイント

2 1 メディアの発達
↓
空間的な制約の緩和
時間的な制約の緩和
↓
3 周囲との人間関係を再帰的にチェック
↓
4 メディア環境の多元化
↓
人間関係の多元化
↓
5 メディア環境の急速な変動は、人間関係の変容と深く関わっている
↓
どのようなメディアが開発され、どのような形で普及するのかが、そのときの人間関係のあり方に左右されるという面も否定できない

4 次に、メディア環境の変動は、近代社会における人間関係の[38]**多元**化ともつながることになります。携帯電話のアドレス帳を、友人関係・職場関係・親戚……とグループ分けしている人は少なくないと思いますし、趣味や話題に応じていくつものブログやSNSに、「キャラ」を使い分けつつアクセスしている人もいるでしょう。さらにいうならば、同じ相手でも話題や文脈に応じて電話を使ったりメールを使ったり、ときには直接対面して話したりと、複数のコミュニケーション手段をとることがありますが、これもまた一種の多元化ということができるでしょう。これらはみな、メディア環境そのものが多元化しているからこそ可能だということができるわけです。

5 このように、現代社会におけるメディア環境の急速な変動は、人間関係の変容と深く関わっているということができます。ただし注意しなければならないのは、これが必ずしも「メディアが人間関係を変えた」という一方的な[141]**因果関係**によるものではないということです。逆に、どのようなメディアが開発され、どのような形で普及するのかが、そのときの人間関係のあり方に左右されるという面も否定できません。

（立教大学　経済学部）

設問　問題文の内容を一五〇字以内で要約しなさい。

着眼　①メディアの発達によってコミュニケーションが時間・空間の制約を受けなくなったこと、②人間関係の多元化、③人間関係がメディアに影響を与える側面、という三点を中心にまとめる。

解答例　メディア環境の発達により時間・空間に制約されないコミュニケーションが可能になると、従来よりも広い範囲で、時間的な都合に左右されずに人間関係を形成することが可能になった。また、メディア環境の多元化は、人間関係の多元化にもつながるが、人間関係のあり方がメディアの形態や普及に影響を与える面も否定できない。（一五〇字）

254 マス・メディア

関 メディア

マス（大衆）に働きかけるメディアのこと。ラジオ・テレビ・新聞などが代表的。

解説 ラジオ・テレビ・新聞など、不特定多数の人々に向けて大量の情報を伝達する媒体を**マス・メディア**という。マス・メディアは政治に関する情報を人々に伝達する大切な役割をになっており、私たちの投票行動や政治的な意見もマス・メディアの影響を大きく受けている。

しかし現実には、マス・メディアはニュースを取捨選択し、取材内容を編集する段階で、**ニュースをまとめる人間の主観がまじってしまう**。さらに現代では、視聴率競争のために問題を単純化したり、人々の興味を引きそうなニュースばかりを報道してしまうという弊害も指摘されている。

255 ソーシャル・メディア

関 メディア

オンライン上で、ユーザー同士が情報のやりとりをしたりコミュニケーションすることによって成り立つメディア。

解説 ソーシャル・メディアは、二〇〇〇年代の終盤から急速に浸透してきたオンライン上のメディアだ。「ソーシャル」とは「社会的な」という意味であり、簡単にいえば**〈人々のつながりを生み出すメディア〉**ということだ。また、こうしたソーシャル・メディアを提供するサービスを**「ソーシャル・ネットワーキング・サービス（SNS）」**という。

代表例はツイッターやフェイスブック、インスタグラムなどだが、これらの最大の特徴とは、**リアルタイム性**（速報性）であり、ユーザーは自分の発信したいことを即座に複数の人々に伝達し、そのリアクション（感想・意見）を受け取ることができる。

256 ポスト・トゥルース（ポスト真実）

関 フェイクニュース

事実が軽視される風潮。

解説 イギリスのEU離脱決定とアメリカのトランプ大統領誕生が重なった二〇一六年、イギリスのオックスフォード英語辞典が**「ポスト・トゥルース」**を“2016 Word Of The Year”として選んだことも手伝って、この言葉が評論文にも登場するようになった。

ＳＮＳなどのネット上では、たとえ虚偽であっても、瞬間的に人々の注意を引く記事やメッセージが拡散し、それが政治的な影響力をもってしまう。このように**客観的な事実が軽視され、人々の感情を刺激するような虚偽の情報が流通する現代の時代風潮**を「ポスト・トゥルース（ポスト真実）の時代」と呼ぶ。

257 フェイクニュース

関 ソーシャル・メディア
ポスト・トゥルース
ポピュリズム

インターネットやSNSで発信・拡散される虚偽の情報。

解説 **フェイクニュース**は、ポスト・トゥルースと並列的に語られる言葉であり、**ネットやSNSで拡散される誤った情報**のことをいう。

いくつか例を挙げておこう。二〇一六年のアメリカ大統領選では「ローマ法王がドナルド・トランプ支持を表明。その声明がバチカン（ローマ法王庁）から発表された」というフェイクニュースが拡散し、フェイスブックでのシェア数は九六万にも及んだ。日本では、二〇一六年の熊本地震の直後に、動物園から「ライオンが放たれた」というデマがＳＮＳで拡散された。

フェイクニュースが拡散される背景としては、**政治的な世論の操作、アクセス数の獲得**などが指摘されている。

あいまいな情報に耐える力――佐藤卓己『流言のメディア史』

1まだ文脈依存型[253]**コミュニケーション**の印刷[252]**メディア**が主流であった[262]**情報社会**では、討議による論理的な合意形成、すなわち市民的な輿論《よろん》は理想でありえた。しかし、つながっている状態そのものに価値をみとめる接続依存型コミュニケーションの[255]**SNS**が主流となる[62]**情動**社会では、情緒的な世論に人々は身をゆだねるだけになるのではないか。（中略）

2SNS上の[257]**フェイクニュース**も、メディア流言と同様に、その内容の大半は犯罪・災害・戦争など恐怖や憎悪の[61]**感情**を呼び起こす否定的な事象であり、特にマイノリティーや外敵に関する差別表現が多い。それは人間という生き物の暗部を理解するためには必要なデータである。ヘイト情報として取り締まるべき対象であったとしても、それは私たち自身が真摯に向き合う課題である。しかし、そうしたヘイト情報に向き合うこと、ましてその規制にたずさわることは、誰にとっても決して気持ちのよい仕事ではない。そのわずらわしさから、ヘイト情報の削除を[258]**AI**にゆだねたいと考えるのは人間として自然なことなのだ。

3この点こそ、未来の深刻な問題だと私は考えている。私自身をふくめ、多くの人は快適さを求めてわずらわしい判断をAIにゆだね、その動きに適応してゆくはずだ。AIの動きを予測して動くことは、機能的に見れば、AIに命令されて

読解のポイント

1 SNSが主流の情動社会

⬅ 情緒的な世論に身をゆだねる

⬅ **2** フェイクニュース・ヘイト情報

＝ 人間の暗部を理解するために必要なデータ

⬅〈しかし〉ヘイト情報に向き合うわずらわしさから、ヘイト情報の削除をAIにゆだねたい

⬅ **3** **人間のAI化**

＝ AI化した人間があいまい情報の自動的なクレンジングを要求

＝ **4** ジャーナリズムにとって不幸な時代

⇔ **「ポスト真実の時代」**

＝既存メディアが人間的な真価を発揮する好機

いるのと変わらない。ＡＩが人間化するより、人間がＡＩ化する可能性が高いのである。そしてＡＩはあいまい情報を苦手とするため、ＡＩ化した人間があいまい情報の自動的なクレンジングを要求するという事態は十分に予想できる。

4 そうした「真実の時代」はジャーナリズムにとっても不幸な時代となるだろう。あいまい情報の世界においてこそ、信頼できる情報を伝えるメディアは高く評価されてきたからである。だとすれば、「[256]**ポスト真実**の時代」と呼ばれる現代こそ、出版、新聞、放送など既存メディアがその人間的な真価を発揮する好機なのかもしれない。もちろん、私たちもメディア流言があふれていることをデフォルトとしてみとめた上で、信頼できるメディアを自ら育てていく覚悟が必要とされている。

5 [254]**マスメディア**の[67]**責任**をただ追及していればよかった安楽な「読み」の時代はすでに終わり、一人ひとりが情報発信の責任を引き受ける「読み書き」の時代となっている。こうした現代のメディア・リテラシーの[10]**本質**とは、あいまい情報に耐える力である。この情報は間違っているかもしれないというあいまいな状況で思考を停止せず、それに耐えて最善を尽くすことは人間にしかできないことだからである。

（学習院大学　文学部、法政大学　法学部）

設問 傍線部とはどのような時代か、わかりやすく説明しなさい。

---

5 ⬅ 現代のメディア・リテラシーの本質
＝
あいまい情報に耐える力

着眼 直接的には、**3**段落末尾にある「ＡＩ化した人間があいまい情報の自動的なクレンジングを要求する」ような時代と捉えればいいが、**2**〜**3**段落の論の展開もふまえて説明したい。

解答例 フェイクニュースやヘイト情報に向き合うことへのわずらわしさから逃れるため、人間がその処理判断をＡＩにゆだねてしまい、真偽の不確かなあいまいな情報が自動的に取り除かれていく時代。

258 AI（人工知能）

関ビッグデータ
シンギュラリティ

認識や記憶、学習、予測など、人間の知的活動を代行するコンピュータ技術。

259 ビッグデータ

関AI
プロファイリング

インターネット上で収集・分析される膨大なデータ。

解説 人工知能の研究自体は、二十世紀半ばから始まっているが、二〇一〇年代になって**AI**研究は飛躍的な発展を遂げた。それはディープラーニングという技術によって、AI自身が自分で学習をすることができるようになったからだ。

たとえば、以前の将棋コンピュータでは、人間が駒の動かし方を教えていた。しかし現在は、過去の棋譜を大量に学習することで、コンピュータは、どう駒を動かせば勝てるかということをコンピュータ自身で判断できるようになり、プロ棋士を凌駕《りょうが》するほど強くなっている。

こうしたディープラーニングを中核としたAI技術により、画像認識や音声認識の精度も大幅に向上した。私たちが使うデジタルカメラが、すぐれた顔認識機能を搭載できるようになったのもAIのおかげだ。

AI研究が急速に発展した背景には、インターネット上から膨大なデータ（＝**ビッグデータ**）を収集し、分析できるようになったことがある。**AIは大量のデータを学べば学ぶほど、高い精度の予測や判断ができるようになるのだ。**

例文 たとえば人間が**人工知能**に、犬や猫などの画像を分類したデータを学習させます。そうすると未知の猫の画像を読み込ませても、今までの学習データから判別して、確率的にこれは猫であると推測します。（江間有沙『AI社会の歩き方』）

260 （AI）プロファイリング

関 AI
ビッグデータ
プライバシー権

個人の属性データや行動履歴データなどを用いて、その人の特性を推定すること。

解説　（AI）プロファイリングとは、個人の属性データや過去の行動履歴データとビッグデータを照らし合わせて、**個人の趣味嗜好《しこう》や性格、行動、能力などの特性を予測する**ことをいう。

ネットでは閲覧履歴を分析して、利用者の関心がありそうな広告を表示する「ターゲット広告」と呼ばれるものがあるが、これもプロファイリングの一種である。

プロファイリングは、過去のビッグデータと照らし合わせる以上、必ずしも個人の特性を正確に推定できるとは限らない。評論文でも、**AIの予測を盲信し、誤ったプロファイリングをなんらかの判断材料にしてしまう**ことを懸念する議論がよく登場する。

261 プライバシー権

関 ビッグデータ
プロファイリング

①個人の私生活をみだりに公開されない権利。
②自分の情報を自分でコントロールできる権利。

解説　AIによるプロファイリングの文脈で重要なのは、②の意味での**プライバシー権**である。ビッグデータにもとづくプロファイリングは、計算方法やデータの少なさ、過去のデータの偏りなど、さまざまな点から誤った予測をしてしまう可能性がある。にもかかわらず、**AIが予測した個人の能力にもとづいて、なんらかの適性を選別されてしまうと、個人の人生が脅かされる**ことにもなりかねない。

そこで現在、**自分の情報を自分でコントロールできる権利を保護する**ことの重要性が、世界的に議論されるようになっている。

個人化の嘘《うそ》 —— 山本龍彦『おそろしいビッグデータ』

1 単純に言って、[259]**ビッグデータ**は特定[210]**個人**のデータではなく、ある属性Ⓐと、ある属性Ⓑと、ある属性Ⓒと、ある属性Ⓓをもつ「誰か（someone）」——例えば、Ⓐ40代前半で、Ⓑ独身で、Ⓒ仕事をもつ、Ⓓ男性——が、一般的にどのような特徴や傾向をもっているかという匿名的なデータである。ビッグデータというのは、要するに、この属性（Ⓐ～Ⓩ）をものすごくたくさん捕捉できるから（上述のⒶからⒹの属性に加え、Ⓔ年収一〇〇〇万円から一二〇〇万円で、Ⓕ大卒で、Ⓖ飲酒の習慣があり……等々の属性も収集・保存されうる）、限りなく「あなた（you）」自身の実態に近づけますよ、ということを意味しているのである。

2 しかし、ここで重要なのは、それはどこまでいっても本当の「あなた」に追いつけない、ということである。

3 例えば、ビッグデータ解析の結果、Ⓐ40代前半で、Ⓑ独身で、Ⓒ仕事をもつ、Ⓓ男性は、コンビニエンスストアで週に三〇〇〇円から五〇〇〇円の買い物をする傾向を有していることがわかったとしよう。しかし、同じ属性をもつ「あなた」が、そのような傾向を有しているとは限らない。他の誰でもない「あなた」は、昔コンビニでヤンキーにからまれてひどい目にあったため、コンビニ恐怖症となり、コンビニで一切買い物をしない特異な人物かもしれない。

読解のポイント

1 **ビッグデータ**
＝属性をたくさん捕捉できる
＝限りなく「あなた」の実態に近づける

⬇〈しかし〉

2 本当の「あなた」に追いつけない

3 **4** ＝本当の「あなた」を知らない

⬅

5 正確には「個人化」ではない

6 【理由】複数の類型によってグルーピングされたセグメントに基づく「類型化」に過ぎないから

4要するに、ビッグデータは、どこまでいっても本当の「あなた」を知らないのである。

5最近、よく、ビッグデータは、個人化（personalized）されたサービスを可能にするという言葉を耳にするが、それは正確には嘘で、あなたと同じような属性をもつ人たちが望むであろうサービスを可能にするに過ぎない。

6もちろん、それは多くの場合、「あなた」が実際に望むものを提供してくれるかもしれない。しかし、それは常にではないだろう。「あなた」と「あなたのような人たち」との間には、やはりギャップがあるのである。その意味で、最近よくいわれる「個人化」は、複数の属性によってグルーピングされたセグメントに基づく「類型化」に過ぎない。ビッグデータに基づく[258]AIの予測・評価は、厳密には、「[226]**個人主義**」ではなく、「集団主義（セグメント主義）」の発想に基づいているのである（セグメントとは、共通の属性をもった集団のことをいう）。

設問 傍線部のように言えるのはなぜか。文中の語句を用いて、六〇字以内で説明しなさい。

着眼 **3**段落の具体例は解答文に使いづらいので、それを一般的にまとめた**6**段落の最後の二文を用いる。

解答例 ビッグデータに基づくAIの予測・評価は、複数の属性によってグルーピングされたセグメントに基づく「類型化」に過ぎないから。（六〇字）

262 情報社会（情報化社会）

関 ソーシャル・メディア　AI

情報の生産・伝達を中心に発展する社会。

解説　情報社会とは、物よりも情報のほうが重要になっていく社会のことだ。

通信技術やコンピュータの発達、産業の高度化などに伴い、**二十世紀の後半から先進諸国は、産業社会から情報社会へと移行していった**。つまり工場やオフィスもコンピュータの導入がどんどん進むと同時に、産業全体では製造業が減りサービス業が増えていった。こうした意味で、情報社会は**「脱工業化社会」**とも言われている。

さらに現在、ＡＩ研究の急速な進展は、経済・産業のみならず、政治や社会制度、人々のライフスタイルや価値観まで大きく変えようとしている。

263 シンギュラリティ（技術的特異点）

関 AI

人間の知性を凌駕するようなAIが誕生する瞬間のこと。

解説　ＡＩには、**特化型AIと汎用型AI**という分け方がある。特化型ＡＩとは、将棋や画像認識、音声認識など、特定の用途に使用できる人工知能のことだ。たとえば画像認識をするＡＩは、将棋をすることはできない。

一方、汎用型ＡＩとは、**人間と同じように自律的に考えて複数の課題に対応できるAI**のことをいう。仮に汎用型ＡＩが誕生すれば、ＡＩは人間の手を借りずとも、自分の能力を超えるＡＩを自ら生み出せることになる。ＡＩは無限に学習を繰り返すことができるので、ひとたび汎用型ＡＩが実現すれば、あっという間に人間の知性を凌駕するＡＩが誕生する。その瞬間を、**シンギュラリティ（技術的特異点）**という。

264 監視社会

関 アーキテクチャー

人々をデータの束として処理して監視する技術が広く浸透している社会。

解説 かつての**監視社会**は、国家が市民の行動のすみずみまで目を光らせているような社会としてイメージされていた。しかし現代的な監視社会は、**人々を情報やデータとして処理して監視するような社会**のことをいう。監視する主体は国家だけではない。クレジットカードやインターネット上の購入・閲覧履歴などを通じて、人々はデータの束へと還元される。そして、それを活用する企業や共同体、一人ひとりの市民も監視する主体となるのだ。

したがって、現代的な監視社会を論じた評論文では、犯罪行為だけでなく、ネット上での購買誘導や個人情報を活用したマーケティングなども、監視社会の特徴として捉えられている。

265 アーキテクチャー

関 監視社会

①建築、構造物。
②人間の行動を制約するような設計や構造。

解説 評論文のなかでは、もっぱら②の意味で使われることが多いが、そのきっかけとなったのはアメリカの法学者ローレンス・レッシグ（一九六一～）の議論だ。

レッシグは、社会の複雑化にともなって、法だけでは対処しきれない問題が増えているため、**あらかじめ法を破らないようなアーキテクチャーによる規制が強まっている**ことを問題視している。

実際にはまだ存在しないが、アルコールを検知すると、エンジンがかからない自動車などは、アーキテクチャーによる規制といえるだろう。このようなアーキテクチャーによる規制の特徴は、**人々に意識されることなく事前に規制できる**点にある。

266 パターナリズム

反 ナッジ

相手の利益のためには、本人の意向に反してでも、意思決定や行動に干渉すべきだとする考え方。

解説　**パターナリズム**は、あまり入試の評論文には登場しないが、ぜひ知っておいてほしい言葉だ。日本語では**「父権主義」**などと訳されるが、父親と子ども、医者と患者の関係のように、立場の強い者が弱い者のためを思って、その生活や行動に干渉する必要性を認める考え方を指す。たとえば患者に代わって、医者が手術を受けるべきかどうかを決めるのは、典型的なパターナリズムといえるだろう。

自己決定の原理からすれば、パターナリズムは「余計なおせっかい」ということになるが、知識や情報がないために、本人にとって不利益になるような選択もあるため、その必要性を説く論者もいる。たとえば、自分の息子や娘がアルコール中毒になっている場合、自己決定／自己責任の原則を貫くことは、明らかに本人にとって不利益な結果をまねくだろう。

もちろんパターナリズムを全面的に認めることは、個人の自由を否定することにつながる危険がある。また、国や権力者が国民の思想や生活に干渉することにも慎重にならなければならない。しかし個人主義化が進む現代社会にあっては、**自己決定／自己責任の原則だけでは、弱い個人はリスクを負いやすくなってしまう。**

私に任せれば
大丈夫だから
ハイ
わかりました

267 ナッジ

関 リバタリアン・パターナリズム

人々がより幸福な選択ができるように、緩やかに誘導すること。

268 リバタリアン・パターナリズム

関 ナッジ

自由な選択の余地を残したまま、人々が幸福な選択をするような状況を設計すること。

解説 **ナッジ**は、英語で「そっと押す」「軽くほのめかす」という意味であり、学問的には、**人々の行動や選択を一定の方向に導く**意として用いられている。

たとえば、バイキング形式のレストランで、人々の健康に留意して、もっとも目立つ場所にサラダを置けば、ランダムに料理を並べた場合よりも、人々がサラダを食べる割合は高くなるだろう。

このときレストラン側は、無理やりお客さんにサラダを強制してはいない。料理の並べ方を変えることで、健康に資するような選択ができるように緩やかに誘導している。これがナッジの一例である。

このナッジを思想的に表現したものが**リバタリアン・パターナリズム**である。自由を意味するリバタリアンと、介入を意味するパターナリズムは一見、水と油の関係にある。しかし先のレストランの例のように、お客さんには料理を選ぶ自由は保障されている一方で、お客さんがサラダを選びやすいような配置にしているのだから、自由と介入・干渉が両立している。このように、あくまで**自由に選択できる余地を残しながら、人々がより幸福な選択肢を無意識に選べるような環境を設計すること**をリバタリアン・パターナリズムと呼ぶ。

269 ポスト・ヒューマン

関 ヒューマニズム
人間中心主義

人間以後の存在。人間を超えた存在。

解説 現在、哲学や思想の世界では、**ポスト・ヒューマン**や**ポスト・ヒューマニズム**が重要なテーマとして議論されている。その背景としては、AIが人間の知性を凌駕するというシンギュラリティ論や、バイオテクノロジーによる人間改造が現実味を帯びてきていることなどが挙げられるだろう。

なお「ポスト・ヒューマニズム」という場合には、**「脱・人間中心主義」**という含意もある。たとえば、気候変動をはじめとした地球環境の危機は、暴力的に自然環境を利用してきた人間中心主義の結果とも考えられる。ポスト・ヒューマニズムの思想は、こうした**人間中心的な思想を乗り越える**ことを一つの動機としている。

270 サステナビリティ

関 生態系
エコロジー

持続可能性。

解説 英語で**「サステナビリティ」**は持続可能性の意であるが、とりわけ地球環境問題の文脈では「持続可能な開発」という形で用いられることが多い。持続可能な開発とは、未来の世代のために、環境に配慮して資源を利用していこうという考え方である。

とくに国連が二〇一六年から二〇三〇年までの国際目標として採択した**「SDGs《エスディージーズ》(Sustainable Development Goals)」**、**持続可能な開発目標」は、貧困や飢餓、福祉、地球環境など十七の目標に対して、民間企業にも取り組みを求めている**点に大きな特徴がある。その影響は大きく、経済活動と地球や社会の持続可能性との両立を図るべきとの考えが、産業界にも共有されつつある。

付録

「小説の語句」頻出120選

小説の中の語句の意味を問う設問は、辞書的な意味と場面・文脈的な意味とを重ね合わせて最善の選択肢を選ぶことが重要です。この付録では、入試現代文に頻出する120の語句を精選し、その意味と関連事項、例文を掲載しています。例文の多くは、受験生が苦手意識を持っている近代文学から採りました。

末尾には練習問題として、過去のセンター試験に実際に出題された問題を収録しました。問題形式に慣れるとともに、微妙な選択肢を検討するコツをつかんでみてください。

形容詞

1 訝《いぶか》しい

不審だ。疑わしい。

関 怪訝《けげん》＝不可解で納得がいかないさま。

例 その声はまるで鷹《たか》でした。野原や林にねむっていたほかのとりは、みんな目をさまして、ぶるぶるふるえながら、いぶかしそうにほしぞらを見あげました。（宮澤賢治「よだかの星」）

2 疎《うと》ましい

気に食わない。遠ざけたい。

関 厭《いと》わしい＝いやな感じだ。

例 ありふれた質問も相手が穏香《しずか》なら疎ましくは感じなかった。だが、誠実に答えるとなるとそれは厄介な問題だ。（松村栄子「僕はかぐや姫」）

3 覚《おぼ》束《つか》ない

はっきりしない。頼りない。

例 お政は囂々《ぎょうぎょう》しく針箱を前に控えて、覚束ない手振りでシャツの綻《ほころび》を縫い合わせていた。（二葉亭四迷「浮雲」）

4 面《おも》映《は》(ゆ)い

照れくさい。きまりが悪い。

▼「顔を合わせることがまぶしい」が原義。

例 年齢の違った交遊が面映いのであろうが、彼女は塀に凭《もた》れて身体を隠しながら、小声で二階の窓の私を呼んだ。（坂口安吾「訣《わか》れも愉し」）

5 屈《くつ》託《たく》ない

こだわりがない。気にかかることがない。

関 屈託＝こだわって心配すること。疲れてあきること。

例 だから、ときに碧郎《へきろう》が屈託なくはしゃいで大笑いしたりすると、げんは母をはばかってびっくりとする。（幸田文「おとうと」）

6 けたたましい

騒がしい。人を驚かすほどやかましい。

例 突然、先生はけたたましい叫び声を上げた。「やあ！ 君、山椒魚《さんしょううお》だ！ 山椒魚。たしかに山椒魚だ。

生きているじゃないか、君、おそるべきものだねえ。」（太宰治「黄村先生言行録」）

7 如《じょ》才《さい》ない

ぬかりがない。愛想がいい。

関 如才＝手抜かりがあること。

例 委細を聞いた田口の口振りは平生の通り如才なくかつ無雑作であった。彼は僕の注意がなくっても、その辺は心得ているつもりだと答えた。（夏目漱石「彼《ひ》岸過迄《がんすぎまで》」）

8 すげない

そっけない。思いやりがない。

▼漢字表記は「素気無い」。「素《そ》っ気《け》ない」は派生語。

例 その時農家で尋ねてみたまえ、門を出るとすぐ往来ですよと、すげなく答えるだろう。（国木田独歩「武蔵野」）

9 たわいない

とりとめのない。どうということもない。

▼「たあいない」ともいう。「他愛ない」は当て字。

例 小学四年だから内容はたわいなかったが、星は語学の勉強と思って授業を受けた。入学して興味をそそられたのは、その教え方だった。（星新一「明治・父・アメリカ」）

10 つつましい

遠慮深い。控えめである。

▼「つましい」は、暮らしが質素である意。混同しないように。

例 その少女はつつましい微笑を泛《うか》べて彼の座席の前で釣革《つりかわ》に下がっていた。（梶井基次郎「冬の日」）

11 はかばかしい

順調である。うまくいっている。

▼「はか」は、仕事などの進み具合。「はかが行く」は、はかどっている、順調である、の意。

例 けれどもそれに続く数回の診察ははかばかしい成績をもたらさなかった。（遠藤周作「月光のドミナ」）

12 晴れがましい

①派手で、はなやかである。

②恥ずかしくもあるが、光栄に思う。

▼例文は①の意。

例 中等室の卓《つくゑ》のほとりはいと静かにて、熾熱灯《しねつとう》の光の晴れがましきもいたづらなり。（森鷗外「舞姫」）

13 物々《もの》しい

厳重で威圧感がある。大げさである。

▼「物々しい警戒」など、威圧感のある様子をあらわす。

例 夜ふけの二条の城の居間に直之《なおゆき》の首を実検するのは昼間よりも反《かえ》ってものものしかった。（芥川龍之介「古千屋《こちや》」）

14 やましい

良心に恥じるところがある。後ろめたい。

例 みんなの前に立って、僕はやましいことなど何もしていないとはっきりと弁明することも考えました。（村上春樹「沈黙」）

形容動詞

15 居丈高《いたけだか》

人を威圧するような態度をとるさま。

▼「居丈」は、座っているときの身の丈、「威丈高」とも。

例 玄関に出て来た医者は、居丈高で、見るからに偏執的な人物である。きみは道をたずねるために私を玄関まで呼び出したのか、医院という看板が見えないのか、と詰問する。（小林信彦「ビートルズの優しい夜」）

16 慇懃《いんぎん》

丁寧で礼儀正しいこと。

例 先の老媼《おうな》は慇懃におのが無礼の振る舞ひせしを詫《わ》びて、余を迎へ入れつ。（森鷗外「舞姫」）

17 うろん

不確かであやしいこと。

▼漢字では「胡乱」。「胡」は、乱れた様子、の意。

例 旅行券はその兵士に渡すのですが、もしそこで胡乱な者と認めらるれば送り還《かえ》されるという話です。そんな事はないでしょうけれども、兵士に遣《や》る物を遣らないと送り還されるという風説は前から聞いて居《お》りました。（河口慧海「チベット旅行記」）

18 健気《けなげ》

（弱い者や年少者が）懸命に努力している様子。

類殊勝

例私を含むクラスメイト達は教室で毎日これだけの空間を他愛ないおしゃべりで埋めることに成功しているのだから、すごい。しかもそれに気づいてない振りして安心を成り立たせているのだから、健気である。（綿矢りさ「インストール」）

19 殊勝《しゅしょう》

（年齢や経歴の割に）立派である様子。

類健気

例時として彼は、母や祖母の前で、ことさら殊勝なことを言ったり、したりしてみせた。無論そんなことで、母や祖母が、心から自分に対して好意を寄せるようになるだろう、とは期待していなかった。（下村湖人「次郎物語」）

20 杜撰《ずさん》

いいかげんで誤りが多いこと。

▼中国宋《そう》の詩人杜黙《ともく》の作った詩のほとんどが音律に合わなかったことに由来する。

例東京人の舌は、そう言ってはわるいが、すこぶる杜撰なものである。落着いた味、静かな味、淡い味を知るには、あまりにも荒っぽすぎる。（北大路魯山人「昆布とろ」）

21 月並み

ありふれていて平凡なこと。

例人を殺したいと思ったこともなく、死にたいと思いつめた覚えもない。魂が宙に飛ぶほどの幸福も、人を呪う不幸も味わわず、平々凡々の半生のせいか、わが卵の歴史も、ご覧の通り月並みである。（向田邦子「父の詫《わ》び状」）

22 つっけんどん

冷淡でとげとげしい様子。

例村長は立ちあがると、軍隊式のつっけんどんな敬礼で別れを告げた。そして軍服のボタンをはめないいま、足を伸ばしながらドアの方に向かった。（G・ガルシア＝マルケス／桑名一博訳「最近のある日」）

23 手持ち無沙汰《ぶさた》

何もすることがなくて退屈なこと。またその様子。

例少女はコレクションの前にペタンと座り込み、男はその折々で、手持ち無沙汰に立っていることもあれば、彼女のためにジュースを注いでやることもあった。（小川洋子「ひよこトラック」）

24 頓狂《とんきょう》

調子外れの言動をすること。

例「きぬ子は、今日は来ならんと?」と野田が話題をかえた。ああ、忘れとった、と大木が頓狂な声をあげた。（林京子「空き缶」）

25 ひたむき

物事に熱中する様子。

例彼女には世間慾《よく》といふものが無かつた。彼女は唯ひたむきに芸術と私とへの愛によつて生きてゐた。さうしていつでも若かつた。（高村光太郎「智恵子抄」）

26 まことしやか

いかにも本当らしい様子。

例戦争が拡大の一途をたどっていくことはもはや疑いのないことであり、間もなく大規模の徴兵が始まるだろうという噂《うわさ》もまことしやかに伝わっていた。（新田次郎「孤高の人」）

27 無造作《むぞうさ》

手間をかけずにたやすく行うこと。おおざっぱなこと。

▼「無雑作」とも書く。

例見ると、楼《ろう》の内には、うわさに聞いたとおり、幾つかの屍骸《しがい》が、無造作に棄《す》ててあるが、火の光の及ぶ範囲が、思ったより狭いので、数は幾つともわからない。（芥川龍之介「羅生門」）

28 躍起《やっき》

あせってむきになること。

例 異国、異文化、異邦人に接したとき、人は自己を自己たらしめ、他者と隔てるすべてのものを確認しようと躍起になる。（米原万里「嘘つきアーニャの真っ赤な真実」）

29 律儀《りちぎ》（律義）

義理がたいこと。実直であること。

例 市助はそのあと水夫になったそうや。北前船の水夫になって、何年も家へ戻らなんだそうや。そいでも、仕送りだけはちゃんちゃんとしとった言うさかい、律義なは律義なやったんやなあ。（半村良「箪笥《たんす》」）

副詞

30 あくせく

目先のことに気を取られて、余裕がない様子。せわしなく。

例 一生を侍の身分であくせくして暮すよりは、田舎者は田舎者らしく、また別の道もあろう。（福永武彦「風のかたみ」）

31 あまねく

広くすみずみまで。

類 おしなべて

例 国と国とが交わる以上は、人情もあまねく交わらないわけにいかない。（島崎藤村「夜明け前」）

32 案の定

思ったとおり。予想したとおり。

例 ガイドブックが勧める店を訪ねると、案の定、席がない。（阿刀田高「幻の舟」）

33 いたずらに

むだに。意味なく。

▼古語「徒《いたづら》なり」の連用形が現代では副詞として用いられるようになった。

例この頃からその容貌も峭刻《しょうこく》となり、肉落ち骨秀《ひい》で、眼光のみいたずらに炯々《けいけい》として、かつて進士に登第《とうだい》した頃の豊頬《ほうきょう》の美少年のおもかげは、どこに求めようもない。（中島敦「山月記」）

34 おしなべて

総じて。みな一様に。

類あまねく

例私はただ災禍を、大破局を、人間的規模を絶した悲劇を、人間も物質も、醜いものも美しいものも、おしなべて同一の条件下に押しつぶしてしまう巨大な天の圧搾機《あっさくき》のようなものを夢みていた。（三島由紀夫「金閣寺」）

35 おずおず（と）

こわごわ。おそるおそる。

▼漢字では「怖ず怖ず」と書く。

例「つまらないものですが……。」番人はおずおずとポケットからキャンディーを一粒取り出した。（小川洋子「愛されすぎた白鳥」）

36 おもむろに

ゆっくりと。しずかに。

▼「突然」「不意に」の意で使うのは誤り。

例時間はまだたっぷりとあった。そして彼はおもむろに話を始めた。（村上春樹「沈黙」）

37 さめざめ（と）

声を忍ばせて静かに泣き続ける様子。

▼涙をこらえている様子ではないことに注意。

例彼は、その彼だけのものになった隠れ場でさめざめと泣きあかした後、どうしても自分の家に帰る気がしなかったので、そのままそこに横になっていた。

（堀辰雄「鼠《ねずみ》」）

38 三々五々《さんさんごご》

少人数でちらばって。

▼人々が三～五人でまとまって行動する様子を表す。

例 演説がすんで、聴衆は雪の夜道を三々五々かたまって家路に就き、クソミソに今夜の演説会の悪口を言っているのでした。（太宰治「人間失格」）

39 首尾よく

都合よく。うまい具合に。

▼「首尾」は、初めから終わりまで、の意。

例 吾輩は前足に力を込めて、やっとばかり棚の上に飛び上がろうとした。前足だけは首尾よく棚の縁《ふち》にかかったが後足《あとあし》は宙にもがいている。（夏目漱石「吾輩は猫である」）

40 とくとくと

得意げに。

▼古語「得得《とくとく》たり」の連用形が現代では副詞として用いられるようになった。

例 しかし、世の中にはコレクション・マニアというのもいるのである。クソ紙を集めているのも、クソ紙のごときデータを集めてとくとくとしている批評家や伝記作者もいるのである。（小田実「何でも見てやろう」）

41 にわかに

急に。突然に。

▼形容動詞の連用形とする説もある。

例 物語が、にわかに生彩を放ち出すのは、こうして登場人物たちが、名字と名前を与えられるときだ。（小池昌代「どよどよ」）

42 やにわに

急に。即座に。

▼「矢庭」は、矢を射ているその場所、の意。

例 僕は呼吸することさえ忘れているらしかった。そしてやにわに夢中でその部屋を飛び出した。（有島武郎「石にひしがれた雑草」）

43 ゆくりなく

思いがけず。偶然に。

類 期せずして

例 そのとき、「貴様は同級生の中で、誰が一番好きだ」という問題がゆくりなく出た。（田山花袋「田舎教師」）

動詞

44 いそしむ

勉強や仕事などに励む。

例 だが加恵は間もなく、於勝《おかつ》たちが自分の為に機織りにいそしんでいるのではないことに気付いた。（有吉佐和子「華岡青洲の妻」）

45 うがつ

① 穴をあける。② 微妙な点まで的確に指摘する。

▼② は、肯定的な意で使うのが本来。

例 大岡越前守の裁判は、なにゆえに人情の機微をうがった名裁判だといわれるのであろうか。（末弘厳太郎「嘘の効用」）

46 うそぶく

① とぼける。

② 偉ぶって大げさなことを言う。

▼「嘘をつく」の意ではないことに注意。

例 農民は原野に境界の杙《くい》を打ち、其処《そこ》を耕して田畑となした時、地主がふところ手して出て来て、さて嘯《うそぶ》いた。「その七割は俺のものだ。」（太宰治「心の王者」）

47 うろたえる

あわてふためく。どうしていいかわからず、まごつく。

例 あたりに静けさが戻り、砂埃《すなぼこり》が晴れ、ようやく少女が切り株から下りた時、不意打ちのように二人の視線が合った。またしても男は訳もなくうろたえ、それを悟られまいとして機械油の染みたぼろ布を握り締めた。（小川洋子「ひよこトラック」）

48 かこつ

ぐちを言う。嘆く。

例 高木が独身をかこつこともなく、さりとて誇ることもなく淡々としていたからかも知れない。周囲の者に高木の独身を気にかけさせるようなものを、高木は持っていなかった。（三浦綾子「氷点」）

49 かまける

一つのことに気を取られ、他のことがおろそかになる。

例 現在の行動にばかりかまけていては、生きるという意味が逃げて了《しま》う。（小林秀雄「考えるヒント」）

50 たじろぐ

ひるむ。しりごみする。

例 誰が居るとも思わなかった門内に異常な女の姿を見て学生はちょっとたじろいだが、足は惰性で無遠慮に女の近くまで行ってしまった。（岡本かの子「春」）

51 咎《とが》める

① 過ちや罪などを責める。非難する。
② 良心を痛める。

例 隠されているのが、たまらなくいやなのです。先生をとがめているのでも、先生を糾弾したいわけでもありません。教えてほしいのです。（姫野カオルコ「終業式」）

52 鼻《はな》白《じろ》む

① 気後れした顔をする。
② 興ざめする。

▼例文は②の意。

例 その格好からは想像もつかない慎重な返答に、俺は鼻白んだ気持ちで、飲み終えたアルミ缶をくしゃりと潰した。（万城目学「鴨川ホルモー」）

53 はばかる

① 遠慮する。避けようとする。
② のさばる。無遠慮にふるまう。

▼真逆の意味で使われるので注意。例文は①の意。

例 たびたび繰り返すようですが、彼の天性は他《ひと》の思わくをはばかるほど弱くできあがってはいなかったのです。こうと信じたら一人でどんどん進んでゆくだけの度胸もあり勇気もある男なのです。（夏目漱石「こころ」）

54 まつわる

からみつく。つきまとう。関連する。

例 私たちはうたっているうちに、われを忘れました。これらの歌にはみな、誰にとってもそれぞれの思い出がまつわっているものです。（竹山道雄「ビルマの竪琴」）

名詞＋する

55 糊塗《こと》

その場を取り繕うこと。ごまかすこと。

例 一度嘘をつくと、やりとりの中で、その嘘を糊塗するためにさらに嘘をつかざるを得なくなり、あれよあれよという間に嘘は雪だるま式に膨れ上がっていき、破綻してしまうのである。（米原万里「ガセネッタ＆シモネッタ」）

56 忖度《そんたく》

他人の思いや考えを推しはかること。

例 二人は顔を見合せた。互いの胸を忖度しようとする

試みが、同時にそこに現れた。（夏目漱石「明暗」）

57 通暁《つうぎょう》

①夜から明け方まで。

②くわしく知っていること。

例 管弦楽の指揮者は作曲者と同様に各楽器の特質によく通暁していなければならない。（寺田寅彦「連句雑《ざっ》俎《そ》」）

58 瞠目《どうもく》

驚いて目をみはること。

例 バスを降りた私は、あたりの異様な情景に瞠目した。木立のない斜面一帯の至る所に、大小の火山岩が累々と散らばり、「死の世界」とでも言ってよいような、何とも陰惨な情景であった。（三浦綾子「泥流地帯」）

59 物色《ぶっしょく》

適当な人や物を探し出すこと。

例 Nはさっそく調理場のなかを物色し、棚からこまご

まとした品を引っぱり出してきた。（堀江敏幸「ボトルシップを燃やす」）

60 閉《へい》口《こう》

手に負えず、困りはてること。

例 コウモリ傘をカタにして、泊めてもらったこともある。なにしろ金がなくて閉口していた時期だから、ずいぶん無理をいった。（吉行淳之介「私の東京物語」）

61 辟《へき》易《えき》

①たじろぐこと。
②うんざりすること。

▼「避けて場所を変える」が原義。例文は②の意。

例 僕の意志の薄弱なのにも困るかも知れないが、君の意志の強固なのにも辟易するよ。うちを出てから、僕の云《い》う事は一つも通らないんだからな。（夏目漱石「二百十日」）

62 放心

なにかに心を奪われてぼんやりすること。

例 一瞬、僕はある過去のシーンをくっきりとよみがえらせた。それ自体の懐かしさに放心してしまうほどだったものだ。（大江健三郎「チャンピオンの定義」）

63 狼《ろう》狽《ばい》

予期せぬ出来事にあわてうろたえること。

例 晩になって、医者が来た。三四郎は自分で医者を迎えた覚えがないんだから、はじめは少し狼狽した。（夏目漱石「三四郎」）

名詞

64 塩《あん》梅《ばい》

物事の状態や具合。

▼「按配《あんばい》」と書く場合は、具合を考えて処理することの意。「按配する」と動詞としても使う。

例 家のものが留守なんで一人で風呂の水汲《みずくみ》をして、火を焚《た》きつけいい塩梅にからだに温かさを感じた。（室生犀星「故郷を辞す」）

65 意趣返し《いしゅがえし》

仕返しをすること。

▼「意趣」は、人にひどいことをされた恨み、の意。

例 おれは何事が持ち上がったのかと驚いて飛び起きた。飛び起きる途端に、ははあさっきの意趣返しに生徒があばれるのだなと気がついた。（夏目漱石「坊っちゃん」）

66 往時《おうじ》

過ぎ去った時、昔。

例 日暮れ時の谷間《たにあい》の方から起こって来る寺の鐘も、往時を思い出すものの一つであった。（島崎藤村「新生」）

67 仮借《かしゃく》

見逃すこと。許すこと。

関 仮借ない＝容赦がない。

例 その顔を栄二は踏みつけ、避けようとするところを蹴りあげた。そのやりかたには少しの遠慮も仮借もなかった。（山本周五郎「さぶ」）

68 気概《きがい》

困難にくじけない強い気持ち。

例 私はこの自己本位という言葉を自分の手に握ってから大変強くなりました。彼ら何者ぞやと気概が出ました。（夏目漱石「私の個人主義」）

69 潮時《しおどき》

あることをするのにちょうどいい時期。

例 私は、そろそろ腰を上げる潮時だと思った。彼に酔いが回り始めているのは明らかだった。（川島誠「もういちど走り出そう」）

70 饒舌《じょうぜつ》

よくしゃべること。

例 馬車の中では、田舎紳士の饒舌が、早くも人々を五年以来の知己《ちき》にした。（横光利一「蠅」）

71 諦念《ていねん》

道理をさとった気持ち。あきらめの気持ち。

例 じつをいえば私は、自分自身を含めて、日本人の諦念というか、何事も水に流してすませようというネバリ気のなさについて、甚だ飽き足りぬ想《おも》いを持っていた。（安岡章太郎「夕陽の河岸」）

72 不《ふ》世《せい》出《しゅつ》

めったに現れないほどすぐれていること。

例 勿論《もちろん》利休は不世出の英霊漢である。兵政の世界において秀吉が不世出の人であったと同様に、趣味の世界においては先《ま》ず以《も》って最高位に立つべき不世出の人であった。（幸田露伴「骨董《こっとう》」）

73 見《み》栄《え》

他人を意識して、自分をよく見せようとすること。

関 見栄も外聞もない＝人の目やうわさを気にかける余裕もない。

例 だって、みてくれとかお金のあるなしとか、弁がたつとか、そういうのって人間の見栄じゃないですか。中味とはちがう。（浅田次郎「壬生《みぶ》義士伝」）

74 目くばせ

目つきで合図すること。

▼さまざまな方面に注意することを意味する「目配り」と混同しないように注意。

例 授業にあきると、私は振り返って、穴から見える範囲の、隣の教室の友達に目くばせを送った。（林京子「空き缶」）

75 物《もの》怖《お》じ

物事を怖がること。

例 初対面の男に人見知りも物怖じもせず、馴《な》れ馴れしい口調で言って葵《あおい》はチラシを見せている。（角田光代「対岸の彼女」）

76 所《ゆ》以《えん》

理由。わけ。

例 古典の作者の幸福なる所以は兎《と》に角《かく》彼等《ら》の死んでいることである。（芥川龍之介「侏儒《しゅじゅ》の言葉」）

77 ゆかり

何らかのつながりやかかわりがあること。

例 僕は全くの旅客でこの土地には縁もゆかりもない身だから、知る顔もなければ見覚えの禿頭《はげあたま》もない。（国木田独歩「忘れえぬ人々」）

78 よすが

頼りとするもの。よりどころ。

例 我は一たびこゝを去りて、別に身を立つるよすがを求め、その上にて又汝《なんぢ》が友とならん。（アンデルセン／森鷗外訳「即興詩人」）

79 吝嗇《りんしょく》

けち。ひどく物惜しみすること。

例 シャクは、美しく若い男女の物語や、吝嗇で嫉妬深い老婆の話や、他人にはいばっていても老妻にだけは頭の上がらぬ酋長《しゅうちょう》の話をするようになった。（中島敦「狐憑《こひょう》」）

慣用句

80 曰《いわ》く言い難い

なんとも説明しにくい。

例 親馬鹿のようで言いにくいんですが、あの子には不思議な力があるんですよ。そばにいるだけで、いわく言い難い幸せな気分になるんです。（米原万里「嘘つきアーニャの真っ赤な真実」）

81 間然《かんぜん》するところがない

非の打ち所がない。

▼「間然」は、スキマがある、すなわち欠点がある、ということ。

例 それにのっとるかぎりはまことに間然するところのない作戦計画である。（半藤一利「ノモンハンの夏」）

82 気が置けない

遠慮がいらない。うちとけている。

関 気が置ける＝うちとけられない。

例 小ルュキサンブウルの並木を前にして二人ともよく

行って腰掛ける気の置けない店があった。（島崎藤村「新生」）

83 腰が低い

他人に対して謙虚である。

例 彼等はばかに腰が低く、口数が少なかったが、それはしょっちゅう死人を運び慣れているからだろうという気がした。（阿部昭「司令の休暇」）

84 手に付かない

気持ちが奪われて集中できない。

例 いつもなら午前中から仕事にかかるのだが、とても手につかなかった。（吉行淳之介「犬が育てた猫」）

85 にべもない

愛想がない。そっけない。

▼「にべ」は、ニベ科の魚からとる粘着力のあるにかわのこと。

例 俺の心をかきたてる情熱は、にべもなく言えば、男の本能であろう。（中里恒子「時雨の記」）

86 のっぴきならない

避けることも退くこともできない。どうにもならない。

▼「のっぴき」は漢字で「退っ引き」。避けること、退くこと、の意。

例 奥で、なにかのっぴきならないことがおこったのかもしれない、と弟は想像した。（野呂邦暢「白桃」）

87 歯が浮く

軽薄な言動に不快を感じる。

例 謙作は歯の浮く不快《いや》な文字を予想しながら読んだ。その予想があった為か、思ったよりは厭味《いやみ》のない手紙だった。（志賀直哉「暗夜行路」）

88 ばつが悪い

きまりが悪い。気まずい。

▼その場に合った言動が取れず、気まずい思いを表す。

例 ほくろの中から、ぴょこんと一本とび出している長い毛が、あごの下で、ばつが悪そうにゆらゆらゆれていた。（山本有三「路傍の石」）

89 鼻に付く

①嗅覚が強く刺激される。
②飽きて嫌になる。

例 最初は小狐《おぎつね》に居た頃食い付いた人情本を引き続き耽《たん》読《どく》してみたが、数を累《かさ》ねると、段々贅沢《ぜいたく》になって、もう人情本も鼻に付く。（二葉亭四迷「平凡」）

90 鼻持ちならない

不快でがまんできない。

▼「鼻持ち」は、臭気に耐える、の意。

例 何がイヤだといったって、この世には自分は正しいと思いこんでいる奴ほど鼻持ちならぬものはいないわいいな。（遠藤周作「ぐうたら人間学」）

91 歯に衣着《きぬ》せぬ

遠慮せずに思ったことを言う。

例 明石さんは私の一つ下の学年で、工学部に所属していた。歯に衣着せぬ物言いで、周囲からは敬遠されているそうである。（森見登美彦「四畳半神話大系」）

92 身も蓋《ふた》もない

露骨すぎて、味わいや含蓄がない。

例 文学において、最も大事なものは、「心づくし」というものである。「心づくし」といっても君たちにはわからないかも知れぬ。しかし、「親切」といってしまえば、身もふたも無い。（太宰治「如是我聞《にょぜがもん》」）

93 名《めい》状《じょう》し難い

言葉ではなんとも表現しがたい。

例 僕はその時高木から受けた名状し難い不快を明らかに覚えている。（夏目漱石「彼岸過迄」）

94 埒《らち》が明かない

物事の決着がつかない。

▼「埒」は、物事の範囲や区切り、の意。

関 埒もない＝とりとめもない。

例 電話だけでは埒があかぬと、わざわざ駒沢の家まで出かけて行った恭子《きょうこ》は憤慨して帰ってきた。（林真理子「不機嫌な果実」）

95 期《き》せずして

思いがけなく。偶然に。

関 期する＝①期限を決める。②期待する。③覚悟する。

例 男達は咄嗟《とっさ》に何を連想したのか、期せずして一時にワハハハハと噴き出してしまった。（原民喜「霧」）

96 手もなく

手数もかからずに。簡単に。

例 けれどもいくら人に褒められたって、もともと人の借り着をして威張っているのだから、内心は不安です。手もなく孔雀《くじゃく》の羽根を身に着けて威張っているようなものですから。（夏目漱石「私の個人主義」）

97 あっけにとられる

意外さにおどろきぼんやりする。

例 突然銀色の服を着た消防士たちが玄関の扉をぱたんと開けて土足で家のなかに踏みこんでいった。あっけにとられて急いで庭に戻ると、消防士たちは部屋を見まわしている。（柳美里「フルハウス」）

98 一矢《いっし》を報いる

及ばずながら反撃に出る。

▼敵の攻撃に対して一本の矢を射返す、の意から、多くの場合、劣勢をくつがえすには至らないというニュアンスで用いる。

例 私もふだんなら「何だ、又聞《またぎ》きのくせに」と一矢酬《むく》いる所なのだが、何しろ其の冒険の予想で夢中に喜ばされていた際なので、嬉しがって彼の知ったかぶりを傾聴した。（中島敦「虎狩」）

99 意表を突く

相手が予測しないことをする。

関 意表＝考えていなかったこと。

例 ひとはなぜくりかえし空を飛ぶ夢を見るのか。この問いに新宮一成《しんぐうかずしげ》は、それはひとが言葉を話すからだと、意表をつくような答えを用意している。（鷲田清一「「ぐずぐず」の理由」）

100 悦《えつ》に入《い》る

思い通りになって喜ぶ。

例 加藤は、鏡の前で、様々に顔を歪《ゆが》めたり延ばしたりして、独りで悦に入っていた。（牧野信一「明るく・暗く」）

101 お鉢《はち》が回る

順番が回ってくる。

例 六時まで、三時から君を待ったが、来ないから、僕はM署へ持って行かれることにする。いずれは君にもお鉢が廻《まわ》るんだろうが、兎に角警戒を要する。（葉山嘉樹「生爪を剝ぐ」）

101 固《かた》唾《ず》を飲む

物事のなりゆきを緊張して見守る。

▼「固」は、緊張する、「唾」は、つばき、の意。

例 田上さんはゆっくりと顔を上げて、ちょっと待って、と言いながらマグカップからお茶を啜《すす》り、鷹揚《おうよう》に立ち上がって黒い箱を開ける。私は固唾を飲んで、田上さんの様子を見守る。（津村記久子「ブラックボックス」）

103 気が差す

後ろめたい感じになる。

例 でも、洋子はクラスきっての才媛なので、成績もビリに近い、お人好しの道子は、なんとなく親しんで行きにくかった。それに、わざとらしく洋子に近づいてゆくのも、お世辞でも使っているように見られやしないかと、気がさす。（川端康成「乙女の港」）

104 肝《きも》に銘《めい》じる

しっかり心に留めておく。

例 大事なのは人が一人この世界から消滅したことであり、残された人々はその事実を肝に銘じなくてはならないということだ。（村上春樹「1Q84」）

105 口《くち》車《ぐるま》に乗る

うまい言葉にだまされる。

▼「口車」は、口先だけの巧みな言い回し。「口車に乗

せる」は、だます、の意。

例御母さんの弁舌は滾々《こんこん》としてみごとである。小野さんは一字の間投詞を挟《さしはさ》む遑《いと》まなく、口車に乗って馳《か》けて行く。行く先は固《もと》より判然せぬ。（夏目漱石「虞《ぐ》美人草《びじんそう》」）

106 沽《こ》券《けん》にかかわる

体面にさしつかえる。

▼「沽」は、売る、の意。「沽券」は、もともとは売渡しの証文を意味した。

関沽券＝人の値打ち。品位。体面。

例汽車の食堂というと、誰しもまずいと言う。そう言わなければ沽券にかかわると思っているかのように異口同音に評判がわるい。（宮脇俊三「汽車旅12カ月」）

107 腰を折る

途中でじゃまをする。

例それでその話は腰を折られて、笹村も笑って、奥へ引っ込んで行った。（徳田秋声「黴《かび》」）

108 人口に膾《かい》炙《しゃ》する

話題となって広く世間に知れ渡る。

▼「人口」は、人々の口、の意。「膾」は、なます（ここでは、魚・獣などの生肉を刻んだもののこと）、「炙」は、あぶり肉。誰もが食べてうまいともてはやすことから、世間に知れ渡る、の意となった。

例彼とても怪盗ジバコの噂はよく聞き知っている。今ではその名は、英国首相の名よりも、人口に膾炙しているのである。（北杜夫「怪盗ジバコ」）

109 辛《しん》酸《さん》をなめる

つらい経験をする。

例無論、学問の誇りという点では、貴方がたと比べものにならないでしょう。しかし私は貧乏人の子に生まれたおかげで、世の中の辛酸をなめました。（井伏鱒二「多甚古《たじんこ》村《むら》」）

110 地《じ》団《だん》駄《だ》を踏む

(何度も地面を踏みつけるように)はげしく悔しがる。

▼「地団駄」は、足で地を何度も踏みつけること。

例 すなわち、川の中で小便をしている牛を見て青砥《あおと》は怒り、「さてさて、たわけた牛ではある。川に小便をするとは、もったいない。むだである。畑にしたなら、よい肥料になるものを。」と地団駄踏んで叫喚したという。(太宰治「新釈諸国噺 裸川」)

111 常軌《じょうき》を逸《いつ》する

常識外れの言動をとる。

例 相手を殺すか、相手に殺されるか、二つに一つより生きる道はない。彼の心には、こういう覚悟と共に、ほとんど常軌を逸した、凶猛な勇気が、刻々に力を増して来た。(芥川龍之介「偸盗《ちゅうとう》」)

112 相《そう》好《ごう》を崩す

喜びでにこやかな表情になる。

▼「相好」は、顔つきや表情、の意。

例 甚助は相好をくずして、がたがたふるえながら顔一ぱいで笑うのである。(本庄陸男「石狩川」)

113 手を焼く

対処に困る。てこずる。

例 私はこれまで多くの医局員や学生や看護婦を指導したけれども、この娘ほど手を焼かせたものはなかった。(永井隆「ロザリオの鎖」)

114 等《とう》閑《かん》に付す

いいかげんに放っておく。

▼「等閑」は、物事をいいかげんにすること。「なおざり」とも読む。

例 ともかく私達は今までいかに美しいものの多くが等閑に付せられ、またいかに多くの醜いものが過剰な讃辞を受けて来たかに驚かされます。(柳宗悦「日本民藝館について」)

115 鼻を明かす

相手を出し抜いて、あっと言わせる。

例二人で寄ってたかって人を馬鹿にするつもりならそれでよい。二人が仄《ほの》めかした事実の反証を挙げて鼻をあかしてやる。（夏目漱石「虞美人草」）

116 羽目《はめ》を外す

調子に乗って度を過ごす。

例小心な男ほど羽目を外した溺《おぼ》れ方をするのが競馬の不思議さであろうか。手引きをした作家の方が呆《あき》れてしまう位、寺田は向こう見ずな賭《か》け方をした。（織田作之助「競馬」）

117 膝を打つ

急に思いつく。なるほどと感心する。

例何か自分に根本的な欠陥があるのではないか、と沈思の末、はたと膝を打った。（太宰治「花吹雪」）

118 人目をはばかる

他人に見られないようにする。

例人目を憚《はば》かるということさえなくば、無論尋ねて行きたかったのである。鳥のように飛んで行きたかったのである。（島崎藤村「破戒」）

119 臍《ほぞ》を噛《か》む

後悔する。

▼「臍」は、へそのこと。

関臍を固める＝覚悟を決める。

例みられる意識が強いだけ、女は常に顔を作っているものである。可愛らしいと思いこんでいた女に、ふっと素の表情を垣間《かいま》みせられ、騙《だま》されたと臍を噛んだ経験を、男なら誰もが持っているはずなのだ。（佐藤賢一「王妃の離婚」）

120 水を差す

じゃまをする。

例要するにサタンという言葉の最初の意味は、神と人との間に水を差し興覚《きょうざ》めさせて両者を離間させる者、というところにあったらしい。（太宰治「誰」）

練習問題（センター試験の過去問より）

傍線部の意味として最も適当なものを、①〜④のうちからそれぞれ一つずつ選びなさい。

1 高木の去った後、母と叔母は少時《しばらく》彼の噂《うわさ》をした。初対面の人だけに母の印象は殊に深かったように見えた。気の置けない、いたって行き届いた人らしいといって賞《ほ》めていた。（二〇〇八年度本試験、夏目漱石「彼岸過迄」）

①気分を害さず対応できる
②遠慮しないで気楽につきあえる
③落ち着いた気持ちで親しめる
④気を遣ってくつろぐことのない

2 彼等はばかに腰が低く、口数が少なかったが、それはしょっちゅう死人を運び慣れているからだろうという気がした。（一九九三年度本試験、阿部昭「司令の休暇」）

①重々しいしぐさで　②動作が緩慢で
③振る舞いが丁寧で　④卑屈な態度で

3 彼は、その彼だけのものになった隠れ場でさめざめと泣きあかした後、どうしても自分の家に帰る気がしなかったので、そのままそこに横になっていた。（二〇〇〇年度本試験、堀辰雄「鼠」）

①われを忘れるほどとり乱して
②涙をこらえてひっそりと
③気のすみまで涙を流して
④いつまでもぐずぐずと

4 彼女の言葉は嗚咽《おえつ》のために消えた。牛尾大六は辟易し、ぐあい悪そうに後退し、そこでなんとなくおじぎをして、ひらりと外へ去っていった。（二〇〇二年度本試験、山本周五郎「雨あがる」）

①恥じ入り　②気分を害し
③勢いにおされ　④ふるえあがり

5 ありふれた質問も相手が穏《しず》香なら疎ましくは感じなかった。（二〇〇六年度本試験、松村栄子「僕はかぐや姫」）

①しつこく　②いやだと　③不思議に　④悔しく

6「その小僧の内部《なか》に不世出の軍才が宿ってしまった。雀《すずめ》の体に天山を征《ゆ》く鷲《わし》のつばさがついたようなものです」（一九九四年度本試験、司馬遼太郎「項羽と劉邦」）

①めったに現れることのないほどの、すぐれた
②少しの人にしか知られていない、一風変わった
③めったに世の人の目に触れることのない、不思議な
④まだ世間の表面に出ていないが、将来性のある

7「そういう事なら親父《おやじ》でも何でも遣《や》り込めるぐらいな気概がなければ……」（二〇一三年度本試験、牧野信一「地球儀」）

①大局的にものを見る精神　②相手を上回る周到さ
③物事への思慮深さ　④くじけない強い意志

8彼の故郷であるこのあたりでは、中風《ちゅうぶう》のたぐいで倒れることをおしなべて〈中《あた》る〉といっている。（一九九九年度追試験、三浦哲郎「まばたき」）

①ぼかして　②推し量って　③隠して　④総じて

9だから、ときに碧郎《へきろう》が屈託なくはしゃいで大笑いしたりすると、げんは母をはばかってびっくりとする。（一九九二年度本試験、幸田文「おとうと」）

①きわめて無作法に　②何のこだわりもなく
③ひどく無遠慮に　④少しの思慮もなく

10二十一にもなった女が、びょおびょお泣きながら歩いているのだから、他《ほか》の人たちがいぶかしげに私を見たのも、無理のないことだった。（二〇〇一年度本試験、江國香織「デューク」）

①不審そうに　②気の毒そうに
③迷惑そうに　④気味悪そうに

正解
1 ②→82　2 ③→83　3 ③→37　4 ③→61
5 ②→2　6 ①→72　7 ④→68　8 ④→34
9 ②→5　10 ①→1

索引

キーワードの解説が掲載されているページは赤字、入試問題（評論文）でそのキーワードが掲載されているページは黒字で示した。

斎藤哲也（さいとう・てつや）

1971年生まれ。東京大学文学部哲学科卒業後、大手通信添削会社に入社。国語・小論文の通信添削の編集を担当。2002年に独立。人文思想系を中心にライター・編集者として活動するとともに、通信添削問題や模擬試験（現代文）の作成も手がける。著書に『ちくま現代文記述トレーニング――テーマ理解×読解×論述力』（筑摩書房）、『試験に出る哲学』『もっと試験に出る哲学』（NHK出版新書）、監修に『哲学用語図鑑』『続・哲学用語図鑑』（田中正人・プレジデント社）、編集・構成を手がけた本に『「科学的思考」のレッスン』（戸田山和久・NHK出版新書）ほか多数。

読解《どっかい》 評論文《ひょうろんぶん》キーワード 改訂版

頻出《ひんしゅつ》270語《ご》＆テーマ理解《りかい》＆読解演習《どっかいえんしゅう》54題《だい》

2013年10月21日　初　版第 1 刷発行
2020年　3月10日　初　版第 13 刷発行
2020年10月10日　改訂版第 1 刷発行
2024年　4月25日　改訂版第 7 刷発行

編著者　斎藤哲也（さいとう・てつや）

発行者　喜入冬子

発行所　株式会社　筑摩書房
東京都台東区蔵前 2-5-3　〒111-8755
電話　03-5687-2601（代表）

印刷・製本　TOPPAN 株式会社

ISBN 978-4-480-91090-5 C7095